永田高志 著

対称詞体系の
歴史的研究

和泉書院

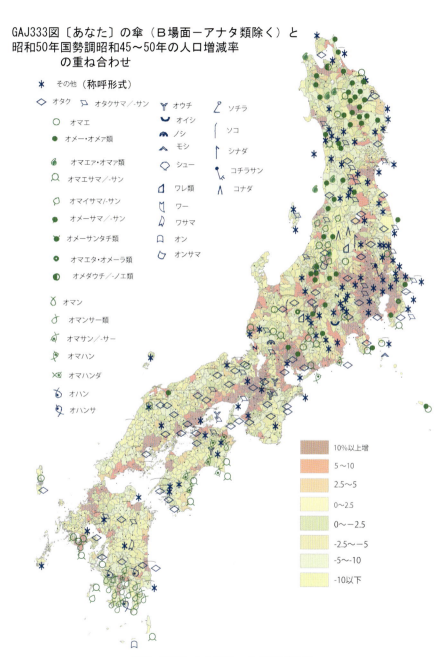

彦坂（2011）より転載、本文222頁参照

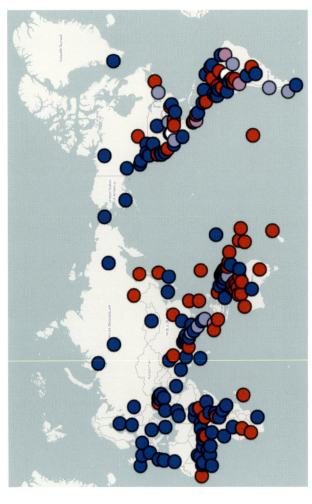

Feature 39A : Inclusive/Exclusive Distinction in Independent Pronouns
包括型代名詞と排除型代名詞の分類

○ No 'we' 　　　　　　　　　　　　　　　　2
　文法的に複数形代名詞のない言語
● 'We' the same as 'I' 　　　　　　　　　　 10
　単数形代名詞と複数形代名詞が同形の言語
● No inclusive/exclusive 　　　　　　　　　120
　包括型代名詞と排除型代名詞の区別のない言語
● Only inclusive 　　　　　　　　　　　　　　5
　包括型代名詞のみ有標（marked）の言語
● inclusive/exclusive 　　　　　　　　　　　63
　包括型代名詞と排除型代名詞の区別のある言語

http://wals.info/feature/39A#2/16.6/148.7より転載、Michael Cysouw氏作成。日本語訳は著者による。本文252頁参照。

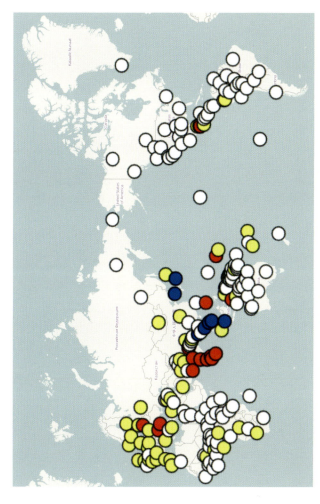

目　次

口絵

序　対称詞体系の歴史的研究

1　対称詞とは……………………………………………………………1
2　日本語の対称詞………………………………………………………2
3　本書の課題……………………………………………………………5

第1章　王朝文学の対称詞

1　資料および調査法……………………………………………………9
2　資料の分析……………………………………………………………10
　2.1　聞き手との関係から見た対称詞………………………………10
　2.2　語の機能から見た対称詞………………………………………15
3　結論……………………………………………………………………24

第2章　軍記物語の対称詞

1　資料および調査法……………………………………………………29
2　資料の分析……………………………………………………………30
　2.1　聞き手との関係から見た対称詞………………………………30
　2.2　語の機能から見た対称詞………………………………………35
3　結論……………………………………………………………………46

第3章　『捷解新語』の対称詞

1　『捷解新語』の資料性………………………………………………49

2	『捷解新語』原刊本の対称詞	50
3	『捷解新語』重刊本の対称詞	55
4	結論	58

第4章　近世武家の対称詞

1	はじめに	59
2	残された資料による検証	59
2.1	外国語資料による検証	59
2.2	日本人によって書かれた資料による検証	66
3	過去の研究を通して見た武家の対称詞	66
4	御所ことばの対称詞	69
5	結論	70

第5章　明治前期東京語の対称詞──散切物を通じて

1	資料および調査法	73
2	資料の分析	74
2.1	聞き手との関係から見た対称詞	74
2.2	語の機能から見た対称詞	82
3	結論	90
4	今後の問題点	94

第6章　『にごりえ』『たけくらべ』に見る対人待遇表現

1	資料および調査法	97
2	資料の分析	98
2.1	対称詞と呼称詞	98
2.2	自称詞	102
2.3	丁寧語	104
2.4	断定	105

2.5　尊敬表現……………………………………………………………105
　2.6　謙譲表現……………………………………………………………107
　2.7　授受表現……………………………………………………………107
　2.8　依頼表現……………………………………………………………108
　2.9　命令表現……………………………………………………………109
　2.10　終助詞……………………………………………………………111
3　結論……………………………………………………………………113

第7章　明治後期・大正期東京語の対称詞

1　資料……………………………………………………………………115
2　資料の分析……………………………………………………………116
　2.1　聞き手との関係から見た対称詞…………………………………116
　2.2　語の機能から見た対称詞…………………………………………122
3　結論……………………………………………………………………128
資料………………………………………………………………………129

第8章　総合雑誌『太陽』に見る対称詞

1　資料および調査法……………………………………………………133
2　資料の分析……………………………………………………………134
　2.1　聞き手との関係から見た対称詞…………………………………135
　2.2　語の機能から見た対称詞…………………………………………141
3　結論……………………………………………………………………147

第9章　国定国語教科書の対称詞

1　資料……………………………………………………………………151
2　資料の分析……………………………………………………………152
3　結論……………………………………………………………………163

第10章　昭和前期の対称詞

1　はじめに……………………………………………………………165
2　軍隊内の対称詞……………………………………………………166
　2.1　資料…………………………………………………………166
　2.2　資料の分析…………………………………………………166
　2.3　結論…………………………………………………………170
3　一般社会の対称詞…………………………………………………170
　3.1　資料…………………………………………………………170
　3.2　資料の分析…………………………………………………171
　3.3　結論…………………………………………………………177

第11章　昭和後期における二人称代名詞「あなた」の待遇価

1　はじめに……………………………………………………………179
2　資料…………………………………………………………………180
3　「あなた」についての論争の分析………………………………183
4　「あなた」の待遇価の変遷………………………………………184

第12章　平成の対称詞

1　はじめに……………………………………………………………189
2　資料の分析…………………………………………………………190
　2.1　一般的な対称詞……………………………………………190
　2.2　教育場面での対称詞………………………………………195
　2.3　職場内での対称詞…………………………………………207
3　結論…………………………………………………………………212

第13章　方言の対称詞

1　はじめに……………………………………………………………215

2　全国の対称詞体系の分布 ……………………………………………… 215
2.1　国立国語研究所「地域言語の敬語に関する調査」昭和27年（1952） ……………………………………………………………………… 215
2.2　国立国語研究所「表現法の全国的地域差を明らかにするための調査方法に関する研究」昭和51年（1976） ……………………… 216
2.3　国立国語研究所編『各地方言親族語彙の社会言語学的研究（1）』昭和54年（1979） ………………………………………………… 216
2.4　平山輝男編『現代日本語方言大辞典』平成4年（1992） ………… 217
2.5　方言研究ゼミナール編『方言資料叢刊　第7巻　方言の待遇表現』平成9年（1997） ………………………………………………… 220
2.6　国立国語研究所編『方言文法全国地図　6』平成18年（2006） … 222
3　地域社会の対称詞体系の分布 ………………………………………… 225
3.1　琉球（奄美・沖縄） ……………………………………………… 225
3.2　長野県と新潟県の接触地域 ……………………………………… 230
3.3　新潟県 ……………………………………………………………… 231
3.4　富山県五箇山・真木集落 ………………………………………… 232
3.5　愛知県常滑市 ……………………………………………………… 233
3.6　石川県輪島市町野町 ……………………………………………… 235
4　結論 ……………………………………………………………………… 236

第14章　世界の言語の中で見た日本語の対称詞

1　系統論的に見た日本語の対称詞 ……………………………………… 241
2　上下対称詞の体系をもつ言語 ………………………………………… 242
3　ポライトネス理論から見た対称詞 …………………………………… 250
4　日本語の上下対称詞は言語系統的なものか、それともポライトネスによるものなのか ……………………………………………………………… 253

結語

1 日本語の対称詞の歴史的変遷……………………………………… 257
2 方言の対称詞……………………………………………………… 262
3 世界の言語の中で見た日本語の対称詞…………………………… 263
4 日本語の対称詞体系の未来………………………………………… 264

参考文献……………………………………………………………… 267
索引…………………………………………………………………… 274
あとがき……………………………………………………………… 280

序　対称詞体系の歴史的研究

1　対称詞とは

　人が他の人と接触を行う場合には、接触する相手に応じてその態度を変化させるのが常である。言葉による対人接触を待遇表現と呼んでいる。その待遇表現の中でも、相手をどのように呼ぶかは最も重要で頻繁に現れる待遇表現である。言語学の発祥の地、西洋では英語を例に取ると、'Hello, Mr. James.' のように相手を 'Mr. James' と呼び注意を引く。ファースト・ネームで 'John' と呼んだり、'Dr. James' のように敬称で呼んだり、聞き手との関係に応じて呼び方を変えていく。このような語を 'terms of address'（呼称）と命名している。しかし英語においては、いったん相手の注意を引いた後では、'I haven't seen you for a long time. How are you?' のように二人称代名詞 'you' で相手をさすようになる。まさに、'pro-'（代理の）＋ 'noun'（名詞）、すなわち名詞に代わるもの 'pronoun'（代名詞）である。しかし日本語の代名詞は、印欧語族の代名詞とは機能が大きく異なる。話者は自分より目上の者を聞き手とする場合には、「先生、おはようございます。あなたは今どこに行くのですか」のように二人称代名詞を使えず、「先生、おはようございます。先生は今どこに行かれるのですか」のように役割上の関係を表す「先生」を使ったり、役割上の上下関係がない場合には「永田さんは今どこに行かれるのですか」のように姓に敬称の「さん」を付けて呼ぶことになっている。従って、印欧語族に基づいて作られた文法用語、「二人称代名詞」は日本語には不適当で、「山本、お前どこに行くんだ」の場合、呼びかける「山本」は**呼称詞**、いったん呼びかけた後で使われる「お前」は**対称詞**と呼んで区別することにする。従って、「先生、おはようございます。先生は今どこに行かれるのですか」の最初の「先生」は呼称詞、後の「先生」は対称詞となる。

どこまでを二人称代名詞ととらえるかは問題の残るところである。Sugamoto（1989）は、代名詞と名詞の境界は明確でなく、10の指標を基準に、日本語の代名詞は英語の代名詞に比べてより名詞的だと結論付けている。例えば、日本語では、「私の大事な人」とも「私の大事なあなた」ともいえるが、英語では、'my indispensable person' は言えるが、'my indispensable you' は使えない。名詞は修飾成分を持つことができるが、代名詞はそうでなく、日本語の「あなた」は名詞的である証拠としている。また、英語では代名詞は 'I / We' のように単数と複数で違った形態素を持つが、日本語では、「こども／こどもたち」のように、名詞を複数化する「たち」が、「あなた／あなたたち」のように、代名詞であるべき「あなた」にも付加して複数を表すことができる。これも「あなた」が名詞的である証拠としている。多くの二人称代名詞は本来「お前」、「あなた」、「こなた」のように場所を示す指示詞から派生したり、「主君」から「きみ」や「おぬし」など尊称から派生したりしている。純粋にヨーロッパ言語のように本来二人称代名詞の機能しか持たない語というのは、ほとんどない。問題はどこまでが本来の語であり、どこからが二人称代名詞かは判断が難しいことがある。例えば、「お宅」を例にとると、「お宅の家はどこですか」の場合は二人称代名詞、「お宅はどこにあるのですか」は相手の家に尊敬の接辞「お」を付けた語と簡単に判断できるが、「お宅の人はお元気ですか」は境界に位置している。平安朝の「御身」も「相手の体」という意味に使われたり、二人称代名詞として用いられたりしている。場所の指示詞から派生した「そちら」も、「そちらさまはどなたでしょうか」は二人称代名詞、「そちらの方はどなたでしょうか」は「そちらの方」で対称詞であり、「そちら」は未だ場所を表す指示詞と考えられる。文脈によって判断するしかない。現代語であれば母語直感で判断できる。しかし、古典語の場合には困難が伴うことは否めないが、使用頻度や文脈によって判断していくことにする。

2 日本語の対称詞

鈴木（1973）では現代日本語の対称詞を調査し、世代の上下と、同世代に属

序　対称詞体系の歴史的研究　3

するものの間では年齢の上下が目上目下を決定し、親族同士の対話では「話し手（自己）は、目上目下の分割線の上に位する親族に人称代名詞を使って呼びかけたり、直接に言及することはできない。これと反対に、分割線より下の親族には、すべて人称代名詞で呼びかけたり、言及したりできる」（p.151）と示している。例を挙げると、分割線の上に位する親族、例えば父親に対し、一番丁寧と考えられる二人称代名詞「あなた」を使ってさえ、「あなたはどこへいらっしゃるのですか」とは言えないが、反対に、分割線より下の親族、例えば息子に対し、丁寧度が低い二人称代名詞「おまえ」を使って、「おまえはどこへ行くんだ」と言える。目上の人物には、聞き手との関係に応じて、親族名や役割名や職業名を使わなければならない。役割名とは固定した組織の中での役割に応じた対称詞、例えば、平社員から社長には「社長」、学生から教師には「先生」というような対称詞を指す。この点は、多くの社会言語学者の間では、日本語の待遇表現がいかに聞き手との年齢の上下差によって左右されるか、日本の社会構造を反映しているという点で日本語の特徴として重要であると考えられている。

　しかし、これはあくまで現代日本語の共通語に当てはまる規則で、現代語でも国立国語研究所編（1979）によると、二人称代名詞で目上の者を言及したりする方言が多く存在している。方言社会では共通語と異なった対称詞の体系を持っていることをうかがわせる。また、本書第5章では共通語の基盤になった東京語においても明治前期には二人称代名詞で目上の者を言及するのが可能であったことを示した。

　また、穂積（1926）では、古来日本語では畏敬すべき聞き手と対峙するときには実名を呼ばないで忌み名を使うということが行われており、それは敬遠して聞き手と距離を置くということであり、反対に、二人称代名詞で聞き手を待遇するというのは、直接に聞き手と対峙することになり、親愛もしくは軽んじるという意味を表していると考えている。また、本来一人称代名詞であった「われ」や「おのれ」や「うぬ」が「われは京の人か」（宇治拾遺物語）や「おのれゆゑ罵らえてをれば」（万葉集）や「一本させばうぬめも男」（薩摩歌）の

ように二人称代名詞に転化したという起源は、聞き手の「我」や「己」に最も直接的に肉迫した待遇表現であるとも考えている。この考えは本書第1章の王朝文学でも、第13章の現代方言においても一人称由来の二人称代名詞は目下の聞き手に対して用いられていることからも理解できる。

　今後「現代日本語の共通語の対称詞の体系」という用語を頻繁に使うことになるので、「**上下（うえした）対称詞**」と今後呼ぶことにする。すなわち、年齢や地位の上位者に対しては二人称代名詞で言及することができないが、反対に、下位者に対しては二人称代名詞で言及することができる対称詞の体系である。上位者に対しては二人称代名詞を使うことができないので、「すみません、ちょっと」のように対称詞を省略したり、「先生はどこにお行きになるのですか」のように、「先生」という役割上の対称詞で言及したりする必要がある。多くの方言では目上に対しても二人称代名詞で言及することができる体系をもっている。目上や目下に関係なく単一の二人称代名詞で言及する体系を持つ方言を、これから、「**単一対称詞**」と呼ぶことにするが、また、聞き手が目上か目下かに応じて複数の二人称代名詞を使い分ける「**段階対称詞**」の方言もある。例えば、本書13章に示すように、青森では、年下にガ、対等・目下にナ、対等、年齢の近い目上にオメァ、多くは目上にアンダと上下関係に応じて二人称代名詞を使い分けている。Brown & Gilman (1960) によると、印欧語族の二人称代名詞では丁寧さに応じて、二つの語形を使い分けている。例えば、フランス語では 'tu/toi/te' と 'vous'、ドイツ語では 'Du' と 'Sie'、イタリア語では 'tu' と 'voi'、スペイン語では 'tú' と 'usted'、ポルトガル語では 'tu' と 'você' を使い分ける段階対称詞が存在する。ラテン語の 'tu' と 'vos' に代表させて、T-V distinction（区分）と呼んでいる。T が親密な二人称代名詞で、V が丁寧な二人称代名詞である。印欧語族に属するが、インドで使われているベンガル語では、T が 'tumi' や 'tui' で V が 'apni' である。ヒンディ語でも、'tum' と 'āp' である。一方、印欧語族では英語の 'you' のように単一対称詞の体系が見られる。しかし、印欧語族では上下対称詞の存在は認められない。また、人称代名詞が一般的に使われている印欧語でも、英語の二人称代名詞 'you' は単数の 'thou'

に対する複数から派生したし、川島（1974）によるとドイツ語では三人称の'Sie'が丁寧表現として目上の相手に使われていた過去がある。ラテン語の'vos'も本来は複数形であった。上下対称詞の体系が使われているのは、日本語だけでなく東アジアの一部の言語、ジャワ語、カンボジア語、ベトナム語、ビルマ語、朝鮮語においても使われているのが世界言語の人称代名詞を調査した松本（2010）によって示されている。さらに、Siewierska（2004）では、ネパール語や古典チベット語では聞き手に応じて複数の二人称代名詞が使い分けられ、複雑な段階対称詞であり、さらに、オーストラリア・アボリジニ諸語やアメリカ先住民諸語や西パプア語族に属するティドレ語では人称が明示されていない。穂積（1926）によると、日本周辺の多くの地域で実名敬避の習俗があり、文化人類学的にも、聞き手を直接言及することを避ける文化が存在していたことを類推させる。

3　本書の課題

文献に現れる日本語の待遇表現の歴史的変遷を概説すると、全ての研究者が同意すると言ってよいほど、明らかな変化が二つ挙げられる。一つ目は、絶対敬語から相対敬語への移行であり、二つ目は、対話敬語の発達である。対話敬語の発達とは、語としては丁寧語が産まれ、聞き手に対する話し手の敬意を表す手段として待遇表現が発達してきたことを示している。もっぱら聞き手に対する敬意を表す機能しか持たない丁寧語が後で発達してきたことによって理解される通り、聞き手指向に敬語の機能が変化してきたことに他ならない。本書の課題である対称詞は対話敬語を表現する語として丁寧語とともに重要な語である。

このように見るといくつかの疑問点が見つかる。
1．歴史的に日本語の対称詞の体系はどのようであったのであろうか。
2．どうして、共通語の対称詞の体系と方言の対称詞の体系は異なっているのであろうか。
3．日本周辺部にも上下対称詞の体系が存在するということは、日本語との

関係はどうなっているのであろうか。系統的な関連性があるのであろうか、それとも、日本と上下対称詞の体系を持つ周辺国とは社会構造が類似しているために、聞き手に対する丁寧さを表すために上下対称詞を用いるという社会言語的な要因によるものであろうか。

疑問点1を解決するために、本書では、それぞれの時代の中央語の対称詞の体系を見た。平安時代は王朝文学、南北朝時代は軍記物、近世期は『捷解新語』や外国人による日本語学習書、明治前期は散切物、明治・大正期は雑誌『太陽』や小説・戯曲等の文学、太平洋戦争中は昭和のラジオシナリオ、昭和後期は新聞記事、平成はアンケート調査を資料に使った。方言についても調査を行った。また国定教科書を資料として使用して公式言語の形成過程を調査した。研究の経過として、最初に明治前期の東京での対称詞の体系を散切物を通じて見た。現代の共通語の基礎となった東京語であるが散切物で使われている対称詞は共通語と大きく異なっていた。そして、現代の共通語に及ぶ変化を、雑誌『太陽』、国定教科書、明治・大正期の文学、昭和のラジオシナリオを通じて見てきた。そして、『捷解新語』、軍記物、王朝文学と時代をさかのぼって上下対称詞の起源を探ってきた。そして、現在、平成の対称詞の使用状況を国立国語研究所や文化庁の大量調査を通じて分析した。

なお、近世語、上方語と江戸語の両言語については、山崎（1963・1990）という大著によって、また、小島（1974・1998a・1998b）によって、二人称代名詞の待遇価を詳しく見ることができる。しかし、これらの研究も人称代名詞と述部の待遇表現の呼応に重点が置かれており、対称詞の体系という観点からは調査がなされていない。しかし、大いに参考になることは言うまでもなく、本書においても近世語については、武家の公用語にのみ焦点を絞っているのは、これらの著書を読むことによって、庶民語の二人称代名詞の体系が十分理解できるためである。これらの研究は能狂言集、近松門左衛門等による浄瑠璃・歌舞伎台本、人情本・洒落本・滑稽本を資料にしており、庶民の言語を反映しているものである。そして、庶民語では5段階や6段階に分けられる段階対称詞の体系が使われていたことが研究の結果理解できる。

また、敬語が表れる文献として、上代にも、正倉院仮名文書、祝詞・宣命、『古事記』『日本書紀』『万葉集』が研究の対象になり、多くの成果が挙げられている。しかし、対称詞の研究資料として、口語のそれも話し手から聞き手への待遇表現が明確に表現されている文献となると、何れも不充分と言わざるを得ない。例えば、『万葉集』の額田王が大海人皇子に宛てて歌った歌とされる「茜さす紫野ゆき標野ゆき野守は見ずや君が袖振る」（巻1、20）を見ると、女性から親しい男性に「君」という二人称代名詞が使われたという資料にはなるが、後の王朝の和歌では歌語として専ら「君」が使われていて、上代においては実際に口語として「君」が使われていたかというと問題が残ると思われる。また、体系的に考察するのに足る程の資料も存在しない。残念ながら残された課題としておき、本書では王朝文学に現れた中古の日本語からを研究の対象とする。

　疑問点2を解決するために方言を調査した。方言調査ではできる限り本来的な日常生活で使用されている言語状況を探るという意味で私的な生活言語をできる限り過去の言語を使っている老年層の人を対象に調査を行っている。その意味で方言は地域言語を観察しているものとして、生活言語である方言の対称詞を公式言語である共通語の対称詞の比較という観点で見てきた。

　さらに、対称詞はどの言語にもあるが、疑問点3を解決するために、日本語の対称詞の体系を周辺言語の体系と比較しながら、日本語の対称詞の体系の類型的特徴もしくは起源を考察する。

　対称詞の調査を行ってきた理由として、これまでの研究が人称代名詞という語の問題をもっぱら扱っており、対称詞という待遇表現の面から研究してこなかったことが挙げられる。永田（2005）では、今後の研究課題として、待遇表現という視点から調査していく必要性を述べており、本書はその考えによって調査した結果を示すものである。

第1章　王朝文学の対称詞

1　資料および調査法

　資料として岩波書店刊行の『新日本古典文学大系』から『竹取物語』、小学館刊行の『日本古典文学全集』から『落窪物語・堤中納言物語』『和泉式部日記・紫式部日記・更級日記・讃岐典侍日記』『蜻蛉日記』『枕草子』『夜の寝覚』、小学館刊行の『新編日本古典文学全集』から『うつほ物語』『住吉物語・とりかへばや物語』『浜松中納言物語』『狭衣物語』『大和物語・平中物語』を資料として用いた。大部の資料として『源氏物語』があるが、宮地（1973）に『源氏物語』で使われている対称詞がまとめられているのでそれを活用した。対象とする資料は日記、物語、随筆と幅広いが、いずれも中古の貴族社会を背景に描かれた文学作品である。王朝文学と呼ばれる所以である。ここでは王朝文学を資料に本来の公家の対称詞の言語体系を見てみることにする。

　この章では話し手と聞き手との関係を親族関係と役割関係と身分関係を考慮に入れることにする。親族関係とは親と子というような血族関係、役割関係とは主君と部下というような主従の関係、身分関係とは院と庶民というような先天的な属性関係を指し、それぞれの関係について、上位と同位と下位という三段階を設定した。家父長制度のもとでは夫は妻より上位の者のように定義すべきだが、当代では同位と扱った。会話部や伝言や手紙や歌に現れる対称詞を調査対象とした。対称詞の敬意の度合いを検証するために、聞き手に対して「侍り」等の丁寧語や尊敬語や謙譲語を使用しているか等を基準に丁寧待遇をしているかを判断した。対称詞を下線で示した。

2 資料の分析

2.1 聞き手との関係から見た対称詞
2.1.1 親族関係の上位の者を

32例見つかるが、目上であるので当然のこととして丁寧待遇をしている。「殿（との）」で待遇する例が8例あり、全用例聞き手は男である。衛門督である道頼は舅である中納言の忠頼を、

> 道頼がつらし憂しと思ひ置きつることの忘れはべらねば、殿をば、便なしとも、思ひ聞えざりしかども（落窪物語、巻3）

のように、「殿」で呼び、自分を「道頼」と自称する。また、この前の文脈でも道頼に「忠頼」と自称しているが、三谷栄一氏の校注では、「ここで中納言が本名を告げるのは、衛門督に恭順し、親子の親しみをこめたため」(p.298)とあり、他の例で自分の名を自称する場合には親族間や親しいもの同士で使われている。反対に母親に対しては、「おもと」が3例使われている。中納言である藤原仲忠が母である俊蔭の娘に、

> これらをそこに持ちたまひては、いかにかはせさせたまはまし（うつほ物語、蔵開上）

の「そこ」や「それ」のように「こそあ」で待遇する例が7例見つかる。「御前」を「おまへ」と呼ばせる例が4例、「ごぜん」が1例あるが、明確な使い分けは見られない。「御身」3例、「御上」1例がある。他に官位職名2例、「君」、「ぬし」、「人」各1例ずつ使われている。「ぬし」は聞き手に対して怒った時に使われており、普通の場合の使用例ではない。現在のように親族の目上を「おとうさん」のように親族名を対称詞として待遇する例は1例もない。

2.1.2 親族関係の同位の者を

夫婦間での待遇表現が56例見つかる。まず、妻を待遇する49例中丁寧待遇を伴わないで待遇する例が6例しかない。東宮は妻の藤壺に、

> 梨壺も、そのほどは過ぐしてこそまかでつれ。などかそこにしも、かねて

急ぎたまふ（うつほ物語、国譲上）

のように、「こそあ」で待遇する例が24例、また、大将である男君は妻の四の君に、

君は心やすげにうけたまはりしこそ（とりかへばや物語、巻3）

のように、「君」で待遇する例が16例見つかる。また、右大将である仲忠は朱雀帝の娘で妻である女一の宮に、

御前（ごぜん）を一度抱きたてまつらば、同じことぞや（うつほ物語、蔵開上）

のように、妻が宮である場合には「おまへ」や「ごぜん」と呼ぶ「御前」が6例見つかる。反対に夫を待遇する7例すべてが丁寧待遇を伴って使われている。「こそあ」3例、「君」2例、「殿」、「おとど」各1例である。

2.1.3 親族関係の下位の者を

全用例78例中、兵衛佐である藤原忠雅は弟兼雅に、

などかくいみじきものは思はせたまふ。殿には昨夜より君おはせずとて、おとどの君、上、ものも聞こし召さず、御心まどひして（うつほ物語、俊蔭）

のように、「君」で待遇する例が19例見つかり、丁寧待遇している。ちなみに、父を「おとどの君」、母を「上」と呼び、兄弟間で尊敬待遇している。また、俊蔭の娘は息子である仲忠を、

そこにかく聞こえたまはむことは、よきことになむ（うつほ物語、蔵開中）

のように、「そこ」や「それ」のように「こそあ」で待遇する例が20例見つかる。また、藤原道長は中宮となった娘彰子に、

「宮の御前、聞こしめすや。仕うまつれり」と、われぽめしたまひて、「宮の御父にてまろわろからず、まろがむすめにて宮わろくおはしまさず（紫式部日記）

と、自称「まろ」を使い、「宮の御前」と呼称し、「宮」という対称詞を使っ

いる。このような「宮」や「皇子（みこ）」というような尊称を込めた官位職名が6例、また、右大臣である源正頼は権中納言である息子忠澄を、

　　忠澄の<u>朝臣</u>も、今宵はなほまかり入れ（うつほ物語、蔵開上）

と「朝臣」や「大将殿」のような官位職名で待遇する例が6例ある。また、藤原兼雅が息子藤原仲忠を、

　　また<u>あこ</u>をかく見置きて、われも心のどかにえあるまじ（うつほ物語、俊蔭）

のように、「吾子（あこ）」のように待遇する例が5例あるが、いずれも聞き手は幼児であり、成人して朝臣になると、

　　<u>朝臣</u>の交じらひするに、兼雅苦しき時多かりや（うつほ物語、内侍のかみ）

のように、「朝臣」と官位職名で待遇している。親族であろうと身分によって聞き手を待遇する用法が一般的であったことが想像される。また、息子を実名で待遇する例が1例あるが、嫌味を言う場合で例外とみてよいと思われる。中将である忠頼は娘の落窪の姫に、

　　<u>君</u>をおろかに思ひ聞えたりとて、勘当したまふなりけり（落窪物語、巻3）

のように、「君」を使い、「給ふ」と尊敬語で待遇している。また、息子を待遇する41例中、丁寧待遇を伴う例が10例であるのに対して、娘を待遇する9例中、丁寧待遇を伴う例が7例である。神谷（1976）によると『源氏物語』でも帝も娘に対して尊敬待遇を行っており、森野（1971）では「相手が女性ならば、男性に比べてよりやさしく丁重な対応をすべきである」（p.106）というフェミニズム的傾向が貴族社会にあったと考えている。他に、「きんぢ」6例、「御前」、「汝」3例、「御方」、「御上」、「殿」各2例、「くそ」、「おのれ」、「まし」、実名各1例である。

2.1.4　役割関係の上位の者を

　多くが女房の主人に対しての使用例であるが、全用例29例中、対称詞は「御

前」14例、「君」9例、「殿」3例、「おとど」2例、「ぬし」1例が使われている。「殿」が男の主人であるのに対して、従姉である中の君の世話をしている対の君は、

  あが君、かくなおぼし入りそ。命だにはべらば、身を捨てても、よに御前の御身に咎あるべくは構へはべらじ（夜の寝覚、巻1）

のように、「あが君」と呼び、「おまへ」を使っている。女の主人に対しては、「御前」を使う例が13例見つかる。一方、「君」は聞き手の性別が関係なく、筑前という召使が三位の少将に、

  君のかくねんごろに仰せさぶらへば、いかでおろかには（住吉物語、上巻）

のように使われている。

2.1.5 役割関係の同位の者を

 ほとんどが女房間の使用例であるが、「おまへ」、「こそあ」各1例である。

2.1.6 役割関係の下位の者を

 全用例30例中、対称詞は、姫宮が乳母の子侍従を、

  今はそこをこそ頼みきこゆれ（住吉物語、上巻）

のように「こそあ」10例、あて宮は女房兵衛の君に、

  ただ、君をかくいふらむは（うつほ物語、藤原の君）

のように「君」9例、「きんぢ」、「人」各2例、「汝」1例、怒って「おのれ」1例が使われている。また、堀河天皇は近くに仕えている僧定海に、

  経誦して聞かせよ。定海が声聞かんも、こよひばかりこそ聞かめ（讃岐典侍日記、上）

のように、実名で呼ぶ例が1例ある。

2.1.7 身分関係の上位の者を

 4例しか見つからないが、「侍従殿」のように官位職名＋殿、「殿」、「君」、

「こそあ」各1例である。

2.1.8　身分関係の同位の者を

　恋人や知り合いや初対面の者に対する待遇例をこの中に入れた。全用例165例中、「君」が話し手や聞き手の性別が関係なく77例使われている。歌の中で使われる例が34例あり、会話文の中では、38例中35例が男の話者による例である。例えば、藤原兼雅が知り合いである源祐澄に、

　　君に聞こえまほしきことあれど、え聞こえぬかな（うつほ物語、藤原の君）

のように、親しい男に対して使い、また、少将である源仲頼が親しい女房木工の君に、

　　いでや、君に対面することさへ限りに覚ゆるこそ、いみじう悲しけれ（うつほ物語、あて宮）

のように、親しい女にも使っている。また、敦道親王は恋人和泉式部に、

　　それよりのたまふことのみなむさはおぼゆるを、一つのたまへ（和泉式部日記）

のように、「こそあ」が21例使われている。「人」12例、男の聞き手に対してのみ「ぬし」10例、主に女の聞き手に対して「御前」8例、男の聞き手に対してのみ「殿」8例、「官位職名（＋敬称）」10例、「おもと」6例、「御身」5例、「おとど」4例、「御方」、「きんぢ」各1例が使われている。

2.1.9　身分関係の下位の者を

　帝から臣下に対するような例が66例見つかる。東宮である式部卿宮は源中納言を召して、

　　さは、いかにもそこに知らるべき人にこそありけれ（浜松中納言物語、巻第五）

のように「こそあ」22例、天よりの使いは造麻呂に、

　　宮つこ麻呂、まうで来（竹取物語）

と本名で呼び、さらに、

　　汝がたすけにとて（竹取物語）

のように「汝」13例、朱雀帝は藤原仲忠に、

　　仲忠の朝臣は、なでふ心をか得たる。あは（うつほ物語、内侍のかみ）

のように、「官位職名（＋敬称）」が13例、また、朱雀帝が尚侍である俊蔭娘に対して、

　　今宵御もとに候ふ人の中に、内侍仕うまつるべき人はありや（うつほ物語、
　　内侍のかみ）

のように、親しみをこめて、女の聞き手に対してのみ「おもと」8例、「おきな」4例、実名2例、「ぬし」、「おれ」各1例が使われている。

2.2　語の機能から見た対称詞

　対称詞は大きく分けて、「殿・君・ぬし・おとど」のように本来敬称から派生した類、官位職名の類、「御身・御上・御方・御元・御前」という接頭辞「御」から派生した類、場所を表す指示詞から派生した「こそあ」の類、「汝・きんぢ・くそ・まし・おのれ」という人称代名詞と呼ぶべき類、実名、年齢階梯語、聞き手を表す「人」に分けることができる。

2.2.1　本来敬称から派生した類
＊殿

　「御殿」から派生したと思われる語で、「殿」単独で、また、「三位殿」のように「〜殿」のように接尾辞として28例使われている。聞き手は常に男である。父が息子を「大将殿」と呼ぶ1例以外はすべて丁寧待遇と共に用いられている。聞き手との関係は、阿闍梨である忠こそが右大将である藤原仲忠に、

　　山伏もいかでかと心ざし侍れど、殿の仰せ言賜はらぬを嘆きはべるに（う
　　つほ物語、国譲中）

のように知り合いに対して12例、父親に5例、主人に3例、婿に2例である。大納言である婿から「おまへ」と呼ばれているかつて太政大臣であった義理の

父は、婿に対しては、

　殿にたてまつりてはべる人は、今日まで、かく時々おはしますめれば（夜の寝覚、巻2）

のように「殿」で待遇している。

　また、越前守である景純は恩義を受ける道頼に対し、

　みづからしおきはべらぬことなりとも、殿にのみなむ、しろしめすべき（落窪物語、巻4）

と「殿」で待遇している。三谷栄一氏の校注では、「権勢家にへりくだりながら自家の利害を上手にさばく受領の姿が越前守を通して描かれる」(p.346)とあり、へつらって「殿」と待遇しており、かなりの上位待遇であることが理解される。森野(1971)では、「被呼称者をおのが支配者あるいは支配者相等の位置にある人物として把握し、隷属的姿勢で応接する態度を表明する言い方」(p.171)と示されており、本書第2章では、軍記物語でも主君等の上位の者に対して使われている。後代の「お殿様」に発展する役割名であった可能性もある。

＊おとど

本来は「貴人の邸宅」から派生したと思われる語で、次いで大臣や公卿への敬称として使われている。7例使われているが、妻が中納言である忠頼に、

　この大将殿の中将は、おとどをやあしくしたまふ（落窪物語、巻2）

のように、夫を待遇する場合にも、また、靫負の乳母は命婦たちに、

　おとどたちは、この乾物を一切づつ打ち割りたまへ（うつほ物語、蔵開上）

のように、乳母や召使同士で、女性に対する敬称としても使われている。全用例丁寧待遇と共に用いられており、上位待遇であると思われる。

＊君

「君主」から派生した語で、「君」単独で、また、「わが君」、「あが君」のような形で、また接尾辞として「三の君」のように「〜君」という形で138例使われている。第2章の軍記物語では「わ君」、「わとの」、「わ殿原」、「わごぜ」

のように「わ」が使われているが、王朝物語では「わが」や「あが」が使われている。その内、歌の中で「君」が46例使われているが、聞き手との関係は、

　　君をおきていづち行くらむわれだにも憂き世の中にしひてこそふれ（和泉
　　式部日記）

と敦道親王を「君」と呼ぶ和泉式部に対し、敦道親王も、

　　うち捨てて旅行く人はさもあらばあれまたなきものと君し思はば（和泉式
　　部日記）

のように、恋人や妻に対して26例、異性間の知り合い9例、初対面の者4例等であり、主君や天皇の意味では使われていない。また、歌の中で対称詞と考えることのできる語は「君」だけである。歌以外の例として、親族、役割、身分関係のいずれかの下位の者に対して用いられる例が26例、友人や夫婦間のような同位の者に対して用いられる例が57例、上位の者に対して用いられる例が9例ある。上位の者に対する例は、いずれも話し手が『落窪物語』の阿漕、『うつほ物語』の「使ふ嫗」のように召使が3例、乳母が13歳の真砂子に、

　　あなゆゆしや。あが君はなどかのたまふ（うつほ物語、菊の宴）

のように乳母が2例であり、親しみを持った間柄で明確な主従関係ではない。森野（1971）では、「「君」は、前代でこそその使用範囲が局限され待遇的価値の高い語であったが、当代（筆者注：平安時代）ではその適用範囲が拡大され、底辺が広がってありふれて用いられる「－さん」クラスにまで落ちてしまった」（p.171）とあるように、上位の者には使われにくい。しかし、聞き手に対して丁寧待遇を行っているかどうか判断できる文脈では、丁寧待遇なし12例に対して、丁寧待遇あり98例であり、依然尊敬待遇の対称詞である。また、第2章で示しているように、時代が下がり軍記物語では、主君に対して「君」が使われている。

*ぬし

　「主人」、「主君」から派生した語で、「ぬし」のほかに、「わぬし」や「わがぬし」でも使われる例が15例見つかる。北の方が怒って典薬助に、

　　ぬしに預けしかひもなく、かく逃したまへる（落窪物語、巻2）

のように、同位の者に対してや、藤原元則が知人の藤原季英に対して、
> ぬしは運に堪へたまふめり（うつほ物語、祭の使）

のように、同位の知人に使っている。

2.2.2　官位職名（＋殿・君）

　36例見つかるが、官位職名単独で用いられる18例は、帝が臣下源涼を、
> 涼の朝臣がすまひ申すをすまはせては、仲忠の朝臣のしてむをば責めじ
> （うつほ物語、内侍のかみ）

のように、帝が臣下を待遇する例である。目上の者から目下の者に丁寧待遇なしに用いられており、下位待遇の対称詞である。この場合でも、「涼」や「仲忠」と実名を呼び捨てにせず、助詞「の」と官位職名を付加して待遇している。また、
> 三位殿は、いますこし近く参らせたまへ。典侍殿は、今ははづかし（讃岐典侍日記、下）

のように、官位職名に「殿」や「君」をつけて用いられる例が8例あるが、この例は中宮付きの女房が中宮の前で聞き手を役職で呼ぶ例で、宮中という公式的な場なので官位職名で、しかし、聞き手に配慮を示して「殿」や「君」をつけたのであろうと考えられる。また、「紫式部」の「式部」や「清少納言」の「少納言」のように女房や乳母を官位職名で呼ぶことがあるが、これは父親等の官位職名をとった職務上の呼称で別に扱っている。

　また、「宮」とか「皇子（みこ）」のような尊称が10例使われている。聞き手が皇族の場合は、前に示したように中宮となった娘を道長が「宮」と呼び、嵯峨の大后は息子朱雀院を、
> 院にも御心得て申させたまへ（うつほ物語、国譲下）

のように、「院」と待遇している。親族上の関係より身分がより重視される対称詞の体系であることが想像できる。当代の第三者に対する敬語体系を身分敬語と呼んだ永田（2001）と同一の体系であると思われる。

2.2.3 接頭辞「御」から派生した類

　尊敬の接頭辞「御」に「前」や「上」や「許」や「方」のように方向を示す語や「身」のように身体を示す語が付加して、対称詞として使われるようになった語である。全用例68例中丁寧待遇なしに使われる例は12例しかなく、また、話し手は男の場合が50例、聞き手が女の場合は56例で、主に男の話し手が親しみを込めて敬意を表す対称詞であると考えられる。

＊御前

　「おまへ」と読んだり、「ごぜん」と読んだりするが、待遇価に大きな違いが見つからず、また、読みがはっきり分からない場合もあり、一緒に扱うことにする。37例見つかり、全用例丁寧待遇と共に用いられている。唯一、女房少将の君は三位中将に、

　　あな、おこがまし。御前こそ、御声のみ高くておそかめれ（堤中納言物語、
　　逢坂越えぬ権中納言）

のように、丁寧待遇なしに使われているが、稲賀敬二氏の校注に「右方の女房。三位中将とは親しくてぽんぽん思ったことを言う間柄」（p.467）とあり、普通は上位待遇の対称詞であることが分かる。また、聞き手は女である例が30例ある。女房の少納言が落窪の君に対して、

　　まらうとまた添ひたまはば、御前の御身ぞいと苦しげにおはしますべかめ
　　る（落窪物語、巻1）

のように、女の主人に対する例が13例、また、資道は親しい菅原孝標女に対して、

　　おまへたちも、かならずさおぼすゆゑはべらむかし（更級日記）

のように、男の話し手が妻や同僚などの親しい女に対して用いられる例が15例ある。また、中納言は妹寝覚の上に、

　　御前の御手に劣らせたまふまじかめり（夜の寝覚、巻4）

のように、親族上の下位の者にも使っているが、妹は帝が思いを寄せる女性である。内大臣である男君は義理の父に、

　　おまへにもおろかになめげなるものにきこしめしおかれしはべりし憂へ

（夜の寝覚、巻5）
のように男の聞き手にも使われている。

＊御許

　17例見つかるが、2例を除きすべて聞き手は女である。兼家の使者は主人の妻である道綱の母の侍女に、

　　おもとたちもみな勘当にあたりたまふなり（蜻蛉日記、中巻）

のように、親しみをこめて、また、幼き子は母親に、

　　苦しうもあらず。おもとを思ふ（うつほ物語、俊蔭）

のように、母親に対して使われている。親しい女性に対して使われる対称詞である。

＊御身

　7例使われているが、越前守である景純は母に、

　　人のために申すにあらず、御身のためのことなり（落窪物語、巻4）

のように、親しみを込めて、親族や恋人や知人に対して使われている。

＊御上

　3例しか使われていない。例えば、民部卿実正は親しみを込めた呼称「あが仏」とともに、弟の妻に、

　　御上を思ひきこゆるにしもあらず（うつほ物語、国譲中）

と男が親族関係にある女に対して使われている

＊御方

　3例しか使われていない。例えば、侍従源仲澄は妹八の宮に、

　　思ひたまへあまりて、いかがはせむ、御方にこそは聞こえめ、とて（うつほ物語、嵯峨の院）

と、親しい親族に使っている。

2.2.4　指示詞「こそあ」

　　これは、何ぞの人や（うつほ物語、俊蔭）
　　かれは、何ぞの人や（うつほ物語、俊蔭）

のように「これ」や「かれ」が対称詞として使われている例もあるが、ほとんどが「そこ」や「その」や「それ」などの「そ」によるもので110例が見つかる。丁寧待遇と共に用いられる例が59例、丁寧待遇なしに用いられる例が48例、「こは、誰そ」(枕草子) のように文脈では丁寧待遇のありなしが判断できない例が3例で、聞き手との関係が上位の者に対して8例、同位の者に50例、下位の者に52例である。上位の者の例は親族関係によるものだけである。しかし、6例は、中宮が太政大臣である兄藤原忠雅に対して、

　　ただ太政大臣の御心なり。そこには、あなたかなたに寄りたまはむやは、
　　位に居たまひぬるすなはちすべきなり (うつほ物語、国譲下)

のように、兄を「太政大臣」と官位職名で呼んでいるのを見ると、親族上の上位の者の兄としてより、朱雀帝の中宮として臣下に対する待遇である。「こそあ」は同位の者や下位の者に対する対称詞と思われる。

2.2.5　人称代名詞の類

＊汝

　17例見つかるが、いずれも丁寧待遇なしに、親族や役割や身分関係の下位の者に用いられており、明らかな下位待遇の対称詞である。山田 (1952) では、二人称代名詞の「な」と「貴 (むち)」の結合した称格指示語と考えている。この「な」は古事記や万葉集で「己」の漢字が当てられていることから、本来自称の代名詞から転成したと考えられている。大伴大納言が家臣に、

　　汝ら、よく持てこずなりぬ (竹取物語)

や、滋野真菅は息子滋野和政に対して怒って、

　　汝らが首、ただ今取りてむ (うつほ物語、あて宮)

のように、卑罵表現としても使われている。

＊きんぢ

　9例見つかるが、いずれも丁寧待遇なしに使われている。山田 (1952) では、「君」と「貴 (むち)」の結合した称格指示語と考えているが、当代では敬意が低下して下位待遇の対称詞である。藤原兼家が息子道綱に、

さらば、ともかくも<u>きんぢ</u>が心（蜻蛉日記、中巻）

のように、親族上の下位の者に、また、召使の童に、

　　　<u>きむぢ</u>も今はここに見えじかし（大和物語）

のように、役割関係の下位の者にも使われる。

＊おのれ

　自称代名詞から二人称代名詞に転成したと考えられる語で、3例のみであるが、天からの使いが造麻呂に対し、

　　　かく、いやしき<u>おのれ</u>がもとに、しばしおはしつる也（竹取物語）

のように使い、同一発話に「なんぢ」が共起している。怒っている場面であり、下位待遇の対称詞である。

＊くそ

　たった1例であるが、北の方が少将である息子景政に、

　　　<u>くそ</u>も人も、この殿おはせむ限りは、えやすくすまじかめり（落窪物語、
　　　巻4）

丁寧語なしに使っており、下位待遇の対称詞である。語源として「こそ」と通じるという説が出されたり、「貴所（きしょ）」からの転かという考えも出されたりしているが、明確には不明である。

＊まし

　山田（1954）では、純粋の代名詞ではないが、称格指示語に擬せられた語として挙げられている。たった1例であるが、兼雅は自分の子供であるが、まだその事実を明かしていない子に、

　　　<u>まし</u>はえ知らじ。君に対面せむ（うつほ物語、俊蔭）

とある。「いまし」という形では『万葉集』に数例出るが、平安期には失われ、「まし」はその変化形と考えられている。同位、もしくは下位待遇と考えられる。

2.2.6　実名

　5例見つかる。帝が造麻呂に、

造麻呂が家は、山本近かなり。御狩行幸し給はんやうにて、見てんや（竹取物語）

のように、軽卑的性格を担う助詞「が」の使用や自分の行為を「御狩行幸し給は」と自敬表現とともに、聞き手を実名で待遇している。堀内秀晃氏の校注に、「本名を知られ呼ばれることは、相手に支配されることを意味した」（p.70）とあるように、明かな下位待遇である。

2.2.7　人

「人」が一般的な人ではなく対称詞として用いられている例が17例見つかる。男君は姉である女君に、

　　わが君、かかることなのたまはせそ。殿、上のおはせん限りは、我も人も世をなん思ひ限るまじき（とりかへばや物語、巻3）

のように、また、唐后が源中納言に、

　　われも人も浅からぬあいなき思ひにひかれて、なほ女の身となむ生るべき（浜松中納言物語、巻5）

のように、「われもひとも」の形で親しい者に対して使われている。

2.2.8　年齢階梯語

　現代語では、自分の家族成員や他人の家族成員に対して親族語を使わないで年齢と性別に応じて、「坊っちゃん」、「娘さん」、「おじさん」などで呼ぶことがあり、国立国語研究所編（1979）では、年齢階梯語と呼んでいる。当代では、老人をさす「翁（おきな）」を、帝の使いは造麻呂に対して、

　　などか、翁の手におほしたてたらむものを、心にまかせざらむ（竹取物語）

のように使う例が5例ある。語構成としては「あ（吾）＋こ（子）」が『うつほ物語』に自分の息子に対して5例見られ、いずれも丁寧語なしに使われている。年齢階梯語は現代語では親近感を表し、「おじいさん」や「おにいさん」を使うが下位待遇ではないのに対し、当代では文脈から見ると下位待遇である。

3 結論

3.1

　当代は上下対称詞の体系である。対称詞は分類した類に応じて待遇価が決まっている。

　本来敬称の接尾辞から派生した類については、「殿」は目上の男の聞き手に対して、「おとど」は親しみを込めて同位の聞き手に、「君・ぬし」は本来の敬意が低下して同位の聞き手に使われているが、本来は語源から見て上位待遇であったことが分かる。官位職名の類は現代の役割名と同じく身分を表に出すべき公式的な場で用いられている。男の聞き手に対する上位待遇が「殿」であるのと比例して、接頭辞「御」から派生した類は、女の聞き手に対する上位もしくは同位待遇に使われている。現代の人称代名詞「あなた」が場所から派生した対称詞であるのと同様、当代においても婉曲に聞き手に接する待遇表現であるためであろう、場所を示す語から派生した「こそあ」、その中でも「そこ」や「その」や「それ」などの「そ」が同位や下位の聞き手に対して多く使われている。「汝・きんぢ・くそ」等の人称代名詞は目下の者に対してしか用いられておらず、下位待遇である。実名を呼び捨てにする場合には明らかに役割や身分が低い聞き手に限定されており、穂積（1926）によって知られるように当代でも実名忌避の習俗が存続していたことが分かる。また、話し手が実名で自称する場合には、聞き手に対して大いなる尊敬の意識で待遇している場合のみである。現代共通語では目上の聞き手には役割名や親族名や敬称で待遇し、目下の聞き手には実名や人称代名詞で待遇しており、同位の聞き手や上下関係のはっきりしない聞き手には「こそあ」で待遇しているが、当代においても同様な体系である。

3.2

　聞き手の身分が対称詞の使用を大きく左右する。

　永田（2001）では、『源氏物語』で使われている第三者待遇表現を身分敬語

と定義した。第三者の身分に応じて話し手の第三者に対する待遇表現が決定される体系である。対称詞においても聞き手の身分が大きく左右する体系である。例えば、息子が幼児である時には「あこ」という年齢階梯語で待遇しているが、成人するとその身分に応じて「朝臣」のように待遇している。反対に、親をも現在のように「おとうさん」のように親族名を対称詞として待遇する例は1例もなく、「殿」や「御前」で待遇している。

3.3

『枕草子』に記述されている対称詞の解釈の問題点が分析できる。

『枕草子』に対称詞に関する記述が残されている。今回の資料をもとに考えてみたい。岩瀬文庫蔵本を底本にする岩波書店刊行の『日本古典文学大系』では、以下の通りになっている。

> 殿上人、宰相などを、ただなのる名を、いささかつつましげならずいふは、いとかたはなるを、きようさいはず、女房の局なる人をさへ、「あのおもと、君」などいへば、めづらかにうれしと思ひて、ほむる事ぞいみじき。
>
> 殿上人、君達、御前よりほかにては、官をのみいふ。また、御前にては、おのがどち、ものをいふとも、聞こしめすには、なぞてか「まろが」などはいはん。さいはんにかしこく、いはざらんにわろかるべきことかは。

異本がいくつかあり、また、注釈本がいくつか出版されているが、研究者によって解釈の異なりが見られるものに下線部を引いた。まず、殿上人や宰相が使った自称詞をそのまま同じ相手に対称詞として使って、直接言うのは聞き苦しいというのである。しかし、「ただなのる名」、すなわち、自称詞を実名と考えるか官位職名と考えるか、研究者によって解釈が分れる。まず、実名で自分を言及する例が41例見つかるが、聞き手は親族や知人に対してである。しかし、聞き手を実名で呼ぶ例は5例しかなく、かなり身分の下の者や幼少期の実子に対してである。確かに実名を対称詞に使う例はあるが、もし使ったとしたらそれこそ「いとかたはなる」言い方である。官位職名だけで聞き手を呼ぶ例は33例見つかるが、帝や親王が身分の下の家臣に対して使う例がほとんどである。

「侍従殿」のように官位職名に敬称をつけて呼ぶ例が9例見つかるが、親しいもの同士では妥当な対称詞であると思われる。官位職名で自称する殿上人や宰相に対して官位職名だけで呼び返すのは帝以外ではこれも「いとかたはなる」言い方である。『枕草子』が書かれた時代には当然読者は実名であるか官位職名であるか理解できたはずで、おそらく、実名である可能性は低く、官位職名を指していたのではなかろうかと思われる。

　『枕草子』にも異本があり、能因本では「おもと」の代わりに「おまへ」とある。筆者の分類ではともに接頭辞「御」から派生した類であり、「おもと」が「おまへ」と同じ待遇価の対称詞であり、「君」とも同じ待遇価の対称詞であることを傍証しているように思う。これらの対称詞が女房の室付きの女のように身分の低いものには高すぎる待遇価を担っていたことが分かる。この資料の分析にも合致する。

　指示詞「さ」が何を指しているかについても、「まろ」という自称詞であると解釈する研究者と対称詞としての官位職名であると解釈する研究者に分れる。この指示詞が直前の「まろ」について述べている部分を指すか、その前の官位職名について述べている部分を指すかの解釈の違いである。資料では「まろ」は28例使われており、聞き手との関係は親しい者同士という関係が大部分であり、「まろ」は親しみを込めた自称詞であると思われる。文脈上でも帝がお開きの前では「まろ」を使うのはよろしくないと言われる通り、現代語でも公的な場面では使うのははばかられ私的場面で使う「ぼく」に似た待遇価を持つ自称詞であると思われる。資料では主に男の話し手によって使われているが、5例女の話し手によっても使われている。森野（1975）では「清少納言的観点からとらえれば、「まろ」は単に親近感を含蓄するといった大雑把な認識では不十分なのであって、ときには、他に対する配慮を欠いた、自己中心的な態度を連想させやすい、つまり親近、親愛感というよりは、ともすると、親狎感、いや場面によってはそれ以上の傲狎感を喚起することになりかねない自称ということになるのである」（p.62）とある。「まろ」を指すか官位職名を指すかについてであるが、現代共通語でも社長が課長に対して官位職名を対称詞として

「課長が行ってくれ」とは言うが、反対に社長に対して課長が「課長が参ります」のように自分を官位職名で述べる例はなく、資料でも自称詞として官位職名を使った例は見つからず、「まろ」という自称詞についての記述のように思われる。

第2章　軍記物語の対称詞

1　資料および調査法

　『新日本古典文学大系』（岩波書店）の『平家物語』と『保元物語・平治物語・承久記』をテキストとして用いることにする。『平家物語』は覚一本を底本としているが、『平家物語』は異本が多く待遇表現に限定してもテキストによって異なりが見られることが知られている。その待遇表現の異なりはそれぞれの時代に『平家物語』を書いた作者の登場人物に対する評価が反映したものと考えられているが、作者の評価自身も作者の住んだ時代背景によって左右されているに違いないことが想像される。なお、覚一本は南北朝時代の言語を使用したものと考えられている。さらに、『保元物語』は半井本、『平治物語』は古態本、『承久記』は慈光寺本を底本としている。

　当時は身分によって待遇表現が決定されている。桜井（1966）では『今昔物語集』で使用される敬語によって身分関係の上下を段階分けしたが、西田（1978）ではその分類を基礎に『平家物語』の敬語使用対象を次のように3グループに分けているが、ここでもこれを活用することにする。

　　第一群　天皇・院（上皇・法皇）・女院・后・宮など皇族と摂政・関白
　　第二群　上達部（公卿）すなわち大臣（公）と大納言・中納言・三議および三位以上の貴族（以上卿）
　　第三群　殿上人以下の人々

　ここでは話し手と聞き手との関係を親族関係と役割関係と身分関係を考慮に入れることにする。親族関係とは親と子というような血族関係、役割関係とは主君と部下というような主従の関係、身分関係とは院と庶民というような先天的な属性関係を指し、それぞれの関係について、上位と同位と下位という3段階を設定した。しかし、常にこの関係が矛盾しないわけではなく、親族関係で

は上位であるが身分関係では下位にあるという様な関係も存在することがある。例えば、右大臣公能は太皇太后宮になった娘に対し上位待遇を行い、また、生まれてくる孫に対しても上位待遇を行っている。親族関係では娘と孫であり上位であるが、身分関係では天皇家に嫁いだ娘に対して下位になるという関係があり、身分関係の方が親族関係より重要であったことを示している。

会話部分や伝言や書簡で使われている対称詞を調査した結果、対称詞の使用例が418例抽出された。対称詞の敬意の度合いを検証するために、聞き手に対して丁寧語「候ふ」を使用しているか等を基準に判断した。

2 資料の分析

対称詞は大きく分けて、四つに分類される。一つ目は二人称代名詞で、二つ目は役割名で、三つ目は姓名で、四つ目は親族名である。役割とは固定した組織の中での上下関係、たとえば、雇用関係等の上下関係を指し、役割名とは役割に応じた対称詞で、「宰相」、「大納言」のように官職名や、「駿河殿」、「山城殿」のようにそれぞれの受領地名に「殿」を付加した名、「二位殿」のように位階名、「上人」のように職による敬称をさす。対称詞を下線で示す。

2.1 聞き手との関係から見た対称詞
2.1.1 親族関係の上位の者を

全用例17例中、息子が父親を待遇する例として、義憲・頼賢・頼仲・宗・為成・為仲が判官である為義に対して、

1. <u>御身</u>ノ為扶カランモ猿事ニテ、我等ヲモ助サセ給ベキ御支度ニテコソ候ヘ（保元物語下、為義降参ノ事）

のように、「御身」が丁寧語とともに3例使われている。また、親族名称による対称詞が5例使われている。例えば、13歳の光綱は判官である光季に対して、

2. 自害ヱ仕候ハヌニ、<u>父</u>ノ御手ニカケサセ玉ヘ（承久記上）

とあり、地の文でも光綱を幼名「寿王冠者」で言及している。その他でも、重盛の孫六代御前は母藤原成親の娘に対し、

3．母御前にはけふ既にはなれまいらせなんず。今はいかにしても、父のおはしまさん所へぞ参りたき（平家物語巻12、六代）

のように使われており、いずれも幼い子の使用例である。また、判官である胤義が敵になった兄義村を待遇する例が8例あり、書簡では、

4．駿河殿ハ、権太夫トーニテ、三浦ニ九七五ニナル子共三人乍、権太夫ノ前ニテ頸切失給へ。……殿ト胤義ト二人シテ日本国ヲバ知行セン（承久記上）

のように、「駿河殿」や「殿」で待遇しているが、面と向かっては、

5．胤義、思ヘバ口惜ヤ。現在、和殿ハ権太夫ガ方人ニテ（承久記下）

のように、「わとの」で待遇している。

現在の共通語のように親族関係の上位の者を親族名で待遇するという原則はこの時代には一般的でなく、幼少期には親族名を使っているが、成人した後にはお互いの身分関係を反映した対称詞を使用している。

2.1.2 親族関係の下位の者を

全用例37例使われているが、娘に対して「わ御前」が5例、「なんぢ」が1例使われている。幼き息子に対し、常葉は、

6．など、をのれらは、ことはりをば知らず。（平治物語中、常葉落ちらるる事）

のように、「おのれ」を3例、「なんぢ」を1例使っている。少将である成経は3歳の息子に対して、

7．あはれ、汝七歳にならば、男になして、君へまいらせんとこそ思ひつれ（平家物語巻2、阿古屋之松）

のように、幼少の息子に対して「なんぢ」を使う例が4例ある。例1と同じ場面で、為義は息子達を、

8．ワ殿原ヲ世ニアラセテ見トテ、カヽル身ニモ成ツルゾ（保元物語下、為義降参ノ事）

と「わ殿原」で待遇している例が3例ある。例45のように「御辺」を使う例が

2例ある。また、幼児勢多伽に対し母は、

 9. 先童ヲ失ヒテ、和児モ自害セヨ（承久記下）

のように、「和児」を2例使っている。下野守である義朝は敵になった弟為朝に対しては、

 10. 八郎ハ、聞ツルニハ不ㇾ似、手コソアバラナリケレ（保元物語中、白河殿攻メ落ス事）

のように、名前で待遇する例が1例あるが、例54のように「わとの」で待遇する例もある。

 聞き手の年齢や身分に応じて親族の下位の者に対する対称詞を使い分けている。すなわち、幼少期は子どもや弟というような親族関係に従って「おのれ」や「なんぢ」で待遇しているが、いったん成人して社会的に位置づけられるとその身分に応じて「御辺」や「わ殿原」で待遇するようになる。

2.1.3　役割関係の上位の者を

 主君を待遇する例が28例見つかるが、「なんぢ」で待遇する義仲に対して、郎党今井四郎兼平は、

 11. 君はあの松原へいらせ給へ。兼平は此敵ふせき候はん（平家物語巻9、木曽最期）

のように、「君」が16例使われている。他に「殿」が2例、さらに、義朝に対してめのとごの鎌田次郎正清は、

 12. コヽハ大将軍ノ蒐ベキ所ニハ候ハヌゾ（保元物語中、白河殿へ義朝夜討チニ寄セラルル事）

のように、役割名で待遇する例が5例ある。主君に対して「おのれ」を5例使う例があるが、これは主君のむくろに対して恨みをこめて鞭打つ場面で使われており、特例とみてよい。

 役割関係の上位の者に対しては、「君」や「殿」や役割名が使われている。反対に、自称詞として「重兼・実盛・貞能」など名を使う用例が目立つ。役割関係の上下差が待遇表現を決定する重要な要因になっている。

2.1.4 役割関係の下位の者を

　部下を待遇する例が71例見つかるが、「なんぢ」37例、「おのれ」13例、名の呼び捨て11例、「おのおの」、役割名、「わ僧」各2例、「わとの」、「ものども」各1例がある。なお、義経が部下である那須与一に対して、

　13. 射かへせとまねき候。御へんあそばし候なんや（平家物語巻11、遠矢）

と「御辺」を「候」という丁寧語とともに使っているが、『新日本古典文学大系』の注釈では「（与一の属する）甲斐源氏は源氏の支流であるので、敬意を表した言い方をしたのである」（p.290）とあるが、延慶本では単に「アノ扇仕レ」とのみあり、誤記の可能性が大きいと思われる。

2.1.5 恩恵関係のある者を

　主従関係ではないが、恩恵を与えるものと受ける者との間には上下関係が成り立つ。清盛の継母、池禅尼は幼き頼朝の助命をおこなった。池禅尼は頼朝に対して、

　14. 其身も又、二度うき目を見んこと、口惜かるべし（平治物語下、頼朝遠流の事）

と、2例「その身」を使っているのに対し、頼朝は、

　15. 父とも母とも、此御方をこそ頼申候はん（平治物語下、頼朝遠流の事）

と「此御方」を使っている。

2.1.6 身分関係の上位の者を

　一概に身分関係の上位の者と言っても、最下層の者から見ると中流層の者も上位の者になるため、絶対的基準として聞き手の身分によって分類することにする。第一群に属する人々を待遇する例が24例見つかるが、すべて「君」で待遇している。例えば、右大臣であった公能は娘であるが入内し太后になった藤原多子に対し、

　16. もし王子御誕生ありて、君も国母と言はれ、愚老も外祖とあふがるべき瑞相にてもや候らむ（平家物語巻1、二代后）

また、三位入道であった頼政は皇子以仁王に対し、

   17. <u>君</u>は天照大神四十八世の御末、神武天皇より七十八代にあらせ給ふ（平家物語巻4、源氏揃）

のようにすべて「君」で待遇している。第二群に属する人々に対しては8例「君」を使っている。また、頼朝は大納言である頼盛に対して、

   18. 故尼御前の御恩を、<u>大納言殿</u>に報じたてまつらん（平家物語巻10、三日平氏）

のように、役職名で待遇する例が6例あり、また、熊谷次郎は敵に対して、

   19. 室山・水島二ケ度の合戦に高名したりと名のる越中次郎兵衛はないか、上総五郎兵衛・悪七兵衛はないか、<u>能登殿</u>はましまさぬか（平家物語巻9、一二之懸）

のように、身分の低い侍は「姓＋名」呼び捨てで待遇するが、敵でありながら身分の高い能登守教経に対しては、「能登殿」と受領名で待遇する例が2例ある。

  第一群に属する人々には「君」を、それ以外の人々には役割名を使っている。

2.1.7　身分関係の同位の者を

  男の話し手から男の聞き手へ「御辺」という対称詞が17例使われている。義仲は使者を介して頼朝に、

   20. なんゆへに<u>御辺</u>と義仲と中をたがふて、平家にわらはれんとは思ふべき（平家物語巻7、清水冠者）

のように、侍は同位の侍に対して「御辺」を使っている。同じく僧には「御房」を2例使っている。身分の低い若侍、山田小三郎是行は同輩の若侍に、

   21. <u>若殿原</u>ニ可レ申事候。暫ク御馬ヲ止テ、物御覧候ヘ（保元物語中、白河殿へ義朝夜討ニ寄セラルル事）

のように、11例「殿原」が使われている。頼朝は源氏の大名や小名に対して、

   22. けふ九郎が鎌倉へ入るなるに、<u>おのおの</u>用意し給へ（平家物語巻11、腰越）

のように、「おのおの」が丁寧語とともに7例使われている。侍が同位と思われる敵を待遇する例が7例見つかるが、義仲が一条次郎に対し、

　23. 左馬頭兼伊予守朝日の将軍源義仲ぞや。甲斐の一条次郎とこそ聞け。た
　　　がひによいかたきぞ（平家物語巻9、木曽最期）

のように「姓＋名」が5例、名呼び捨てが2例ある。かつては烏帽子親でありながら、今は敵になっている広綱に対し、光綱は、

　24. アレハ山城殿ノヲハスルカ。光綱ヲバ誰カト御覧ズル（承久記上）

のように、「役割名＋殿」で、また、役割名のみで待遇する例が各1例見つかる。接頭辞「わ」を使った対称詞が、「わとの」、「わきみ」各2例、「わひと」、「わ法師原」各1例が使われている。また、「なんぢ（ら）」7例、「おのれ（ら）」4例が侍によって同位と思われる敵の侍に対して丁寧語なしに使われている。身分的には同位の聞き手であるが、敵に対してや憤った場面で使われており、下位待遇と見てよい。

　身分関係の同位の者に対しては、二人称代名詞の「御辺」、「殿原」、「おのおの」が主に使われている。

2.1.8　身分関係の下位の者を

　「なんぢ（ら）」が31例使われているが、話し手と聞き手との間には大きな身分差がある。第一群の話し手が使う例が15例、第二群の話し手が使う例が6例、それ以外の話し手が使う場合には、聞き手が名もなき庶民や敵である場合である。「おのれ（ら）」が9例使われているが、「なんぢ（ら）」同様話し手と聞き手との間には大きな身分差がある。名の呼び捨ての例が6例ある。「わとの」、「わ男」、「わ君」が各1例使われている。「そこ」が4例、「ここ」が1例使われている。身分関係の下位の者に対しては、「なんぢ」や「おのれ」が主に使われている。

2.2　語の機能から見た対称詞
＊君

身分が高い聞き手に対しての使用例が35例ある。為義が崇徳上皇に対して、

25. 只今君ヲ御位ニ付ケマイラセン事、御疑アルベカラズ（保元物語上、新院御所各門門固メノ事付軍評定ノ事）

のように、第一群の聞き手に対して使われる場合がほとんどである。平清盛との争いに負けた源義朝が亡くなった後、その愛妾常葉は清盛の詮議を逃れるため三人の子どもを連れて都落ちした。見ず知らずの村人に一夜の宿を借りる場面であるが、村人は、

26. さればこそあやしかりつるが、いかさまにも、たゞ人にてはおはしまさじ。かゝる乱れの世なれば、しかるべき人の北の方にてぞおはすらめ。行衛もしらぬ君の御ゆへに、老衰たる下﨟が六波羅へ召出されて、縄をもつく恥をもみて、命をうしなふほどの目にあふとても、追出し奉るべきかは（平治物語中、常葉落ちらるる事）

と言うが、村人にとっては高貴なお方に対して「君」を使っている。

また、話し手と聞き手との間には主従関係がある場合にも使われている。例えば、めのとが主君成経に対して、

27. 御ちに参りはじめさぶらひて、君をちのなかより抱きあげまいらせ、月日の重にしたがひて、我身の年のゆく事をば嘆ずして、君のおとなしうならせ給ふ事をのみ、うれしう思ひ奉り（平家物語巻2、少将乞請）

や、主君宗盛に対して、

28. 廿余年の間、妻子をはぐくみ、所従をかへりみる事、しかしながら君の御恩ならずといふ事なし（平家物語巻7、福原落）

のように主君に対しての例が16例ある。

また、例外的に、時子が息子宗盛に、

29. 主上が様にいつとなく旅だゝせ給たる御事の御心ぐるゝッさ、又君をも御代にあらせまいらせばやなンど思ふゆへにこそ、今までもながらへてありつれ（平家物語巻10、請文）

と親族の下位の者に使った例が1例ある。原拠した『新日本古典文学大系』の解釈では、「ここでは「君」は対話の相手である宗盛らを指すものと解せられ

る」(p.208) とあるが、延慶本や長門本では、「君達ヲモ世ニアラセバヤ」とあり、問題が残る。

「君」は上位の者に対して使うのが一般的な用法であり、1例以外53例、丁寧語とともに使われている。丁寧語なしに使われている例は、平家の侍大将越中前司盛俊が源氏の侍猪俣小平六則綱と争った後、勝って上に跨り首を掻こうとする折、則綱の「平家は今は負けが決まっており、私の命を助けてくれれば、盛俊が助命されるようにとりなそう」という言葉に怒って、

　30. 源氏又盛俊にたのまれうども、よも思はじ。にッくい君が申しやうかな
　　　（平家物語巻9、越中前司最期）

であり、その前には、

　31. わ君は何ものぞ。名のれ、聞かう（平家物語巻9、越中前司最期）

と、「わ君」が使われており、誤記か例外とみてよいと思われる。延慶本では、この部分は盛俊が助命を頼む話の筋になっており、誤記とみることもできる。「君達」が1例使われているが、侍波多野次郎が主君義朝の幼少の弟達に対して使われている。

「君」がこの当時、どこまで人称代名詞として機能していたか、また、普通名詞としての機能をどこまで残していたかは疑問の残るところである。

　32. 君は湊河のしもにて、かたき七騎が中にとりこめられて討たれさせ給ひ
　　　候ひぬ（平家物語巻9、小宰相身投）

や例50のように、「主君」の意味で使われる例もあり、もし、「主君」の意味であるなら、ここでの分類では役割名に分類される対称詞である。森野（1971）では、平安時代の「君」について、「本来の「君主」「主人」という具体的な意味と有縁性が高く、多分に普通名詞としての性格を払拭しきれずに揺曳させていると思われる」(p.176) とある。また、第一群の人々の間ではお互いにどのような対称詞で待遇しあったのであろうか。高倉天皇が関白である藤原基房を「そこ」と待遇する例が1例あるが、丁寧語で待遇しておらず、明らかに上下関係がある。天皇と法皇はお互いにどのように待遇したのであろうか。もし「君」でお互いを待遇しているのであるなら、上位待遇の代名詞と考えるより、

「君主」を意味する役割名と考える方が妥当であるが、このような用例は出てこない。

*御身

6例あり、全て丁寧語とともに親族の上位の者とか身分の上位の者に対して使われている。1577年に来日したポルトガル人のカトリック司祭、ジョアン・ツズ・ロドリゲス（João Rodriguez）によって1604年から1608年にかけて書かれた日本語の文法書 "Arte da Lingoa de Iapam"（『日本大文典』）では、「敬態で，話しことばと書きことばとに用ゐる」（p.266）とある。しかし、

33. 御身もいまだつかれさせたまはず。御馬もよはり候はず（平家物語巻9、木曽最期）

のように、「おからだ」という意味で7例使われており、当時は普通名詞の「身」に尊敬を表す接頭辞「御」との複合語から人称代名詞に派生していく過渡期であったように思われる。法印である浄憲は清盛に、

34. 官位といひ俸禄といひ、御身にとっては悉く満足す（平家物語巻3、法印問答）

また、秀衡は義経に、

35. もてなしかしづき奉らば、世の聞えもしかるべからず。又、御身のためもいたはしかるべし（平治物語下、牛若奥州下りの事）

のように「御身」を使っている。

*殿

7例あり、丁寧語とともに用いられている。樋口次郎兼光は主君義仲に、

36. 十郎蔵人殿こそ、殿のましまさぬ間に、院のきり人して、やうやうに讒奏せられ候なれ（平家物語巻8、室山）

や、僧土佐房は敵の判官義経に、

37. まさなうも御諚候ものかな。おしと申さば殿はたすけ給はんずるか（平家物語巻12、土佐房被斬）

のように、主君や敵でも上位の者に対して使われている。「殿」も人称代名詞というよりもまだ普通名詞として機能していた可能性が高く、ここでの分類で

は役割名と分類した方がよさそうである。『日本大文典』でも、「それだけが独立に使はれて、主君とか、領地なり家族なり家なりの首長とかを意味する」(p.574)とある。山田(1974)によると、『日蓮聖人遺文』には「関白殿ニ対しては殿といはざるが如し。若シ関白殿ニ対して殿といはば、やがて誅滅せられべし」という文章が残されているが、関白のような第一群の人々には「君」が使われていて、「殿」は第三群以下の人々に対して使われている。

＊殿原

　13例あり、「原」は複数を表す接尾語であるが、「殿」と一緒に扱うべきかとも見えるが、「殿」と待遇価が異なり、別に示すことにする。「殿原」は下位の者にも使われるが、主に同位の侍に対して使っており、丁寧語を伴って使われたり使われなかったりする。侍家忠は敵の侍盛次に、

　38. 無益の殿原の雑言かな。われも人も空事言ひつけて雑言せんには、誰かはおとるべき（平家物語巻11、嗣信最期）

また、判官光季は家子・郎等に、

　39. 名モ惜カラズ命ノ惜カラン殿原ハ、事ノ乱レヌ先ニ、何ヘモ落行給候ヘ。恨有マジ（承久記、上）

のように「殿原」を使っている。

＊おのおの

　丁寧語が使われたり、使われなかったりして11例使われている。『日本大文典』では、「複数に用、丁寧」(p.266)とある。斎藤別当は同僚の侍に、

　40. いざをのをの、木曽殿へへ参らふ（平家物語巻7、篠原合戦）

また、侍義高が近江守仲兼の家臣の侍に対し、

　41. いかにをのをのは、誰をかばはんとて軍をばし給ふぞ（平家物語巻8、法住寺合戦）

のように、侍が同位の複数の侍に7例使われており、また、義経が家臣の侍に対して、

　42. おのおのの船に、篝なともひそ。義経が舟をほん舟として、ともへのかがりをまほれや。（平家物語巻11、逆櫓）

のように、家臣に対して4例使われている。

＊御辺

　男の聞き手対してのみ使われており、32例見つかるが、丁寧語を伴って16例、伴わないで16例である。『日本大文典』では、「敬態で，書きことばか荘重な話しことばかに用ゐ」(p.267) とある。まず、僧の文覚が頼朝に、

　　43. 御辺の心をみんとて申なンど思ひ給か。御辺の心ざしのふかい色を見給
　　　　へかし（平家物語巻5、福原院宣）

のように、身分の同位の者に対して15例、清盛が左中弁行隆に対し、

　　44. 御辺の父の卿は、大小事申あわせしお人なれば、をろかに思ひ奉らず
　　　　（平家物語巻3、行隆之沙汰）

のように身分の下位の者に対する使用例が4例、家臣に対し1例、また、重盛が息子維盛に、

　　45. 御辺は人の子共の中には、勝て見え給ふ也（平家物語巻3、無文）

のように使われているが、息子でありながら権亮少将であり、「給ふ」という尊敬語とともに用いられている。親族の下位の者に使う例が7例あるが、いずれも聞き手の身分が高い。「御辺」の待遇価は同位を中心に下位に対してまで広いと思われる。1例上位の者に対しての使用例があるが、これは前の則綱が盛俊との争いの場での使用例で誤記ともとれる。

＊御房

　僧に対して4例使われている。例43に示した「御辺」で待遇する文覚に対して頼朝は、

　　46. さもさうず、御房も勅勘の身で人を申ゆるさうどの給ふあてがいやうこ
　　　　そ、おほきにまことしからね（平家物語巻5、福原院宣）

と使っている。

＊こそあ

　全用例14例使われており、11例が丁寧語を伴わないで使われている。まず、高倉天皇は関白である藤原基房に、

　　47. そこにいかなる目にもあはむは、ひとへにたゞわがあふにてこそあらん

ずらめ（平家物語巻3、法印問答）

や、建礼門院が大納言時忠に、

48. げに昔の名残とては、そこばかりこそおはしつれ（平家物語巻12、平大納言被流）

や、清盛の母、池殿は孫重盛に、

49. もし、そなたにや、腹にあらずとへだて給らんと、世にうらめしく（平治物語下、頼朝死罪を宥免せらるる事）

のように、下位の者の者に対し9例使われている。また、今井の下人は主君の兄に対し、

50. 是はいづちへとてわたらせ給ひ候ぞ。君は討たれさせ給ひぬ（平家物語巻9、樋口被討罸）

のように、上位の者に対しても使っている。「是」は「これはこれは」のような感嘆詞ともとれるが、対称詞としても解釈できる。

＊わとの

　表記は、『平家物語』では「わとの」、『保元物語』では「わ殿」、『承久記』では「和殿」と異なるが、「殿」単独では上位の者に対する対称詞であるが、「わ」が付くと待遇価が低くなることから「わ」は親愛または軽侮の接頭辞と考えられる。28例あり、丁寧語を伴ったり、伴わなかったりする。聞き手は男であり、話し手も男である。まず、お互いに判官同士で、胤義は光季に、

51. 其事ニ候、判官殿。和殿ト胤義トハ若クヨリ一所ニテソダチタレバ（承久記上）

と言い、その返事に、

52. 此事、兼テ知タリ。和殿ト能登殿と二人シテ権大夫エオ打取テ（承久記上）

のように、自称詞は名前、呼称詞は「判官殿」のように「役割名＋殿」と一緒に「和殿」が使われている。また、例43や例46で示した同一箇所に、文覚が頼朝に、

53. わが身の勅勘をゆりうど申さばこそひが事ならめ。わとのの事申さうは

なにかくるしかるべき（平家物語巻5、福原院宣）

と使われ、「御辺」と同一の待遇価であることが分かる。このように同位の者に対して25例使われている。また、侍、河原太郎は弟次郎に対し、

54. わ殿は残りとゞまって、後の証人に立て（平家物語巻9、二度之懸）

のように、親族の下位の者や家臣など下位の者の者に対しても3例使っている。

＊わ殿原

判官である為義が6人の息子、義憲・頼賢・頼仲・為宗・為成・為仲に対し、

55. ワ殿原ハ返レ（保元物語下、為義降参ノ事）

のように、下位の者に対して丁寧語なしに4例使われている。

＊わ君

侍高橋長綱は戦場で出会った若年の敵に、

56. わ君はなにものぞ、名のれ聞かふ（平家物語巻7、篠原合戦）

のように、敵や息子等の下位の者の聞き手に対して4例使っている。

＊わ僧

例37で示した、僧土佐房に対し処刑を迫る判官義経は、

57. いかに和僧、記請にはうてたるぞ（平家物語巻12、土佐房被斬）

のように、丁寧語なしに僧に対して5例使われている。

＊わ法師原

斎藤別当は敵の僧に対し、

58. さりとも、わ法師原も聞こそしつらめ、日本一の剛の者、長井斎藤別当実盛とは我事ぞ（平治物語中、義朝敗北の事）

のように、1例丁寧語なしに使われている。

＊わ御前

女に対する敬称「御前」に接頭辞の「わ」が付いた複合語であるが、「御前」単独では見つからない。12例あるが、女の聞き手に対して使われている。祇王に対して母は、

59. まことにわごぜのうらむるところもことはりなり（平家物語巻1、祇王）

のように、親族の下位の者に対してや、また、祇王は知り合いの仏御前に対しても、

 60.　誠に<u>わごぜ</u>の是ほどに思給けるとは、夢にだに知らず（平家物語巻1、祇王）

のように、同位の女に対しても使っている。

＊わ男・わ児・わ人ども

　接頭辞「わ」を付加した対称詞が5例、「わ男」は身分の下の者、「わ児」は親族の下位の者、「わ人ども」は敵の侍に対して、すべて丁寧語なしに使われている。

＊おのれ（ら）

　38例あり、すべて丁寧語なしに使われている。「おれら」という対称詞が使われているが、「おのれら」からの語形変化として一つに扱った。『日本大文典』では、「敬意を表さない所の荘重な書きことばに多く用ゐ、荘重である」（p.266）とある。家臣に対して使用する例が13例あり、維盛が家臣である侍、斎藤兄弟に、

 61.　<u>をのれら</u>が父、斎藤別当、北国へくだつし時、汝らが頬に供せうど言ひしかども（平家物語巻7、維盛都落）

のように使われており、「汝」と併用されており、同様な待遇価を担っていたことが分かる。身分が下の者に対して9例あり、崇徳上皇が侍である為義・家弘・季能に対して、

 62.　命計ハナゾカ扶ザルベキゾと思ヘバ、<u>ヲノレラ</u>御身ニ副ジト思食ゾ（保元物語中、朝敵ノ宿所焼キ払フ事）

のように、自敬表現「御身」や「思食」と併用して使われており、下位の者に対する対称詞であることが分かる。その他、妻に対して1例、息子に対して4例、侍が敵に対して4例使われている。現在では卑罵語である。しかし、当時は下位の者に対する対称詞ではあるが、現在ほど待遇価は低くない。

＊なんぢ（ら）

　90例あり、すべて丁寧語なしに使われている。『日本大文典』では、「書きこ

とばに多く用ゐ、敬意は持たないで、尊大さを表す」(p.266) とある。左大臣実定は蔵人の藤原経尹に対して、

   63. 侍従があまりなごりおしげに思ひたるに、<u>なんぢ</u>帰って、なにとも言ひてこよ（平家物語巻5、月見）

また、三位の通盛は家臣の滝口時員に、

   64. 通盛いかになるとも、<u>なんぢ</u>はいのちを捨つべからず。（平家物語巻9、小宰相身投）

のように、家臣に対して使う例が37例見つかる。また、家臣でなくとも、少納言の信西が義朝に対して、

   65. 況哉、武勇合戦ノ道ニヲイテハ、一向<u>汝</u>ガ計タルベシ（保元物語上、主上三条殿ニ行幸ノ事）

のように、身分の下位の者に対する用例が、31例ある。また、神が清盛に、

   66. これは大明神の御使也。<u>汝</u>この剣をもって、一天四海をしづめ、朝家の御まもりたるべし（平家物語巻3、大塔建立）

のように権威をもって下位の者に使う用例や、息子に対して6例、娘に対して1例など親族の下位の者に対する例が見つかる。また、為朝が敵の侍景綱に、

   67. <u>汝</u>ハ、サテハ合ヌ敵ゴザンナレ（保元物語中、白河殿へ義朝夜討チニ寄セラルル事）

のように、身分が低いと思われる敵にも7例使われている。

＊親族名

「父」、「母」、「母御前」、「兄」という親族名が6例使われている。現在では、親族呼称と親族名称は区別され、他人に対しては「父が参ります」という親族名称が使われるが、対称詞としては「おとうさん」という親族呼称が使われる。この時代では、「母御前」は現在の親族呼称に当たるものであろうか。幼少の子どもの使用例がほとんどで親族名を一般成人が使うことはなかった可能性がある。

＊役割名（＋殿）

37例見つかるが、そのうち「殿」をつけた役割名18例は常に丁寧語とともに

用いられている。また、義時は長男武蔵守泰時や次男式部丞朝時に対し、

 68. 武蔵守・式部丞ハ、トクシテ下ルベシ（承久記下）

のように、息子でありながら公的な指示を行う書面では役割名で待遇している。悪源太義平は寝返った源兵庫頭頼政に対し、

 69. まさなき兵庫頭が翔かな。源家にも名をしらるゝほどの者が、二心あるやうはある。義平が目の前をば、一度もわたすまじき物を（平治物語中、義朝六波羅に寄せらるる事）

のように、役割名で呼び捨てている。一般的には役割名で待遇する同位の者には丁寧語をつけて使っている。

＊姓＋殿

身分の同位の侍同士で、

 70. 梶原殿の申されけるにも、御ゆるされないとうけたまはる間、まして高綱が申すとも（平家物語巻9、生ズキノ沙汰）

 71. いしう申させ給ふ田代殿かな。さらばやがてよせさせ給へ（平家物語巻9、三草合戦）

のように、お互いを「姓＋殿」で待遇する例が5例見つかる。

＊姓＋名

侍が身分の同位の敵の侍に対して戦場では、

 72. 間野次郎左衛門ト奉レ見ハ僻事カ（承久記上）

 73. アレハ玄蕃太郎ト奉レ見ハ僻事カ（承久記下）

のように、5例用いている。聞き手が身分が同位の侍である場合、「姓＋殿」か「姓＋名」で待遇するかは、味方か敵かによって決まるように見える。

＊姓呼び捨て

1例であるが、畑山次郎は烏帽子子である大串重親を、「わ殿腹」と呼び、

 74. 「たそ」ととへば、「重親」とこたふ。「いかに大串か」。「サン候」。（平家物語巻9、宇治川先陣）

のように、畑山は丁寧語なしに、それに対して「候」で答えるように、親しいが明らかに下位の者に対して姓呼び捨てで待遇している。

＊名呼び捨て

　25例見つかるが、全て丁寧語なしに使われている。前右大将の宗盛が家臣の滝口競に対して、

　　75. 競はあるか（平家物語巻4、競）

　また、中納言の知盛が家臣の阿波民部重能に対して、

　　76. 重能参れ（平家物語巻11、鶏合　壇浦合戦）

のように、家臣に対して11例使われている。
また、高倉天皇は聞き手が前右大将であった宗盛でも、

　　77. 宗盛ともかうもはからへ（平家物語巻3、城南之離宮）

のように、身分が下の者に6例使っている。親族の下位の者にも2例使われている。森野（1971）では、平安時代においては実名忌避の習俗があり、『枕草子』では実名で称呼されるのは受領階級以下に集中しており、よほど目下でないと使われなかったとあり、軍記物語においても下位待遇である。

3　結論

3.1

　永田（2001）では、軍記物語で使われている第三者待遇表現を序列敬語と名付けた。すなわち、序列に応じて第三者を待遇する敬語体系であり、序列の高い聞き手に対してはより序列の低い第三者はたとえ話し手の目上であろうとも尊敬待遇をしない敬語体系と考えた。対称詞の体系においても序列関係が重要で、自分の息子であろうとも成人し身分が高くなれば身分に応じた対称詞を、また、息子も親を親族名でなく身分に応じた対称詞で待遇している。現在のように親族の目上は親族名でしか待遇できないという共通語の原則は、この時代には一般的でない。幼少の者のみが親族名を使っている。成人した後には、親族の目上を身分に応じた対称詞で待遇している。対称詞の体系においても序列関係が重要で、上下対称詞であると考えられる。すなわち、上位の者には人称代名詞を使って待遇することができず、下位の者や同位の者に対してのみ人称代名詞を使うことができる体系である。下位の者に対しては、「なんぢ」や

「おのれ」のような和語系統の人称代名詞が安定して使われているが、反対に言うと、下位の者には人称代名詞を使ってよいという体系である。同位の者に対しては「御辺」や「御房」のような「御」を付加した漢語系統の人称代名詞が使われている。

3.2

　上位の者に対して唯一用いられている対称詞として「君」がある。「君」は第一群の聞き手のように聞き手の身分が非常に高い場合にも、聞き手の身分がそのように高くなくても主従関係のあるものに対しても使われている。「君主」とか「主君」という意味で使われており、この当時、どこまで人称代名詞として機能していたか、また、普通名詞としての機能をどこまで残していたかは疑問の残るところである。過去の文献では代名詞として扱っているが、「奏す」、「敬す」、「御幸」のように帝や后等の身分の人に対してのみ用いられる敬語を玉上 (1955) で「絶対敬語」と定義するように、もし、「君」が「君主」とか「主君」に対してのみ用いられる対称詞であるならば、それはここでは役割名と定義している対称詞であり、軍記物語で使われている対称詞の体系は上下対称詞と見てよいと思われる。

3.3

　同位または上位の者の聞き手を待遇する場合に、明示的に役割名や姓名で呼ぶ場合があるが、上位の者に対しては、官位職名や受領地名に「殿」を付加して呼び、同位の者には姓で、下位の者には名で呼んでいる。特に、名を呼び捨てにする場合には明らかに役割や身分が低い聞き手に限定されており、実名忌避の習俗が存続していたことが分かる。穂積 (1926) によって知られるように実名忌避の規範意識が古くから存在し、渡辺 (1998) によると、「私たち日本人には、下位の者が上位の者を呼称する場合、その名前を敬避し、代わりにその親族名称、ポスト名、職業名などなどを使って呼称しようとする規範意識が強く存在する」(p.11) と言うように、それが現在まで続いていると考えてお

り、さらに、辻村（1971）によると、諱として日本語の敬語の起源と通じる可能性が論じられている。

3.4

「わ殿（原）」、「わ君」、「わ御前」のように、接頭辞「わ」を付加することによって親しみを表し、本来は同位の者に対する待遇表現が下位待遇表現に低下している様子が見られる。

3.5

『承久記』には宣旨を受けて名前を呼ぶ場面があるが、1、河内判官秀澄のように役割名＋名呼び捨て、2、斎藤左衛門のように姓＋名呼び捨て、3、下総守のように役割名、4、上田殿のように姓＋殿の4種類あるが、身分による使い分けがあるのであろうか。

第3章 『捷解新語』の対称詞

1 『捷解新語』の資料性

　近世初期の公式言語の口語国語資料が存在せず、外国資料ではあるが『捷解新語』を近世初期の公式言語の資料として調査を行った。朝鮮における日本語通訳の教科書として編纂されたものであり、官吏である日本語通訳が公式場面で用いる日本語学習書として編纂されているので、公式言語が反映されていると考えたからである。

　『捷解新語』は倭学訳官の日本語教育の教科書として康遇聖によってなされたことについては問題がない。しかし、成立時期に関しては小倉（1964）によれば万暦46年（1618）であるという説がなされているが、大友（1957）や中村（1961）や李（1984）を総合すると、この書は10巻からなるが随時増補しており全巻が成立するのは天啓5年（1625）以降であると考えられている。康遇聖は文禄の役に12歳で捕虜となり10年間を日本で過ごし、帰国後訳官となり、数回公務で日本に来た。これらの経歴から朝鮮語を母語とし日本語に精通した著者によって書かれた教科書であることについては問題がない。しかし、日本語の資料として信頼するにあたっては多くの問題が残されている。まず、朝鮮語と日本語が文法的に酷似していることから朝鮮語の干渉が日本語本文に起こる可能性を否定できない。次に、『捷解新語』に記された日本語はいつのどこの言葉であるかが大問題であるが、森田（1973）は、「一部に九州方言の影響と思われる節がないのではないけれども、全般には近古末期から近世初期にかけての京都付近の話しことば、それもむしろ俗な言葉を写していると思われる点が多い」（p.251）と述べている。敬語については韓（1995）によって朝鮮語と日本語の両面から比較対照した研究がなされており、その結果日本語本文の敬語と朝鮮語訳文の敬語が常に一致するわけではないことが解っている。もし、

日本語本文に朝鮮語の干渉があれば、朝鮮語の部分が尊敬語であれば日本語の部分でも尊敬語が使われると想像できる。このため両国語間の敬語使用の差異が著者に認識されていたことが推測される。この論文ではこのような問題点に留意し、当時の対称詞の体系を反映する資料として調査を行った。まず、原刊本を調査し、重刊本で大きく体系が異なる対称詞についてのみ改修点を示した。資料は、京都大学文学部国語学国文学研究室編（1972・1973）の『捷解新語』を用いた。

2 『捷解新語』原刊本の対称詞

『捷解新語』の原刊では各登場人物の会話の区切りに改行があり次の登場人物の会話が始まったことがわかるが、明確な表示が成されていない。しかし、改訂された重刊本にはⓉとⓀという記号が付されており登場人物の推定がより容易になっている。Ⓣは朝鮮側の人物の会話、Ⓚは日本側の人物の会話である。そして、会話の内容や聞き手に対する待遇表現によって話し手の推定が可能である。全10巻よりなっているが、最後の1巻は書簡である。各引用例の最初に括弧内に（話し手→聞き手）というように示した。［朝］は朝鮮側を、［日］は日本側を示す。最後に引用箇所を括弧内に巻数、丁付けの順で示した。オは表、ウは裏を示す。聞き手として登場する人物は限定されていて、通信使、対馬島主、東萊府使、釜山僉使、筑前の守使い、奉行、役人［朝］、役人［日］である。引用例の対称詞に下線を引いて示すことにする。

* 役割名

対称詞の使い方を見ていると、大きな原則に気がつく。目上の聞き手には二人称代名詞を使っていないということである。代わりに役割名が使われている。役割とは固定した組織の中での上下関係、たとえば、雇用関係等の上下関係を指し、役割名とは役割に応じた対称詞、例えば、平社員から社長には「社長」、学生から教師には「先生」というような対称詞を指す。目上の聞き手とは、全て通信使を聞き手にする17例であり、話し手は対馬島主が9例中、

第3章 『捷解新語』の対称詞　51

　　（対馬島主→通信使）仰しられそうな事を存じて、<u>信使</u>へ申さん先に色々
　　に斟酌申したれども、（6－17オ～ウ）

のように、役割名「信使」が4例使われ、また、

　　（対馬島主→通信使）<u>三使</u>は如何思し召すやら、先づ先づ目出たうこそ御
　　座れ。（6－2オ）

のように、役割名「三使」が5例使われている。「三使」とは、正使（文官堂上正三品）、副使（文官堂下正三品）、従事官（文官五・六品）の三使をさす。対馬島主は通信使に対して常に、「信使」か「三使」の役割名を使っている。通信使は、将軍襲職などの慶賀のためや壬辰の乱によって日本に連れてこられた俘虜の帰国折衝などのため李王朝から使わされた国際親善使節団の団長であり、対馬島主は朝鮮側から見ると朝貢を行っている地方長官の地位に位し、通信使より下位である。『捷解新語』には朝鮮語の対訳が付記されており、辻（1997）によると、朝鮮語表記では改まり度によって丁寧体を低い丁寧体と高い丁寧体の2段階に使い分けており、通信使が対馬島主に対して話す時より、対馬島主は通信使に対してより改まり度の高い丁寧体で表している。また、通信使に対して、奉行や筑前の守使い等が8例、

　　（筑前の守使い→通信使）筑前の守申し置きまるする所は、<u>信使</u>御通りの
　　刻み、何卒御馳走申し上ぐるに、堅く申されたれども（7－4ウ～5オ）

のように、「信使」を使っている。目上に対しては、役割名を使うという原則は公式言語としてこの時代に既に定着していたと考えられる。

　他に、目下や同位の聞き手に対しても、7例役割名が使われている。まず、

　　（通信使→対馬島主）<u>太守</u>の今度の御苦労の様子は、朝廷へも詳しうこそ
　　申し入れまるせう。（8－32ウ）

のように、地方長官を意味する「太守」という役割名で3例待遇している。通信使が対馬島主を待遇する例が11例あるが、他の場合には「こなた」6例、「そなた」2例である。「太守」と対馬島主を待遇している場合には朝鮮語表記では改まり度の高い丁寧体で、二人称代名詞で待遇する場合には改まり度の低い丁寧体で表しており、辻（1997）では、「信使は島主に時にB形（筆者注：

改まり度の低い丁寧体）を用いることがある。信使は島主より高い身分にあるものとして遇せられているらしい。また同時に信使はB形を混じえることで固苦しさを和らげたとも考えられる」(p.133)とあり、公式的な場合には目下の聞き手に対しても役割名を用いていたことが想像される。現在でも、部下を会議の場では「課長」と呼ぶ部長は、仕事が終わった後の飲み会では「きみ」という場合があるのと同様と思われる。同位の聞き手に対して1例、

　　（役人[朝]→役人[日]）明日の朝は東莱へ上って、<u>送使</u>の様子を申して参る程に、ゆるりと寛がしられ。(1－20オ～ウ)

と貿易使節を意味する役割名「送使」を用いているが、朝鮮語表記では改まり度の高い丁寧体で待遇している。また、

　　（役人[日]→役人[朝]）申すまい事なれども前規に応した事ぢや程に、<u>判事衆</u>好う聞かしられ。(2－9オ～ウ)

と倭学の教官を意味する役割名「判事衆」で待遇している。普通はお互いに、「こなた」や「そなた」の二人称代名詞で待遇している。公的な立場で聞き手に対する時には役割名で相手を言及している。

＊御両衆

　1例ながら、

　　（通信使→江戸よりの御使い）<u>御両衆</u>を是まで御懇ろな御尋ね、忝うこそ御座る（7－14ウ）

とあり、数詞を使った対称詞である。聞き手が将軍からの使いということで丁寧な物言いで、朝鮮語表記でも改まり度の高い丁寧体で待遇している。

＊こなた

　全部で23例使われており、

　　（役人[朝]→役人[日]）先づ<u>此方</u>の前は御懇ろに仰しらる程に、気を伸ばしまるしたが、(1－4オ)

のように、日本側の役人と朝鮮側の役人同士が同位の関係で使われたものが16例ある。朝鮮語表記でも改まり度の低い丁寧体で表しており、同位の者同士の待遇表現と判断できる。また、

第 3 章 『捷解新語』の対称詞　53

　　（通信使→対馬島主）此方好う心得て接待衆に礼を仰しられて下され。（6
　　－16ウ～17オ）

のように、通信使から対馬島主に対して用いられる 7 例がある。目下の聞き手ではありながら朝鮮語表記では改まり度の高い丁寧体で表しており、非常に形式ばった語尾をとっている。「こなた」は主に同位の聞き手に対して使い、目下の聞き手に対して使う時には自己の品位を示す品格保持の二人称代名詞である。

＊こなた衆

　「衆」は複数を表す接辞であり、「達」や「共」と対比して待遇価を担うこともある。本来日本語では単複を表現することは必須文法項目ではなく、『捷解新語』でも待遇表現として使われているように思える。全部で 7 例使われており、

　　（役人［日］→役人［朝］）此の上は、別の巧みも無し、此方衆次第でこそ御
　　座れ。（4－19ウ）

のように、同位の関係で使われた例が 6 例、また、

　　（通信使→奉行）此方衆も始めて御目に懸れども、両国誠信の道なれば心
　　中に親しく目出たうこそ御座る。（7－17ウ）

のように、目下に対して 1 例使われており、「こなた衆」は同位もしくは目下の者に使う二人称代名詞である。

＊そなた

　全部で13例、その内 8 例は通信使が対馬島主や筑前の守使いや賄奉行使いなど、身分が下の者に対して使う例である。

　　（通信使→筑前の守使い）其方の名は某でおぢやるか。覚えて礼の時に申
　　す為ぢや。（7－8オ～ウ）

のように、「ぢや」という普通体で待遇しており、また、同位の役人同士 5 例で、

　　（役人［朝］→役人［日］）さて其方は面白い人ぢや。化かす道具も無うて人
　　を化かす人ぢや。（9－19オ～ウ）

のように、くつろいだ場面で使われており、「そなた」は「こなた」より一段低い待遇価の二人称代名詞であることが分かる。

＊そなた衆

同位の役人間で5例、

(役人[朝]→役人[日]) 此方の申す事は皆反故に召されて、其方衆の勝手ばかり先に召さるか。(4－19ウ)

のように、少々言い争い合う場合に使われており、朝鮮語表記でも改まり度の低い丁寧体で表している。また、

(対馬島主→役人[朝]) 其方衆の答いが兼ねて臆した様子ぢや。(5－26ウ)

のように、身分が下の聞き手に対して「ぢや」という普通体で待遇しており、朝鮮語表記でも、朝鮮側の役人が対馬島主に対して改まり度の高い丁寧体で待遇するのに対して、対馬島主は改まり度の低い丁寧体で待遇している。「そなた衆」は目下の者やくつろいだ場で使う二人称代名詞である。

＊おのおの

17例あり、全て同位の役人同士の使用例である。

(役人[朝]→役人[日]) 初心な者ぢや程に、各々鬱陶しう思わしられうか、気遣いまする程に、万事に御引廻せを頼みばかりで御座る。(1－3オ～ウ)

初対面の挨拶ながら「ぢや」という普通体で待遇しており、朝鮮語表記でも改まり度の低い丁寧体で待遇している。

＊そち

2例あり、1例は、

(役人[朝]→不詳) 某此方来い。其方が代官に行って躬が申す。(1－1オ)

のように、「来い」と待遇する相手に対して使われており、明らかに目下の者に対する二人称代名詞である。

＊御手前

2例であるが、

(役人[朝]→役人[日]) 酒を同じ様に聞し召せども、御手前の面上には、

酒気一切御座らん程に、酒と様態が足らわしられて御座る。(3-16オ〜ウ)

のように、身分が同位の者に対して、1例用いられている。もう1例は書簡の中で用いられている。辻村（1968）によると、武家言葉として中世後期から近世に使われた語で、書簡では同位以下の者に対して用いられている。

＊貴様

書簡にのみ2例、

（役人[日]→役人[朝]）昨日の茶礼、貴様の御取持に、無事に相済み、一入大慶に存じ奉り候。(10-7オ〜ウ)

と「候」文体で使われており、辻村（1968a）によると、同位の者に対して主に書簡で用いる文語の対称詞である。

＊貴老

同じく書簡にのみ1例、

（役人[日]→役人[朝]）御状辱く拝見申し候。貴老の御事、御無事に御下向の由目出たく存じ奉り候。(10-2オ)

と「候」文体で使われており、文語の対称詞であろうか。室町期に書かれたロドリゲスの『日本大文典』には、「老人なり剃髪者なりへの敬態」(p.267) とある。

3　『捷解新語』重刊本の対称詞

改訂が繰り返され、重刊本が崔鶴齢によって成立したのは正祖5年（1781）と考えられている。改修の目的として次の二つの理由が考えられる。一つは原刊の誤りを正すためであり、二つ目は原刊が刊行されて約150年の時を経ており、その間の日本語の変化に適応させるためという理由が考えられる。安田（1973）では、誤りではないが、原刊本に記された九州方言に基づく口語的、俗語的表現が重刊本では共通語、規範性のある漢語や雅語に変えられていることが指摘されている。また、改修本の序に「二邦言語不無古今之殊以此所録即不能通話閒有敏而勤者不用本書別有習能與酬酢而此千百之一尓其於新語讀過萬

遍口角爛翻者不過高中選試而止使之與彼語則不能通一句所話所習非所用所用非所習」とあるように言語の時代変遷によって改修されたことが解る。このように、重刊本の改修は位相と時代変遷の二つの理由を組み合わせたものとして把握されるべきであろう。

重刊本の対称詞の特徴を原刊本と比べながら述べていく。

3.1

原刊本で示されている上下対称詞の体系は重刊本でも継続している。

原刊本で、役割名で言及されている目上の聞き手は、重刊本でも全て役割名で呼ばれている。さらに、

（江戸よりの御使い→通信使）三使様も装束を被召手こそ宜御座りませう。
（7－10オ）

のように、役割名に「様」をつけて「三使様」と呼んでいるが、原刊本では「信使」と呼んでいる。このような例が4例あり、役割名で目上の聞き手を待遇するという上下対称詞の体系はより確実になっていると思われる。また、同位や目下の聞き手の場合にも役割名が使われることがあるが、これらの場合には公的な場面に主に用いられる。

3.2

「こなた（衆）」が1例も使われなくなり、重刊本では代わりに主に「そこもと（様）」が使われている。

「こなた（衆）」は主に同位の聞き手に対して使われる人称代名詞であったが、山崎（1963）では、江戸後期上方に発生した新しい二人称代名詞「あなた」が、高い敬意を含んで用いられるようになり、最高の敬語であった「おまへ」の待遇価を下げ、化政期になるとさらにその下の敬語「こなた」の地位が低下させたと解釈しており、江戸後期には待遇価がかなり低くなっていたと考えられる。「そこもと（様）」は最高の敬語ではないが、同位の者の間で使われる二人称代名詞として存在しており、「こなた（衆）」の代わりに使われたと考えられる。

3.3

「そなた（衆）」は21例原刊本では同位もしくは目下の者に対して使われる人称代名詞であったが、重刊本では2例のみ残り、その代わりに「おのおの」、「御自分」、「そこもと」などが使われている。

山崎（1963）では、「そなた（衆）」も「こなた（衆）」同様、江戸後期上方に発生した新しい二人称代名詞「あなた」が、高い敬意を含んで用いられるようになり、最高の敬語であった「おまへ」の待遇価を下げ、化政期になるとさらにその下の敬語「そなた」の地位を低下させたと解釈しており、江戸後期には町人男性は使用しなくなっており、女性語として目下にのみ用いる二人称代名詞として存続している。

3.4

「そこもと（様）」が二人称代名詞として新しく使われている。

　　（都船主→役人［朝］）其元も小通事を遣らしやれて逢て御座りませひ。（1
　　－28オ）

のように、同位の者に対して9例、

　　（通信使→対馬島主）其元の御苦労と御造作は譬物が御座りませぬ。（6－
　　3ウ～4オ）

のように、目下の者に対しても4例使われている。原刊本では「こなた（衆）」が使われていた場面で重刊本では「そこもと」が使われている。

原刊本には、

　　（役人［日］→役人［朝］）さては其所許でも日和が有りそうに申す。（5－14
　　ウ）

のように、人称代名詞ではなく場所として1例使われている。しかし、重刊本では、

　　（通信使→対馬島主）其元様も遙々御苦労被成ましたにより、（8－21オ～
　　ウ）

のように、「そこもと」に敬称の「様」が付加されており、人称代名詞として

使われている。

3.5
「御自分」という対称詞が新しく使われている。

原刊本の「そなた・こなた」に代わって「御自分」が3例使われている。

　　（通信使→対馬島主）兎も角も<u>御自分</u>ゑ任しまする程に、宜様にさつしやれひ。（6　26ウ）

のように、3例とも通信使から対馬島主に対する使用例で、目下の者に対しての武家言葉の対称詞である。

4　結論

4.1
『捷解新語』の対称詞の体系を見てみると、上下対称詞の体系は既にできあがっている。

目上の聞き手に対しては役割名を用い、決して二人称代名詞で言及することはない。二人称代名詞が対称詞として使われる場合には、同位か目下の聞き手である場合のみである。また、目下の聞き手に対して役割名を用いる場合があるが、主に公的な場で使われる。このようなことから、上下対称詞は江戸時代において公的な場で使われる対称詞の体系と考えられる。

4.2
家庭内や未知の人をどう言及したかについての資料がない。

『捷解新語』は役人の日本語学習書という資料の関係上、親族間での対称詞については一切言及がない。現代日本語の共通語では親族の目上に対して二人称代名詞を使って待遇できず、「お父さんはどうですか」のように親族名を使うのが一般的であるが、江戸前期ではどうであったかについては『捷解新語』からは一切分からない。

第4章　近世武家の対称詞

1　はじめに

　第3章において、日本語学習書『捷解新語』では使われている対称詞は上下対称詞であると示した。そして、『捷解新語』は万暦46年（1618）から随時増補しており全巻が成立するのは天啓5年（1625）以降であると考えられている。そして、官吏である日本語通訳が公式場面で用いる日本語学習書として編纂されているので、公式言語が反映されていると考えられる。そして、当時の公式言語は、支配者である武家の公用語を反映していると考えている。いくつかの他の資料が残されているので、対称詞の体系を検証してみることにする。

2　残された資料による検証

2.1　外国語資料による検証

　ロドリゲス, I. の1604年から1608年に書かれた"Arte da Lingoa de Iapam"（『日本大文典』）では、「こなた・そなた・その方」の和語系統の人称代名詞には「丁寧で、広く行はれる」とあり、「貴所・貴殿・貴辺・貴方・御辺」の漢語系の語には「敬態で、書きことばか荘重な話しことばかに用ゐ」（p.266）とあり、また、「貴老・貴僧」の記述もある。目上の聞き手に対しては文語と同じ漢語系の語彙をもって待遇すべきであったことがわかり、公的な場面では和語系統の二人称代名詞で呼ぶことができなかったことが推測される。

　ホフマン, J. J. の1867年刊の"Japansche Spraakleer"（『日本語文典』）では、代名詞として、書き言葉で荘重な文体で貴人や文人の間で使われている「なんぢ」、待遇価の不確定な「いまし」、尊敬の接辞としての「さま」、高貴な人への「きみ」や「きさま」、聞き手を一般に示す「てまえ」、敬意の形容詞「おん・お（御）」や「き（貴）」や「そん（尊）」、敬意の接辞としての「お・お

ん・ご（御）」、「尊敬せられる者」という意味と同時に下級役人や細民の間で使われる「おまえ（さん・さま）」についての記述がある。

また、幕末の江戸に来日したアメリカ人ブラウン、S. R. が残した1863年刊の日本語会話書 "Colloquial Japanese"（『会話日本語』）では、

> The Japanese like the Chinese language, delights in the use of nouns and adjectives of quality, as personal pronouns……
>
> For the second person, the emperor is addressed by the courtiers, with Shin, meaning your majesty. Addressing his attendants, the emperor uses Nanji, which is derived by contraction from na-mochi, having a name, or illustrious. The Taikun in addressing high daimos such as the Sankio, for the pronoun of the second person says Kikoö which is merely the Chinese 貴公, Honorable Lord, English, My Lord. The most of princes, inferior to the Sankio, he would say Sono-kö. Lit. that side, or quarter. The servants of a daimio, addressing their liege lord, would say Watak'shi, for I, und（筆者注：and か）Kimi, Lord, or Gozen, Your presence, or Tonosama, for you. To a friend or superior the useful address is Anata, for the pronoun of the second person. Daimios' retainers and officers of Government（yakunins）use the same term, in speaking to those of their own class, but if speaking to an inferior, *temai* is the pronoun used. Temae signifies, "before（my）hand", Omae' which is of the same import of Gozen, is used among the common people when addressing each other, especially, at entertainments, where the wine flows freely. It is also used as a pronoun of less respectful import than Anata.（Sec. XXIV. Pronouns.）
>
> 中国語同様日本語は人称代名詞として上品な名詞や形容詞を好んで使用する。……二人称としては、天皇は廷臣から your majesty（陛下）を意味する「しん」と呼ばれ、反対に廷臣に対しては、名前を持っている、すなわち、有名を意味する「なもち」からの縮小形である「なんじ（汝）」を使う。将軍は三卿のような地位の高い大名に対して二人称代名

第4章　近世武家の対称詞　61

詞として、英語でいう My Lord（閣下）を意味し、Honorable Lord を意味する中国語の「貴公」から来た「きこう」を使う。三卿以下の諸侯に対しては逐語訳では「そちら側」すなわち、場所、を意味する「そのこう」（筆者注：「その方」か？）を使う。大名の家臣は、自分を「わたくし」と呼び、主君に対し Lord を意味する「きみ（君）」や Your presence を意味する「御前（ごぜん）」や「殿様」と呼ぶ。友人や目上の者に対しては二人称代名詞として「あなた」が便利である。大名の家臣や政府の役人（やくにん）は同じ階級の者に対し「あなた」を使い、目下の者には「てまい」という代名詞が使われている。「てまえ」は「（自分の）手の前」を意味し、一般庶民の間ではお互いに、特に、酒席のようなくつろいだ場では、「御前」と同じ趣旨の「おまえ」が使われている。「あなた」より敬意の低い代名詞として使われている。（筆者訳）

前の部分で天皇は自称として Shin を使い、「眹」という字がつけられているが、「朕」の字であろうと思われ、もし「朕」なら自称しかなく、天皇が朕と呼ばれるというのはブラウンの誤解ではないだろうか。目上に対しては二人称代名詞が使えず、反対に目下に対しては二人称代名詞を使っている。「あなた」が二人称代名詞であるのに対して、「ごぜん」については 'your presence' の注釈が示すように場所から派生した敬称であり、「きみ」については 'lord' の注釈をつけているように、ブラウンは人称代名詞ではないように理解していたことがわかる。また、「とのさま」、「ごぜん」等は役割名である。Pronoun の項目で書かれているが、本書の対称詞に該当すると思われる。武家階級では友人や目上に対して「あなた」を使うと記述されており、実際、会話例文では、丁寧な文体「あなた」と普通の文体「おまえ」が対になって示されているが、

12. Are you married?（結婚していますか）
　　　ゴシンゾ　ハ　ゴザリマスカ（to a superior：目上に）
　　　オマエ　カミサン　ハ　アリマス　カ（to an equal：対等に）
　　　テマエ　ハ　ニヤウボウ　ガ　アル　カ（to an inferior：目下に）

とあり、目上には対称詞が示されておらず、この場合の「あなた」で呼称すべき目上は私的な関係の目上であろうと思われる。また、役割名を使わなければならない場合は非常に公式的で、身分差のかなりある聞き手に対する待遇表現であったと考えられる。また、サトウ、E. M. の1873年刊の"Kuaiwa Hen"(『会話編』)でも、'To a Sovereign, feudal lord, or master, *o kami*; to a *daimiô* or *hatamoto* by his retainers, also, *gozen*.'(Notes Exercise Ⅵ, 22)(君主や主君には「おかみ」、家臣は大名や旗本には「ごぜん」と呼称する：筆者訳)と同様な記述がある。問題は、英語を母語とする外国人が日本語を学習する際になぜ「あなた」を目上に対する人称代名詞として模範としたかであるが、外国人にとって日本人が行っている待遇表現の使用法を模倣するのは複雑困難であり、人称代名詞が文法的に必須に使われる英語母語話者にとって、強いて代名詞を使うとすると「あなた」は丁寧さにおいて最も妥当な代名詞であるというようなことも考えられる。実際、"Colloquial Japanese"(『会話日本語』)の日本語会話用例では英語の人称代名詞に対して、日本語の代名詞を常に対応させており、直訳の日本語のようで不自然さを感じる。

> Politeness of address has been so long and carefully studied among the Japanese, that they are very careful to select the proper terms, in conversation, and nothing is more offensive to their taste, or more significant of bad breeding than carelessness, or neglect in this matter.
>
> どのように呼ぶと丁寧になるかについては日本人の間では長い間注意深く学習されており、会話の場で適切な語を選択するのに気を使っている。この点に関して不注意であるとか、無視するとなると、これほど日本人の感性に触れるものはなく、育ちの悪さを端的に示すものである。(筆者訳)

とあるように、ブラウンも呼称詞や対称詞の重要性を身をもって体験したことが想像される。日本語が西洋語をどのように取り入れていったかを研究した森岡(1999)では、日本人は欧文の代名詞を翻訳する際に待遇意識の伴わない文語系のニュートラルな語を選んでいるのに対し、

S. R. ブラウンの代名詞の翻訳は、ほとんどヘボンの辞書の訳語と一致するが、それでも待遇法の俗語には「ワシ」を用いている。E. サトウは、代名詞を省略するだけでなく、直訳を避けて構文まで日本語的な発想を取り入れている。(p.159)

と二人の違いを述べている。『捷解新語』においては目上に対して二人称代名詞が使われていないのは、序章に示すように、朝鮮・韓国語では上下対称詞の体系が使われており、日本語の対称詞の習得が欧米人に比べてより容易だったことも考えられる。

また、1889年に出版されたチェンバレン, B. H. の"A Handbook of Colloquial Japanese"(『日本語口語入門』)第2版では、

> The following equivalents for "you" are all in common use:—*Anata,* a contraction of *ano kata,* "that side," "beyond" (which meaning is still retained in poetry, as *kumo no anata,* "beyond the clouds"). *Anata* is polite expression; with the addition of *sama,* "Mr," "Mrs," "Miss," "Lord," "Lady," it is supremely polite. *Omae,* lit, "honourably in front," was formerly polite, but is now only used in addressing inferiors, such as coolies, one's own servants, one's own children, etc. *Omae san* (*san* is short for *sama*) stands half-way between *anata* and *omae* in politeness. It is much used by women. *Sensei* "senior," is used chiefly in addressing men or women of learning. *Danna san,* "Mr. Master," is used by a servant in addressing his master, and by inferiors generally. *Kimi,* "prince," is chiefly used by young men in addressing each other familiarly. Besides the above may be mentioned *Heika,* lit. "beneath the steps of the throne," i. e. "Your Majesty;" *Kakka* "beneath the council-chamber," i.e. "Your Excellency;" *sono hoō,* "that side," the equivalent for "you" employed in the law-courts by legal officers; *kisama,* an insulting term used in addressing an inferior with whom one is angry.
>
> N. B. Etymologically *kisama* means "exalted Sir;" but, like many other

words, it has fallen from its former high estate.

The word *temae*, lit. "before the hand," is remarkable; for it may be used either as a very humble and therefore polite equivalent for "I," or as an insulting equivalent for "you." In the sense of "you," it formerly had the honorific *o* prefixed. The rude use of it came in through the dropping of the honorific. (CHAPTER Ⅳ. The Pronoun)

　"you"と同様な意味の語として次の語が一般に使われている。「あなた」：あの方向や向こう（詩においては「雲のあなた」（雲の向こう）のように未だ使われている）という意味の「あのかた」の省略形。「あなた」は丁寧な表現である。："Mr," "Mrs," "Miss," "Lord," "Lady," を意味する「さま」を付加すると最も丁寧になる。逐語訳では「前にいらっしゃる高貴な」を意味する「おまえ」は本来丁寧な表現であったが、現在ではクーリーや自分の使用人や子供等の目下の者を呼ぶ場合にのみ使われている。「おまえさん」（「さん」は「さま」の省略形）は丁寧度において「あなた」と「おまえ」の中間に位置する。女性によって多く用いられている。"senior," を意味する「先生」は主に男女の学者に対して用いられる。"Mr. Master," を意味する「旦那さん」は使用人が主人に対してや身分の劣るものによって一般的に用いられる。"prince,"（主君）を意味する「君」は主に若者同士で親しみを込めて用いられる。その他に、逐語訳では「王座にかしこまり」の意味である「陛下」即ち "Your Majesty;" や、逐語訳では「会議場にかしこまり」の意味である「閣下」即ち "Your Excellency;" や、奉行所の役人によって英語の "you" と同じ機能で "that side," を意味する「其の方」が使われている。怒った時に身分の下の者に対して侮辱する語として「貴様」が使われる。

　注記：語源的には「貴様」は "exalted Sir;"（高貴な旦那様）を意味するが、多くの他の語同様、かつての高い待遇価から価値が落ちている。

　逐語訳では「手の前」を意味する「てまえ」は注意すべき語である。英語の "I" と同様に謙譲語として従って丁寧な用法としても、また、英

語の "you" と同様に侮辱する語としても使われる。英語の "you" と同じ機能では、元は尊敬語の接頭辞「御（お）」を伴って使われていた。尊敬語を伴わなくなって無礼な用法が表れた。（筆者訳）

とあり、「あなた」丁寧な代名詞で、「あなたさま」はさらに丁寧な代名詞であると示されている。注目すべきは、先生、旦那さん、陛下、閣下の役割名が代名詞と同列としてとらえられていることである。英語の代名詞の機能をもつ、本書で言う対称詞としてとらえており、現代のようにこのような役割名が目上の聞き手に対して使われていたことがわかる。さらに、

The perpetual recurrence of a *watakushi* and *anata* is one of the surest signs of a clumsy foreigner speaker, who translate his own idiom into Japanese, instead of thinking impersonally as the Japasnese do……The use of "you," that is of the second person, in English generally necessitates some change in the Japanese phrase, especially if an equal or superior be addressed.（CHAPTER Ⅳ. The Pronoun）

日本人が私情を交えず考えるのと異なり、「わたくし」とか「あなた」が間髪なく繰り返し言われるのは、母語を日本語に直訳した下手な外国人なまりの象徴であり、……日本語を話す場合には、一般的には英語の二人称代名詞の "you" の使いかたをそのまま導入しないで、特に、同輩や目上の者に話す場合には、変える必要がある。（筆者訳）

とあり、文法的に人称代名詞を使うことが必須である英語と違い、日本語では人称代名詞を頻繁に使わず、二人称代名詞については、目上や目下にかかわらず誰に対しても使える英語の二人称代名詞 'you' と日本語においてはその使い方が、聞き手が同位や目上の場合にはとくに異なると示されている。目上の聞き手に対しては、「どこにいらっしゃいますか」のように二人称代名詞を使わずに省略したり、「先生はどこにいらっしゃいますか」のように役割名を使う上下対称詞が使われていたと解釈できる。

2.2 日本人によって書かれた資料による検証

福沢諭吉が明治10年（1877）に書いた「旧藩情」には次のような記述がある。

> また言葉の称呼に、長少の別なく子供までも、上士の者が下士に対して貴様（きさま）といえば、下士は上士に向てあなたといい、来やれといえば御いでなさいといい、足軽が平士（ひらざむらい）に対し、徒士（かち）が大臣（たいしん）に対しては、直（ただち）にその名をいうを許さず、一様に旦那様と呼て、その交際は正（まさ）しく主僕の間のごとし。

この前に、

> 足軽は一般に上等士族に対して、下座とて、雨中、往来に行逢うとき下駄脱いで路傍に平伏するの法あり。足軽以上小役人格の者にても、大臣に逢えば下座平伏を法とす。啻に大臣のみならず、上士の用人役たる者に対しても、同様の礼をなさざるを得ず。また下士が上士の家に行けば、次の間より挨拶して後に同間に入り、上士が下士の家に行けば、座敷まで刀を持ち込むを法とす。

という記述があり、下士が上士の家に行くと次の間から挨拶はするが、その後同席できるが、足軽や徒士は平士や大臣には下座平伏をしなければならないというように、上士と下士の間の身分差と、足軽や徒士と平士や大臣の間の身分差を比べるとはるかに後者の方が大きく、身分差の近い場合には、「貴様」と「あなた」、身分差の遠い場合には、名を呼ぶことができず「旦那様」と役割名で呼ばなければならなかったことを記している。さらに、主人には「旦那様」が使われていたことが分かる。

また、現代日本語の共通語ではまるで知らない人に使う二人称代名詞がなく、「すみませんが、少々道を教えていただきたいのですが」のように二人称代名詞を省略するのが一般的だが、果たして、江戸前期の公式言語ではどうであったのであろうか。

3 過去の研究を通して見た武家の対称詞

過去の研究の積み重ねで、武家の公式言語の対称詞の体系を垣間見すること

第4章　近世武家の対称詞　67

ができる。

　山崎（1963）では、室町から江戸時代まで、それも上方と江戸というように分けて大量の資料を分析して近世の待遇表現を精査しており、江戸前期上方語の二人称代名詞として待遇価の高い順に、第1段階「お前」、第2段階「こなた」、第3段階「そなた」、第4段階「そち」、第5段階「おのれ」を設定しているが、「武士ことば・文語の体系は、右の体系（筆者注：5段階に分類した男性語の対称の主体待遇表現）と同じであると決めてかかれないこと」（p.118）とあり、主に資料として扱った歌舞伎や浄瑠璃や浮世草子で現れる庶民の言葉と武家言葉、特に、公式的な場で使われる武家言葉は異なっていることが記載されている。実際最高の待遇価を持つ「お前」は武家の公式言語を記述したと考えられる『捷解新語』には使われていない。

　サトウ, E.の"Kuaiwa Hen"（『会話編』）を調査した小島（1998b）には、

　　会話編の著者の、江戸ことばに対する態度には、矛盾する二つの方向が見られる。その一つは、滑稽本や人情本にあらわれるような〈江戸ことば〉の収録によって、江戸市民の心および風俗を理解しようとする方向、他の一つは、イギリス外交官の話すのにふさわしい、知識人や武士階級の〈江戸ことば〉の収録によって、すぐれた会話力を身につけようとする方向である。（pp.221-222）

とあり、庶民と武士の使う言語の間には大きな隔たりがあったことが示されている。

　また、見聞録『よしの冊子』を資料に江戸後期の武家言葉を調査した金田（1987）によると、「貴様」はぞんざいに身内や同輩や時には卑罵する相手に対して、「おまへ」は武士の妻が夫を指す場合に、「あなた」は代官の手代が代官を指す場合に、「あなた様」が最も敬意が高く、町人が武士に対してや武士相互においても旗本が老中を指し示す場合に、「其方」が武士から町人を指す場合に、「其元」は対等な関係にある武士相互の相手を指す場合に使われている。「其元」が「上品で、改った席などで用いる公用語といった使い方がなされている」（p.345）とあるが、対等な関係にある武士相互の相手に対して使われ

ており、目上の聞き手に対して公的な場での二人称代名詞の記述はない。

　近世の武家言葉を調査した諸星（2004）によると、土佐藩では、大名同士では「あなた」でお互いを待遇することがあるが、藩主山内豊興に対して、舅である米沢藩主上杉治広が「あなた」を2例使うのみで、家臣からは二人称代名詞は使われず、「御前（ごぜん）」や「上」が使われているとある。

　稲垣（1958）には、大奥では将軍を「かみ」、御台所を「ごぜん」、お中﨟は一般には「お前さん」と呼び合い、御年寄に対してのみ「あなた」と呼んでいたとあり、「あなた」が「お前さん」より高い待遇価を持っていたことがわかる。女には官名がないために最高の二人称代名詞を使用して敬意を表したのであろうか。普通の武家の言語生活についても次のような記述が残されている。

　　添番ぐらいの人だと、組頭があって御留守居という者に付属しているが、組頭の前に出た場合には、私という言葉は使わない。一切の代名詞も使わぬ。目の前にその人がいるのだから、貴方とか、貴公とか、貴殿とかいう言葉を用いず、御の字の使い分けで用を足すのだ。(p.201)

とあり、二人称代名詞は目上の者には使えなかったことが分かる。

　江湖山（1943）では、二人称代名詞としての「あなた」の発生を
　　侍「イヤ身ども伴どもが両人罷在が。是は惣領へのよいみやげじやて」
　　北八「へいあなたはまだお若うお見えなさいますに。お子達がおふたりとは。よいお楽しみでござります。」（東海道中膝栗毛、49）
のように、文化・文政に例を探し出し、「階級制度の厳格な当時にあつて町人が武士に対する場合であり、しかもおだてて品物を売りつけようとするのであるから、何れも儀礼的な響きの強い丁寧な言葉遣ひがなされる」(p.207) と解釈しておりかなり敬意の高い代名詞であることが分かるが、武士の目上に対する公式的な場面では出てこない。

　近世末期下級武士とその家族の日常会話における言語実態の資料となる『桑名日記』の対称詞を分析した山本（2010）では、親しい間柄の打ち解けた場面では、「お前」ややや低い待遇価の「貴様」が使われているが、礼儀を必要とするような改まった場面では、二人称代名詞の使用が回避欠落していて、下級

武士であっても上下対称詞の体系であったことがわかる。

　文語については書簡や雅俗折衷文などがあり、山崎（1990）では、文語における二人称代名詞について、「普通敬語や第三段階所属の二人称代名詞はかなりの豊かさである」のに対して「最高敬語の二人称代名詞は僅かで、この表現では、官職名で示したり、人名に接尾辞を添加した形で使用するのが多い。つまり、婉曲表現の形式が多い」（p.612）とあり、文語では二人称代名詞で目上の者を待遇できなかったことが推測される。文語文と公式言語との相関性があることは多くの言語に当てはまることであり、武家言葉でも二人称代名詞で目上の者を待遇できなかったことが推測される。

4　御所ことばの対称詞

　武家ではないが公家の言葉についても、資料が残されている。御所ことばが内裏から公家、また、内裏から将軍家、さらに武家に広がり、その後町方に広がっていったことが研究の結果わかっている。女性語については、内裏の女房ことばが武家の女中言葉に、さらに武家屋敷に奉公に上がっていた上流町人の娘にと広がり、女性言葉の規範となった経緯については日本語の歴史で多く語られてきたところである。武家言葉と公家の言葉を継承した可能性が高い。過去の文献や実際に御所に勤めていた人々の報告により御所ことばの対称詞について垣間見ることができる。井之口・堀井（1974）の中に昭和19年（1944）に公家によって実際に使われていた公家言葉を採収した『公家言葉集存』が収録されている。それによると、摂家清華大臣家以上の公家に対してはソノゴッサン（御所様）、それ以下の公家に対して男女ともゴゼン（御前）、公家が同輩同志では～サン（何様）やソナタサン、公家の男子間では尊公やアナタ、大臣には役割名の左府公や右府公や内府公、ソナタ、目下にはソモジやソチ、下僕にはベエ（部）などが呼称詞や対称詞として使われていた。小児語として、宮家や摂家では、父親をオマウサン（御申様・御孟様）、母親をオタアサン（御多々様）、堂上家では、父親をオデエサン（御出居様）、母親をオタアサン、兄をオニイサン、姉をオネイサン、弟や妹を名前＋サンと呼んでいた。正徳2年

(1712) 写本の『女中言葉』では、「一、おまへさま、奥様と云事、一、そもじ、そなたと云事」という記述がある。御所言葉を継承している大聖寺尼門跡の実態調査では、呼称詞や対称詞として、最高の尼僧一老は門主にゴゼン（御前）、同輩同志で名前＋サン、目下にはかつては名前呼びすてであったが現在では名前＋サンを使う。尼僧同士でアナタは目上や改まった時に対等のものに、アンタは対等以下に使う対称詞である。また、大正天皇・貞明皇后に女官として仕えた「椿の局」こと坂東登さんの記録を記述した山口（2000）では、女官同志は「そなたさま」、女官づきの女嬬や針女は女官に「御前」、女官は女嬬や針女に「そち」と呼んだ。御所言葉は、語彙集であり実際の使用例は記載がないので名称であるか呼称詞であるか対称詞であるかは不明であるが、目下にはソチ、対等はソナタサマであり、天皇はオカミ、皇后はコーゴーサマやコーグーサマ、コーグンサマ、皇太后はオーミヤストコロサン、ご生母はオハラサンである。御所ことばは上下対称詞であったことが分かる。すなわち、目下にはソチやそのもじことばであるソモジ、対等な者にはソナタサマや名前＋サンやキコウやアナタ、目上には役職名やゴゼンを使っていた。ブラウン, S. R. の "Colloquial Japanese"（『会話日本語』）では家臣が将軍を呼ぶのにもゴゼンが使われ武家の言葉としても引き継がれているのが分かる。また、ゴゼンは 'Your presence' の注釈で代名詞としてより名詞として使われており、上下対称詞の体系であったことが分かる。

5　結論

武家の公式言語の対称詞は上下対称詞であるということを繰り返し述べてきた。しかし、問題点も多く残されている。

5.1

公的な言語生活を反映する資料が乏しい。

武家が公的な場で武家に対して用いる口語、武家言葉については一次資料が少なく、明確なことは分からないというのが現状である。口語資料として従来

第 4 章　近世武家の対称詞　71

扱われてきたのは、浄瑠璃・歌舞伎台本、狂言などであり、一般庶民を聴衆とする舞台の脚色が行われており、作者自身が実際に武家と接して観察して描いたというより、一般庶民の持つ武家に対するイメージを反映させたと考えるほうが妥当であり、それも私的な場面が多く、公的な場での武家の言語生活を反映する資料が少ないといわざるを得ない。

5.2

　武家の家庭内の言語生活では、身分が重要であった。

　稲垣（1958）は三田村鳶魚の江戸に関する記述をまとめたものであるが、幕末の武家の言語生活を振り返ることができる。それによると、大名であった浅野長勲は、自身の家庭内での言語生活を回顧し、藩主である父を「殿様」、母を「御前様」と呼んでいたと、また、隠居の親から当主の子に対しては「太守」と呼んでおり、当主の子は隠居の親に対しては官名で呼んでいたと語っている。これらは呼称詞についての記述であるが、対称詞も同様であったと想像され、大名家では少なくとも二人称代名詞でなく、また、「父上」のような親族名でもなく、役割名が家庭内でも使われており、身分の重要性が想像できる。永田（2001）で、身分敬語と呼んでいる体系である。

5.3

　武家言葉の上下対称詞の体系の起源は公家言葉を継承した可能性が高い。

　第三者に対する絶対敬語から相対敬語への発展を調査した永田（2001）では、一般庶民の間では絶対敬語が一貫して使われ続けている一方、相対敬語は古く平安期の貴族に端を発し、それを武士階級が継承したという経緯で支配者階級の体系として発展してきたが、古くは絶対敬語と相対敬語が階級や場面に応じて共存してきた。ところが明治期に標準語として相対敬語を規範として取り入れ、国定教科書を使っての学校教育や全国ラジオ放送等のマスコミを通じて現在のように共通日本語の規範として一般化したと結論付けた。そこでは、公的言語としての武家言葉は公家の言葉を継承したと述べた。この章では武家言葉

の対称詞の体系は上下対称詞であると結論付けたが、それも公家の言葉の対称詞の体系を継承した可能性が高いと思われる。

第5章　明治前期東京語の対称詞
―― 散切物を通じて

1　資料および調査法

　明治前期に東京で使われている言語は、江戸語から標準語の基となった東京語への移行期であるという考えについては、全ての研究者の一致するところである。しかし、江戸語と一口にいっても階層による言語差が大きく存在し、どの階層の言語を基として東京語が成立していったかについては意見の分かれるところである。また、地方語が東京語成立に大きな影響を与えたことも全ての研究者の一致するところであり、さらに松村（1998a）では、「明治という新しい時代になって、社会制度が全般的にいちじるしく変革され、それにともなって、待遇表現が大きく変化したことは、江戸語と東京語を明らかに特徴づけている」（pp.35-36）と、この章で考える待遇表現の確立も大きな課題であると述べている。

　それでは、河竹黙阿弥の散切物にデータを求め、場面別に詳しく見ていこうと思う。散切物とは、明治の前期、散切頭の時代風俗を狂言にした物であり、河竹（1966）によると、黙阿弥は新時代の風俗を写実的に描くため、頭巾をし街に観察に出たという逸話が伝えられており、明治前期の言語生活を見る資料として格好の題材である。資料は河竹繁俊編『黙阿弥全集』（春陽堂）から、以下の散切物を扱った。

　　繰返開花婦見月　明治7年（1874）
　　富士額男女繁山　明治10年（1877）
　　勧善懲悪孝子誉　明治10年（1877）
　　人間萬事金世中　明治12年（1879）
　　霜夜鐘十字辻筮　明治13年（1880）
　　木間星箱根鹿笛　明治13年（1880）

島衛月白浪　　　明治14年（1881）
水天宮利生深川　明治18年（1885）
戀闇鵜飼燎　　　明治19年（1886）

　まず、使用頻度を基準に明治前期の対称詞の体系を示すことにするが、統計上の問題点が一つある。共通語では一般には目上の者に対して二人称代名詞で言及することができず、言及する場合には「先生」というように役割上の関係を使って言及したり、名前に「さん」をつけて言及したりする。対称詞が使われていない場合も多くある。例えば、「先生、おはようございます。今どこにいらっしゃるのですか」という発話である。日本語では本来文脈によって動作主、主格が明らかなときには、表さないのが一般的である。このような場合を考えて、ここでは対称詞が使われている場合に限定し、どのような対称詞が使われているかを、全ての発話を対象に述べ使用回数を調査した。親族、役割、身分と話者と聞き手との関係を分けて分析することにする。親族とは血のつながりにおける関係、具体的には家庭内の関係、役割とは雇用関係等の上下関係、身分とは客と商人のような恩恵による利害関係、また、直接の関係はなく、単なる知り合いやゆきずりという関係を示している。表には全ての使用例でなく、有意義な用例のみに限定し、延べ使用例数を、括弧の中に使用率を示すことにするが、使用率は全用例中での個々の語の使用率を示す。対称詞を下線で示す。

2　資料の分析

　聞き手との関係から見た対称詞と語の機能から見た対称詞に分けて示すことにする。なお全用例を示すと繁雑になりすぎるので、使用例の多い用法に限定して示すことにする。

2.1　聞き手との関係から見た対称詞
2.1.1　妻が夫を
　「おまへ」系が平民の妻によって使われる例が一般的である。次に、「貴方」のルビとして「あなた」が士族の妻によって使われる例が多い。「おまへ」系

表1　妻が夫を

おまへ	48(63%)
あなた	19(25%)
おまへさん	6(8%)
旦那	3(4%)

に対応する自称詞は「わたし」であるのに対し、「あなた」に対応するのは「わたくし」であり、後者は謙譲語的な性格を持っていた一人称代名詞であることが予測される。ほぼ全ての例で、聞き手夫に対しては丁寧語が使われており、「おまへ」系は敬意の度合いは別として現在のように目下に使う二人称代名詞でないことが分かる。

2.1.2　夫が妻を

表2　夫が妻を

そなた	22(33%)
そち	16(24%)
名前	8(12%)
てめえ	8(12%)
おぬし	6(9%)

　まず、注意すべきは、全ての例で夫は妻に対し、丁寧語を使っては待遇していないということである。自称詞は「おれ」が多く使われている。「わたし」は1例しかない。家族内で目上の者に対しては丁寧語で待遇するという家族内敬語が忠実に守られており、家族内では夫が目上で妻が目下という体系が確固として保持されている。使用語例では、「そなた」と「そち」が全体の57%と多く使われている。妻「村」に対して、「村」とよんだり、「お村」と呼んだり、名前呼び捨ての例が12%と意外に少ない。

2.1.3 上の世代を

表3　上の世代を

親族名	44 (39%)
おまへ	37 (32%)
あなた	23 (20%)
おまへさん	3 (3%)
おめえ	2 (2%)

　父や母、祖父や祖母等の上の世代をどのように待遇したかを調査したものである。上の世代に対してはほぼ全て丁寧語を用いて待遇し、家族内敬語が忠実に守られている。現在東京方言では全ての場合に親族名が使われていることが予測されるが、明治前期では39％にしか親族名が使われていない。内訳として、平民によって「おやじさま」8例、「おとつさん」6例、「おつかさん」4例、「ととさま」5例、「ははさま」3例、「ととさん」4例が使われているのに対し、「父上」2例と「母上」1例と「伯父上」1例が士族である書生によって使われている。平民の男女によって「おまへ」が32％使われており、また、23例中20例が男の使用例だが、「あなた」が20％も使われ、自称詞は「わたくし」が半数を占めている。明治前期では二人称代名詞を親族の目上に対して用いることができないという現代の全国共通語の体系はまだ根付いていない。小松(1985)では、後期江戸語では親に対して二人称代名詞を対称詞として使っている例が出されており、この状況が明治前期まで継続していたと考えられる。

2.1.4 下の世代を

　39％が平民の男女によって息子、娘に対して「そなた」が使われているが、自称詞は「おれ」、「わし」、「わたし」が対応している。次に「そち」が使われているが、士族の男によって多く使われている。男女ともに「てめえ」を使っているが、「おれ」や「おら」の自称詞が対応し、現代の卑罵語の様子は見られないが、一方「おのれ」は怒った時の卑罵語として男によって使われている。

表4　下の世代を

そなた	83 (39%)
そち	56 (27%)
てめえ	25 (12%)
おのれ	13 (6%)
こなた	12 (6%)

「こなた」は甥に対して主に使われており、また、女の話者によって「おまへ」が5例使われているが、ともに聞き手に配慮した使い方の可能性がある。

2.1.5　同一世代の上を

表5　同一世代の上を

おまへ	38 (68%)
親族名	7 (13%)
おめえ	3 (5%)
こなた	3 (5%)

兄や姉をどのような対称詞で待遇したかを示したものであるが、偶然、姉を待遇する例が3例のみで他は兄を待遇する例である。「おまへ」で言及する場合には、聞き手に対して丁寧語が用いられている。親族名として、女の話者は「あにさん」2例、「お兄い様」、「あねさん」1例を、男の話者は「あにき」3例を使っている。男の話者は「おめえ」を3例使っているが、自称詞は「おれ」が対応し、丁寧語は用いられていない。「おまへ」が尊敬語であるのに対し、その音訛「おめえ」は敬意を表してはいない。

2.1.6　同一世代の下を

「てめえ」が13例使われているが、全て男の話者である。「おまへ」には一人称代名詞は「おれ」が対応し、丁寧語は用いられていないが、義理の弟に対し

表6　同一世代の下を

てめえ	13(25%)
おまへ	12(24%)
そなた	8(16%)
そち	6(12%)

呼びかけは「穂積文三さん」や「文さん」と「さん」を付けて用いられている。「そなた」は実の弟や妹に対して用いられ、くつろいだ親しい人に対する対称詞と思われる。「おのれ」は怒った時の卑罵語として男によって使われている。「そち」が男の話者によって使われている。

2.1.7　雇い主を

表7　雇い主を

あなた	54(42%)
役割名	51(40%)
おまへさま	11(9%)

「あなた」は全ての場合に丁寧語とともに使われており、対応する自称詞は「わたくし」であることを見ると、高い敬意を表す対称詞であることが分かる。役割名とは、「(若)旦那さま」24例とか「(若)旦那」13例とか話者と聞き手との役割関係をさしている。「おまへさま」も使われているが、「旦那様」と呼びかけて後に使われる例もある。妻が夫をさす場合には「おまへ」が多く用いられているが、雇い主をさす場合には敬称の「さま」や「さん」をつけて使うのが一般的である。雇い主ではないが、生徒は教師に対し、「いやいや先生、さう貴方（あなた）がおつしやりますが」(勧善懲悪孝子誉、13-209) と使っている。

2.1.8 使用人を

表8　使用人を

そち	31(24%)
おまへ	23(18%)
そなた	21(16%)
そのはう	18(14%)
てめえ	11(9%)
名前	7(5%)

　「そち」が一番多く使われているが話者は全て男である。「おまへ」が次に使われているが、丁寧語は使われてはいない。「そなた」に関しては、全使用例21例に対し18例が女の話者によるもので、呼びかけは「忠蔵」のように名の呼び捨てが使われている。「そのはう」は使用例が全て士族の男の話者によるものである。名前とは「虎蔵」のように名の呼び捨て、もしくは、「お清」のように「お」をつけた使用である。使用人ではないが、先生は生徒に対し、「そち」2例、「そなた」1例を使っている。

2.1.9 客を

表9　客を

おまへさん(がた)	45(26%)
あなた(がた)	43(25%)
おまへ	30(18%)
(若)旦那	28(16%)
おまへさま	7(4%)
おめえ(がた)	6(4%)

　商行為において、利益を受ける側から利益を与える側に対する関係をさしている。「おまへ」系が多く使われているが、「おまへさん」は「や、おまへさんは戸倉屋の、お嬢さんではござりませんか」(富士額男女繁山、12-522)、「お

まへさま」は「おまへさまは九郎兵衛様ぢやござりませぬか」(木間星箱根鹿笛、15-673) のように、聞き手に配慮を持って使っているが、それに対し、「おまへ」は「もし銀次さん、それどころではござんせぬ、おまへゆゑにこちの人、五郎七どのは縄目にあひ」(繰返開花婦見月、10-548) のように、親しみを持って使っている。「おめえ」は「親方、おめえが知らねぇと言ひなさるのは」(繰返開花婦見月、10-466) のように「あい」や「あえ」が「えー」に音訛として変化する庶民の発音を反映したものである。「あなた」は全て丁寧語とともに使われており、宿屋の番頭が客に「昨日あなたのお袋様が、小田原よりのお帰りがけ、お泊りになつてをりまする」(木間星箱根鹿笛、15-744) のように使われている。車夫は「そこへおいでなさるのは、東橋で乗つた旦那ぢやござりませぬか」(水天宮利生深川、18-61) のように、名前を知らない客に対し、車夫、床屋、芸者、駕籠かき等によって男の客に対して丁寧語とともに「旦那」が使われている。女の客には「左様ならお嬢さまは、あのお客様とお煙草入を」(富士額男女繁山、12-450) のように、「お嬢さま」が使われている。

2.1.10 知人を

友人・隣人・恋人・仲間・同僚など親族や役割関係のない者をまとめて扱うことにする。同じ隣人といっても、親しい人、年齢差などによって、対称詞に差があることが予想されるので、丁寧語で待遇しているか、話者の性別を考慮に入れているかに分類して示す。丁寧語を用いて話す場合には、男の話者は代名詞として「あなた」や「おまへ」を、役割名として「先生」や「旦那」が使われている。女の話者は「おまへ」がほとんどの場合使われており、かしこまった場合には「あなた」が使われている。士族は、「きみ」が書生や士族間で丁寧語を伴って、「ぼく」に対応する形で使われ、「貴殿」や「おんみ」や「そち」や「そのはう」も使われる。また、「それに君のうちは貧乏だから、去年の暮れからそのなり故」(勧善徴悪孝子誉、13-205) のように、小学校生の間で「きみ」という対称詞が使われているのが目に付く。

表10　知人を

	丁寧語あり		丁寧語なし	
	男	女	男	女
おまへ(がた)	16(12%)	49(42%)	75(17%)	101(79%)
てめえ	0(0%)	0(0%)	107(24%)	0(0%)
おめえ(がた)	0(0%)	0(0%)	98(22%)	9(7%)
あなた(がた)	21(16%)	30(26%)	1(0.2%)	0(0%)
おまへさん	4(3%)	17(15%)	1(0.2%)	2(2%)
きみ	13(10%)	0(0%)	12(3%)	0(0%)
名前	14(10%)	11(10%)	14(3%)	2(2%)
役割名	15(11%)	2(2%)	0(0%)	0(0%)

2.1.11　無関係な人を

表11　無関係な人を

おまへ(がた・たち)	87(23%)
おめえ(がた・たち)	63(17%)
こなた(衆)	37(10%)
おまへさん(がた)	35(9%)
あなた(がた)	26(7%)
てめえ(たち)	21(6%)
おまへさま	15(4%)
そのはう	13(3%)

　「おまへ」が使われる場合には、丁寧語を伴う場合がそうでない場合の3倍ぐらいの割りである。「おめえ」は男の話者によって丁寧語を伴わないで自称詞「おれ」とともに使われており、下向き待遇の表現である。男の話者にとって丁寧語を伴わないときには、「おめえ」56例に対し、「おまへ」46例となるのに対し、女の話者にとって丁寧語を伴わないときには「おまへ」が使われるの

で、「おめえ」は男性語として使われている。「おまへさん」や「あなた」が男の話者によって丁寧語を伴って用いられている。「こなた」が主に男の話者によって丁寧語を伴わないで用いられている。「てめえ」は男の話者によって丁寧語を伴わないで怒った場合に使われている。知り合いに対しては、親しみをこめて「てめえ」を使うことができるが、親しみのない無関係な人に対して使う場合には、相手に対して怒っている場合のみというのは理解できる。男の士族によって「貴殿」や「貴君」や「きみ」や「そち」や「そのはう」や「そこもと」が使われている。

2.2 語の機能から見た対称詞
＊あなた（がた）

全用例244例の内、丁寧語を伴わない用例は2例のみである。複数形には「がた」が使われる。自称詞が使われている場合は、「わたくし」48例、「わたくしども」3例、「わたし」30例、「わし」4例、「拙者」2例、「名前」2例であり、主に対応する自称詞は「わたくし（ども）」である。使用者は男女問わず、士族や平民ともに使われ、かしこまった場面での上位者に対する対称詞であることが分かる。聞き手との関係で見ると、父親などの1世代上の親族、夫、雇い主、客、大家などに対してで、話者より上位の聞き手に対してである。江戸末期、外交官、宣教師、商人、教師として数多くの英米人が来日し、ブラウン（Brown, S. R.）やサトウ（Satow, E. M.）やヘボン（Hepburn, J. C.）などは日本語を学習するために文法書、会話書、辞書を編集した。飛田（1992b）によると、彼らは学ぶべき規範言語として武士階級の、それも上士の使っている日本語を考えていた。そして、会話書には「あなた」を使う例文が多く載せられている。ブラウンの1863年刊行の "Colloquial Japanese"（『会話日本語』）では、'The servants of a daimio'（大名の家臣）にとって、'To a friend or superior the useful address is Anata, for the pronoun of the second person.'（友人や目上に対しては二人称代名詞として便利な「あなた」を使っている。筆者訳）と、また、'Daimios' retainers and officers of Government（yakunins）use the same term, in speaking to those of their own class.'（大名の家臣や政府の役人（やくにん）は同じ階級の者に対し「あなた」を使う。筆者訳）とあり、「あなた」が士族や役人の間で同輩や目上に対して用いられていたことがわかる。また、サトウの1873年刊行の"Kuaiwa Hen"（『会話篇』）では、「あなた」が目上に対して、役人が使うとの記述がある。しかし、第3章や第4章で述べたように江戸後期の武士社会における「あなた」で呼ばれている目上は私的な関係の目上であり、また、役割名を使わなければならない場合は非常に公式的で、身分差のかなりある聞き手に対する待遇表現であったと考えられる。小島（1998a）では、「19世紀後半の東京語敬語体系では、「あなた」を文明開化の新時代にふさわしい語、「お前さん」を旧弊な社会・階層になじむ語として捉える動向が看視される」（p.231）とあり、また、近代邦訳聖書を調査した斎藤（2005）では、「なんぢ」が一般的に使われるのに対し、イエスや神への呼びかけのように敬意を表す場合には「あなた」と使い分けていることを示している。本書第6章に示す樋口一葉の『にごりえ』『たけくらべ』でも、客に対して女が用いる例が18例ある。「あなた」が明治期になり、より一般的な丁寧な二人称代名詞として使われるようになったと思われる。

＊あなたさま

全用例31例、全てが丁寧語とともに用いられている。使用者は男女問わず用いられているが、平民が士族や巡査や書生等の身分上の上位者に対してへりくだって使われ、上位者に対する最高の対称詞であることが分かる。「あなた」が親族上の上位者や夫に対して使われ、親しい上位者が聞き手であるのに対し、「あなたさま」は親しみを持てない上位者が聞き手である。『会話篇』では、目上に対する対称詞として 'anata sama pl. anata sama gata (also as a sing.; this expression is seldom used by samurai.)'（「あなた様」、複数形は「あなたさまがた」（単数形でも使われるが、この表現は侍にはほとんど使われない。）筆者訳）とあり、士族階級は用いず、この散切物の通り、平民が身分差のある士族に対して用いていたことが分かる。

＊うぬ（ら）・おのれ（ら）

全用例68例中ほとんどが男の話者によって自称詞は「おれ」とともに使われており、丁寧語を伴わず、憤って使う例が多く、卑罵語である。複数形は「ら」が使われる。ヘボンの1886年刊行の"A Japanese and English Dictionary; with an English and Japanese Index"(『和英語林集成』)では、「うぬ」については'(vul. coll. for *onore*) pron. You; own.'(「おのれ」の俗語。代名詞 You;自身。筆者訳)とあり、「おのれ」の俗語と、「うぬら」については'you fellows (used to contemptible persons)'(軽蔑すべき人物に対して、お前たち。筆者訳)とあり、卑罵語と捉えている。

*おぬし（たち）

　全用例46例、全てが男の話者によるもので自称詞は「おれ」が使われ、丁寧語が用いられていない。聞き手と関係は、親族上の目下、妻、恋人、使用人、娼妓等であり、親しみのある目下への対称詞と見てよい。複数形には「たち」が使われる。『和英語林集成』では、'pron. You,—in addressing an inferior'.（代名詞 You：目下の者に使う。筆者訳）と目下に使うとのみ記述がある。

*おまへ（がた・たち）

　全用例676例あるが、複数形には「がた」や「たち」が使われる。丁寧語の有無を見ると、有りが271例、無しが399例、不明が5例である。自称詞の対応を見ると、「わたし（ら）」193例、「おれ」34例、「わし」14例とあり、特に女の話者にとっては「わたし」がほとんどすべて対応する。性別による使用法が異なり、女が話者の場合は、丁寧語を伴う174例中、夫、父母、恋人、客等に対して使われ、丁寧語を伴わない180例中、同世代の親族、同僚、恋人、知り合い等同位のもの、また、使用人等の目下のものに対しても使われ、使用範囲が広いのが分かる。男が話者の場合は、丁寧語を伴う73例中、父母とか兄のように世代の上の目上、仲間や知り合いのような同位のもの、また、債権者のように目上の者に対しても使われ、丁寧語を伴わない187例中、同僚、仲間、知り合い、恋人等に使われている。『会話日本語』では、

　　'Omae, which is the same import of Gozen, is used among the common people when addressing each other, especially, at entertainments, where the wine flows freely. It is also as a pronoun of less respectful import than Anata.'

　一般庶民の間ではお互いに、特に、酒席のようなくつろいだ場では、「ごぜん」と同じ趣旨の「おまえ」が使われている。「あなた」より敬意の低い代名詞として使われている。（筆者訳）

とあり、庶民の間で「あなた」ほどの敬意を示さない、親しみをこめた対称詞であると記している。また、『会話篇』では、同位の者や目下に使うと示されているが、『和英語林集成』では、下位の者に使うとあり、注記に食い違いを見せる。散切物を分析すると、平民の話者を中心に親しい聞き手であれば上下を問わず使われている。公式的な対称詞ではない。

＊おまへさん（がた）

　全用例138例中、123例が丁寧語を伴って使われている。自称詞は、「わたし（ども）」30例に対し、「わたくし（ども）」11例である。平民によって男女差なく使われている。客に多く使われているが、親しいお得意さんというような客に対して使われており、平民の間では親しさと敬意を併せ持った対称詞である。

＊おまへさま（がた）

　全用例58例中、全てが丁寧語を伴って使われている。自称詞は、「わたし」2例に対し、「わたくし」13例と、「おまへさん」より「おまへさま」のほうが聞き手に対する配慮が増しているのが分かる。恩義を受ける者や雇い主についても用いられている例があり、客に対しても道具屋は「この村正は<u>お前様の</u>、御所持の品でござりますか」（木間星箱根鹿笛、15-844）というように使っており、平民の間では、かなり高い待遇価を持った用法であると思われる。『会話日本語』では、

'Sama is often added to those for the second person, and in the vulgar dialect is contracted into san as Omae san, Anata san.'

　「さま」は聞き手に対して付加してしばしば用いられ、俗語では「おまえさん」や「あなたさん」のように「さん」に省略して使われる。（筆者訳）

と「さま」に対して、「さん」は俗語であると記述がある。

* おめえ（たち・がた）

全用例240例中、丁寧語を伴って用いられる例が15例、女の話者によって使われる例が10例であり、平民の男によって、自称詞「おれ」とともに、くつろいで用いられる例がほとんどである。聞き手も同僚、仲間、知り合い、無関係な人であり、同位の者の間で使われる。「おまへ」から「おめえ」の音韻変化は[ae]>[e:]への長母音化であり、多くの語彙にこの音韻変化が江戸語の中で観察されるが、松村（1998b）によると、「いわゆる江戸訛を含めた町人階級の江戸語では、[ae]という連母音は、「エー」というように音訛現象をおこしているのが普通だったと認められる」のすぐ後に、「そして町人階級のことばでも、改まった場合とか、ていねいに言う場合などには、[ae]という連母音をそのまま保って発音したこともあったのである」(p.226) とあり、散切物を見た限りでは、「おめえ」は「おまへ」に比べ待遇価が低い。

* 御身（おみ・おんみ）・貴君（きくん）・貴殿（がた）・そのはう（たち・ら）

これらの語彙は、自称詞「拙者」や「僕」とともに使われていて武家ことばである。「そのはう」は全用例80例中、男の話者によるもの77例、全て士族による使用例であり、丁寧語を伴わずに使われ、使用人に対してや官吏が平民に対する使用例がほとんどであり、目下に対する対称詞である。

* 貴様

全用例26例中、全てが男の話者によるもので、丁寧語無しに自称詞「おれ」とともに使われている。聞き手は妻や甥のような親族の目下、使用人等の役割上の目下、また、知り合い等の同位のものに幅広く使われている。辻村（1968a）によると、明治前期の待遇価について「相手を親しんでの言い方である。……当時すでに卑罵語としての用例はありながら、まだそれは一般的というまでには至っていなかったというのが実状に近いのではなかろうか」(pp.198-199) とあるように、親しみを込めた聞き手に対する対称詞である。

* きみ（たち・ら）

全用例36例中、書生、士族、巡査等の男の話者によって、同じく書生や士族

の友人というような聞き手に使われている。「ぼく」や「我輩」のような自称詞と対応して用いられている。小学校の学童同士によって使われているのが目に付く。『会話篇』では、同位の者に対する対称詞として、'kimi (amongst gentlemen and students), pl. kimi tachi.'（紳士や書生の間、「君」、複数形、「君たち」。筆者訳）とあり、散切物の記述と一致している。

＊こなた（衆）

　全用例154例中、また、男の話者の例が144例あり、女の聞き手の例が19例のみであり、119例が丁寧語を伴わないで使われている。同僚、仲間、友人等の同位の者や、親族の世代の下、使用人等の目下に使われている。自称詞は「わし」や「おれ」が主に使われている。山崎（1963）では、上方語として室町期から用いられた対称詞で、上方後期になると、使用されることが少なくなり、女性の話者の間では待遇価も同位から下位に移行してくる。後期江戸語ではほとんど用いられていず、『浮世風呂』を調査した杉崎（2003）では、2例見出されるのみである。『和英語林集成』では、下位の者に対して用いられる対称詞との記述がある。

＊そち（たち・ら）

　全用例163例中、丁寧語を伴わない例が162例である。江戸後期においては、もっぱら武家によって用いられていたが、散切物でも、士族や上流の平民が使用している。男の話者の例が151例（92.6％）で、男の話者の場合には息子、娘等の下の世代に対して57例、妻に対して16例、使用人に対して27例、その他は無関係な人物に対しては、書生や巡査が平民に対して使用する例であり、女の話者の場合は息子・娘がほとんどであり、目下に対する対称詞である。自称詞は「われ」や「おれ」が使われている。

＊そなた（衆）

　全用例157例中、男女ともほとんど全てが丁寧語を伴わずに使われている。息子、娘等の下の世代に対して83例、妻に対して22例、使用人に対して21例であり、親しい目下に対する対称詞である。江戸語では使われていないが、『和英語林集成』では、目下に対する人称代名詞として記載があり、上方でもっぱ

ら使われた語であるが、明治前期になって東京でも使われるようになったことが分かる。

＊てめえ（たち）・てまへ

　全用例210例中、全てが丁寧語を伴わずに使われている。女の使用例が11例あるが、同1人物で、男性語と見てよいと思われる。自称詞は「おれ」や「おら」が対応し、息子や娘等の下の世代や弟や妹等の同世代の目下、妻等の親族の目下、同僚や使用人等の役割関係の目下、仲間や知り合い等の親しい聞き手に対して用いられている。士族による使用例もあるが、一般的には平民の用例数が多く、くつろいだ場面での目下に対する対称詞である。呼称は「どの」や「さま」などを伴わないで名前を呼び捨てにするのが一般的であり、また、相手に怒ったりした時にも用いられ、卑罵語としても使われている。「てまへ」は「てめえ」と併用される例もあり、待遇価は「てめえ」と大差はない。『会話篇』では、目下に対する対称詞として 'temaë, (vulg. temei), pl. temaë tachi.'（てまえ（俗語、てめい）複数形、てまえたち。筆者訳）と記述があり、「てめえ」は「てまへ」の俗語と分かる。

＊役割名

　ここで役割名というのは、「お家主様」2例、「大家様」3例、「お内儀（かみ）さん」6例、「お師匠様」1例、「お主（しゆ）」1例、「お嬢様」3例、「お嬢さん」1例、「親方」2例、「親方さん」1例、「親分」1例、「かしら」1例、「ご主人」2例、「御新造様」4例、「嬢様」2例、「先生」14例、「旦那様」33例、「旦那」40例、「坊ちやん」1例、「若旦那」13例、「若旦那様」4例である。「大家様」のように実際に大家に対してのみの対称詞もあれば、実際の雇い主に対しては「旦那様」を一般には使い、「旦那」は客や知り合いに対して33例も使われている。平民は士族に対して「旦那様」で待遇している。「先生」は実際の教師に対してではなく、医師、写真師、士族に対して敬称として用いられている。全用例135例中、丁寧語を伴う例が132例と、目上に対する対称詞として使われている。聞き手の身分が関係し、「御新造様」は士族の妻、「お内儀（かみ）さん」は平民の妻に対して使われている。

＊親族名

　ここで親族名というのは、話者と聞き手との関係が、親族関係による対称詞をさしている。具体的には、上の世代に対し、「おとつさん」6例、「おつかさん」4例、「おととさま」1例、「おとつさま」1例、「ととさま」5例、「ははさま」4例、「ととさん」4例、「おやじさま」8例、「父」1例、「父上」2例、「母上」1例、「ちやん」1例、「伯父上」1例、「伯父御」1例、「伯父様」1例、「伯父さん」4例、「おぢいさん」1例、同世代の目上に対しては、「あにさん」2例、「あねさん」1例、「あにき」3例、「お兄い様」1例が計53例使われている。これらは親族の目上に対する対称詞で丁寧語を伴って用いられている。「おとつさん」は平民が、「父上」は士族によってというように、話者の身分によって使われる親族名が変わってくる。また、実際には親族関係がなくても、仲間や知り合いに対して、「あにき」5例、「あにさん」1例、「ねえさん」1例、「兄御」1例、「姉御」1例、「お袋」1例が使われており、親族扱いする虚構的用法であり、必然的に丁寧語を伴わず、親しみを込めた用法になっている。現在では、親族名による対称詞は上の世代のみに対して使われるが、明治前期では数は少ないながら、実の妹に対し、「親父様も妹も篤と聞いて下され」（島衛月白浪、16-482）のように、「妹」が使われたり、虚構的用法だが、姉の回向をしている妹に対し僧は、「今日の膳部の塩梅は、妹御がさつしやつたか、まことに旨う出来ました」（島衛月白浪、16-460）のように、姉の立場から妹御と使っており、親族の目下にも親族名が対称詞として使われていた。

＊職業名

　「運転手さん」や「巡査さん」のように聞き手の職業名を対称詞に使う例が現代では多くあるが、散切物では「米屋さん」、「薪屋さん」、「酒屋さん」、「古着屋殿」各1例が使われているのにすぎない。商人に対しては「おい、屑屋さん屑屋さん」（繰返開花婦見月、10-454）のように呼称として職業名で呼ぶことはあるが、対称詞では一般には丁寧語を伴わないで、目下への代名詞「おまへ」や「おめえ」を使っている。

＊名前

　全用例111例の内、親族関係では11例中、主に妻を8例「名前呼び捨て」にしているが、役割関係では21例中、上司を「名前＋さん」や「名前＋さま」で、使用人は「名前呼び捨て」にしている。「名前＋殿」15例や「名前＋氏」3例は士族によって使われている。それ以外の関係では78例あり、「名前＋さま」9例は丁寧語を伴って、「（お）＋名前＋さん」39例は丁寧語とともに28例使われ、「（お）＋名前＋殿」14例は全て丁寧語とともに使われている。

3　結論

　明治前期の東京語では、現在の東京で一般に使われている、いわゆる、共通語の上下対称詞の体系が異なることが分かる。

3.1

　二人称代名詞が体系的に対称詞として、共通語よりより広く機能している。
　共通語では、二人称代名詞は目下や同位の者に対してのみ使われ、目上に対しては使うことができないが、明治前期の東京語では目上に対しても二人称代名詞が広く使われている。しかし、目上に対する二人称代名詞は目下や同位の者に対する二人称代名詞は異なった語が使われ、また、士族や平民、おっては性別によって使われる語彙が異なり、体系として複雑に多様性を持って機能していたことが分かる。全用例2748例の内、二人称代名詞が使われる割合は、88.5％で、丁寧語を伴って相手に配慮を示している用例1089例の内でも、78.0％になる。

3.1.1

　「あなた」や「あなた様」が目上に対する二人称代名詞として機能している。
　山崎（1963）によると、「あなた」は18世紀後半の京阪語として新興の敬語として、従来から最高の敬語として使われていた「おまへさん（さま）」と併用する形で発生した。さらに、山崎（1990）によると、後期江戸語でも庶民の

間で「おまへさま（さん）」と拮抗する最高の敬語として使われている。ヘボンやサトウやブラウンの記述を見ると、幕末でも「あなた」が士族階級の間でも主に私的な場面で目上の者に対して使用されていたことが分かる。

3.1.2

「おまへ」や「おまへさん」は、「あなた」に比べ、親しみを込めた目上に対する二人称代名詞として機能している。

上の世代の親族、客、雇い主に対して、「おまへ」、「おまへさん（さま）」、「あなた」に限定して、それぞれが使われる割合を示すと表12のようになる。現代では客に対しては雇い主に対するより配慮が必要になるが、散切物では、近隣の商家、今の小売店のようなもので客に対しても親しみを感じており、雇い主に対してのほうが顧慮の必要が高くなると思われる。そのように見ると、「おまへ」系統は親しみを込めた目上に対する二人称代名詞として機能している。

表12 おまへ・あなた

	世代上	客	雇い主
おまへ	38(59%)	30(24%)	1(2%)
おまへさん(さま)	3(5%)	52(42%)	13(19%)
あなた	23(36%)	43(34%)	54(79%)

3.2

目上に対する対称詞として、親族名や役割名や職業名は現在の共通語ほどは発達していない。

共通語では、目上に対しては、一般的に二人称代名詞は使うことができず、親族名や役割名や職業名で代用している。特に、名前が分からないが、客のように利益を与えてもらう聞き手に対しては、「お客さん」が、相手が教員であれば「先生」のように使う。しかし、明治前期においてもこのような用法はあるが現在ほどは使われてはいない。共通語では、役割関係のない無関係な人、

例えば、道ですれ違った人に対しては、適当な対称詞が無く、「もしもし」のように呼びかけ語だけで対称詞を使わないことが多くあるが、明治前期では、聞き手との身分差に応じて、「あなた」や「おまへ」や「おまへさま」のような目上に対する二人称代名詞、「おめえ」のような同位や目下への二人称代名詞が使われている。

3.2.1

親族の目上に対して親族名は使われるが、二人称代名詞も併用して使われ、また、目下に対しても親族名は使われる。親族でない人に対して、親しみを込めて親族名で言及する虚構的用法は発達していない。

親族名が使われる割合を示すと、父母のように話者より上の世代に対しては、全用例114例中45例（39.5％）、兄姉のように話者の同世代の目上に対しては、56例中7例（12.5％）となっている。また、親族の目下にも、例は少ないながら親族名が対称詞として使われている。小松（1985）では、後期江戸語では、家庭内で父母を成人は人称代名詞で言及できるが、子供は親族名で言及するのが一般的であるとの記述があるが、明治前期においても、「これ、おつかちやん、何でおまへは泣くのだえ」（戀闇鵜飼燎、17-638）や「さういふ母（かか）さん、お前こそ顔附きが悪うございますが、持病でも起りましたか」（戀闇鵜飼燎、17-846）のように人称代名詞が使われる例が散見する。現在では、家族内で子供を中心にした対称詞が使われることがある。例えば、妻は夫に対して子供の立場から「おとうさん」と呼称したり言及したりする用法が使われ、子供が成人した後でも使われ続けているが、このような用法は散切物には見えない。また、実際には親族関係はないが親しみを込めて親族名を使う虚構的用法も使われているが、用例も少なく、むしろ、悪人が仲間に対して「兄貴」や「姉御」を使い、隠語として機能している。

3.2.2

目上に対する対称詞として、役割名も使われるが、現在の共通語ほどは発達

していない。

　実際の雇い主に対して、「旦那様」のように、全用例130例中53例（40.8％）が使われ、また、客や恩義を受けるものに対しても「旦那」のように使うことがあるが、目上に対して使うことのできる「あなた」や「おまへさん」等の二人称代名詞が広く使われている。「先生」が、医師、写真師、剣術指南に対して使われている。現在社内で上司を「部長」や「課長」のように役職名で言及する表現が一般化している。「山本さん」のように、名前で言及することが上司についてははばかられるためと思われるが、散切物では店の若者は番頭を「もし、番頭さん」（人間萬事金世中、13－2）のように役職名で呼称するが、「おまへさんの顔のように」（人間萬事金世中、13－2）のように使い、「おまへ（さん）」が普通は使われていて、役職名で言及する用法は無い。

3.2.3
職業名はほとんど使われていない。

　全用例中職業名が使われるのは4例のみであり、一般的には「おめえ」や「おまへ」が使われている。現在では、知己のない人に対しては、丁寧語で待遇するのが社会的習慣になっているが、明治前期では、話者から利益を受ける商人に対しては、丁寧語を使うことが少なく、対称詞も職業名が使われることはほとんどない。ただ、官尊民卑のこの時代、巡査に対しては、「おまわり様でございますか」（霜夜鐘十字辻筮、15－506）と呼称として職業名は使うが、「あなたさま」が対称詞として使われている。

3.3
　四民平等になったとはいえ、まだ、階層による対称詞の使い方の違いが残されている。

　「貴殿・貴君・御身・君・そのはう・そこもと」のように士族によってのみ使われる二人称代名詞がある。また、身分差を反映して、平民は巡査等の官吏に対する待遇表現は常に上位待遇表現で、「あなた様」のように平民から士族

に対してしか用いない二人称代名詞がある。また、反対に「そち」や「そのほう」のように士族から平民に対して下位待遇にしか用いない二人称代名詞もあり、士族と平民という階層による言語の違いが厳然と残されている。士族の女も平民の女と異なる言葉遣いをしていたことが分かる。士族の子弟である書生は、自称詞の「ぼく」、対称詞の「きみ」を使い、他の階層に見られない特徴的な言葉遣いをする。

3.4

性別による対称詞の使い方の違いがある。

「おめえ」や「てめえ」は平民の男によってしか使われず、くつろいだ場合の二人称代名詞であり、卑罵語としても使われる。「貴様」も男の話者によってのみ使われている。女の話者は卑罵語の使用が少なく、目下に対する対称詞として「そなた」が多く使われている。

3.5

「こなた」や「そなた」等の上方出自の語が使われているが、地域語の影響が考えられる。

「こなた（衆）」154例、「そなた（衆）」157例と少なくない数の二人称代名詞が下位待遇語として使われているが、上方語出自の語で、江戸語では使われていない語であるが、明治期になって東京に移入されたと考えるべきであろうか。少なくとも、『和英語林集成』には「こなた」も「そなた」も目下に対する二人称代名詞とあり、明治期には使われていたことが分かる。

4　今後の問題点

目上の者に対しても二人称代名詞が使われているが、どのように現在の体系に変化したのであろうか。目上に対する二人称代名詞として「あなた」が一般的に使われているが、現在では「あなた」は目上に対しては、特に、親しくない目上に対しては使えない。「あなた」の待遇価が下落したことについては問

題がないが、従来の待遇表現体系が保持されていれば、「あなた」にとってかわる新しい二人称代名詞が登場したはずであるが、現在の状況を見ればそうはならなかった。しいて言えば、「お宅」が目上に対する二人称代名詞として唯一機能しているといえるが、優勢ではない。むしろ、体系が変化したと見るべきであろう。新しい待遇表現体系の言語が散切物に現れる明治前期の待遇表現体系の言語にとってかわったと見るべきであろう。大きな言語変化の契機となった標準語の成立が、待遇表現体系の変化に大きな影響を及ぼしたことは想像に難くない。

第6章　『にごりえ』『たけくらべ』に見る対人待遇表現

1　資料および調査法

　樋口一葉は明治5年（1872）に生まれ明治29年（1896）に亡くなった。全生涯を東京で過ごし、その作品は当時の東京のことばを写していると思われる。当時の東京で使われていた言語は江戸語から東京語への移行期であり、待遇表現においても丁寧語の「です・ます・であります」の発達、「お～になる・お～する」等の新しい東京語の敬語が作り出されたときでもある。一口に江戸語と言っても階級によって使われる言語が異なることは周知の事実である。上流武士階級は全国各地から山の手に移り住み、一方町人階級は下町に住んでいた。下町で使われることばは関東方言とのつながりを持っていたことが知られている。明治維新後四民平等になったとはいえ関東方言の名残が残っていることが予想される。山の手でしかるべき教養を持った人のことばが標準語として全国に広まっていくのに対し、下町で使われていたことばは東京弁として残される。一葉の作品の登場人物は市井の人であり、下町のことばを写生しているものと思われる。

　『文芸倶楽部』を底本としている岩波文庫本『にごりえ・たけくらべ』を資料とした。雅俗折衷文体で書かれており、地の文は文語文であるが、会話は口語文で書かれている。引用符によって会話文を明示していないが、会話部分を抽出することが可能で、ここでは会話文を分析の対象とした。さらに、話し手と聞き手との関係に限定して、その待遇表現を調べた。全データは1083例入力した。それぞれの使用例を性別等の個人的属性で示すが、場面が限定されており、この作品の書かれた明治中期の待遇表現の全体像を示すものと捉えることには問題があると思われる。例えば、『にごりえ』において女が男に対する待遇表現は主に客である結城朝之助と夫に対する待遇表現に限定されており、話

し手と聞き手の関係が限定されている。例えば、依頼表現の「下され」は女が男に対してのみ使われているが、この用例によって「下され」は女性語とは断定できないと思われる。男の使用人が女主人に対する使用例が『にごりえ』には現れないが、このような場面があると「下され」も男によって使用されないとも限らない。

話し手と聞き手との関係を表す待遇表現として次の表現が考えられる。まず、自分をどう呼ぶかという自称詞、聞き手をどう呼ぶかという呼称詞や対称詞である。また、聞き手との会話において丁寧語を使うかどうかも大きな問題である。聞き手の行為を、また、聞き手に対する自分の行為をどのように位置付けるかも問題になる。尊敬語、謙譲語、授受表現である。さらに、文末にどのような終助詞を用いるかを調査した。該当部分に下線を引いて示した。

2　資料の分析

2.1　対称詞と呼称詞

対称詞と呼称詞は合計すると、207例あった。具体的に分析する。

＊お前

82例あり、ルビがないので「おめえ」と「おまへ」の二つの読みの可能性が残されている。男女ともに用いられており、現在では男言葉であるのと対照的である。小島（1974）によると、江戸語では江戸前期上方語の持っていた敬意が漸減したが、依然敬意を保っており、対等の者に対する対称詞であった。『にごりえ』においてお初は夫源七に対して「お前さん」と併用して用いられており、また、『たけくらべ』では女主人公美登利によって男友達、正太郎や信如に対しても用いられており、親しい仲や目下の者に対して用いられている。下位待遇語にもその範囲は拡大したが、依然対等の者に対しても使われており、現在のように専ら目下に対する対称詞とは異なっている。

＊お前さん

10例あり全て女が男に使っている。江戸語においては敬意が高かったが、『にごりえ』でお初は夫源七に対して使っている例が8例であるが、『たけくら

べ』で美登利が信如に対して「お前」と併用している場合もあり、親しい間で女が男に対して使われる対称詞と見て良いと思われる。お初の源七に対する待遇表現を見ると、一般的には「お前さん」が「お前さんお帰りか」、「さあお前さん此子をもいれて遣つて下され」のように述部に敬意を表す語とともに用いられているが、「お前」は「お前が阿房を尽してお力づらめに釣られたから起つた事、いふては悪るけれどお前は親不孝子不孝」のように怒ったとき使われており、「お前」より待遇が高いと思われる。

＊お前がた

3例あり、また女が複数の親しい聞き手に対して用いられている。自称詞のところで複数を表す接辞として「等・共・達」が使われているが、「方」は尊敬の意味が付加されているのであろうことが理解される。山崎（1990）では後期江戸語でも「お前方」は「お前達」より一段高い敬意を込めて使われているのが示されている。

＊貴君（あなた）

18例あり、全て女が客に対して用いている。『にごりえ』でお力が客結城朝之介に使っている場面がほとんどで、「貴君」に対して「あなた」のルビがあり、「結城さん」と併用されており、述部も「ああ貴君のやうにもないお力が無理にも商売して居られるは此力と思し召さぬか」「いゑ貴君には聞て頂きたいのでござんす」のように高い敬意を表す語と呼応しており、目上に対しての対称詞と見て良いと思われる。後期江戸語では最高敬語であり、この時代においても依然高い敬意を表しているが、現在では妻が夫を呼ぶ場合や対等や目下に対する対称詞となっていることを見ると明治以降敬意が低下したことになる。

＊君

結城朝之助がお力に対して使っている1例であるが、他の場合には「お前・お力」を使っている。幕末の日本語口語練習帳であるサトウ（Satow, E.M.）の1873年刊行の『会話篇』では、'Kimi, lity. Prince, used for the pronoun of the second person singular, especially, among the educated classes.'（「君」、直訳ではPrince（皇子）、二人称単数の代名詞として、特に教育を受けた人々の間

では使われる。筆者訳）とあり、結城朝之助が有産者階級に属する人であることを考えると、よく言われているとおり書生ことばと考えてよいと思われる。

＊貴様

3例あるが、男が妻や息子に対して怒っている場合にのみ用いられており、現在と同様卑罵待遇語と考えられる。辻村（1968a）によると後期江戸語では口頭語として対等や目下の者に対する対称詞であったのが、敬意が下がり一葉の時代には卑罵待遇語になっているのが解る。

＊手前（てめえ）

4例であるが、全て男が聞き手に対して怒っている場合にのみ用いられており、現在と同様卑罵待遇語と考えられる「てめえ」のルビがついている。後期江戸語では町人の敬語として「おめえ」の下に位置付けられるが、同輩や目下の親しい者に対する対称詞であるが、明治になると卑罵待遇語に地位が低下したものであろう。

＊此方（こなた）

1例であるが、「お前」と併用されていて、対等または目下に対する対称である。

＊姓＋さん

8例あるが、客に対して主に使われ目上に対しての距離を置いた対称詞と考えてよい。美登利が信如に対して使っているが、「最初は藤本さん藤本さんと親しく物いひかけ、学校退けての帰りがけに、我れは一足早く道端に珍しき花などを見つくれば、おくれし信如を待合して、これ此様うつくしい花が咲てあるに、枝が高くて私には折れぬ、信さんは背が高ければお手が届きましよ、後生折つ下され」とあり、親しくないときに使い、親しさを表すときには「信さん」と使い分けている。飛田（1992a）によると、明治18年（1885）から19年（1886）にかけて書かれた坪内逍遥の『当世書生気質』では書生は目上や同輩に「姓＋君」と使っているが、「君」は男性語である書生ことばであることを考えると、女は「姓＋さん」を使うのが一般的であったのであろうか。姓に付ける敬称として「殿・様・さん」が一般的であるが、室町期に書かれたロドリ

第6章 『にごりえ』『たけくらべ』に見る対人待遇表現　101

ゲスの『日本大文典』でも書状の宛名に「殿」と「様」が使われ、文語としては古い歴史を持っている。山崎（1963）によると、「さん」は「様」から変化したものであるが、口語として江戸期に使われだした。また、遊里の女ことばとして元禄期から用い始められた。

＊名＋さん

　39例見つかるが、男女とも目下もしくは対等の者に親しさを込めて使っている。『たけくらべ』では同年代の子供同士では正太郎は「正さん」、「正太さん」のように呼ばれている。

＊名＋ちやん

　12例あるが、全て女が女に対して使っている。目下もしくは対等の者に親しさを込めて使っている。「ちやん」は「さん」からの変化である。

　同年代の子供同士で、男同士では「名＋さん」、女同士では「名＋ちやん」、男から女には「名＋さん」、女から男には「名＋さん」という使い分けがある。

＊お＋名＋どん

　1例のみあり、美登利が番頭新造のお妻に対して「お前」と併用している。江戸期から主に商家で奉公人に対して使われた語で「殿」からの変化であるが、敬意は低く思われる。美登利にとってお妻は姉の世話をする人であるためであろう。

＊名よびすて

　9例あるが、妻、子供、孫に対して使われており、親族関係での目下の者に対する対称詞である。さらに正太郎は手下の三五郎を「お前」や「手前」と併用して使っている。

＊親族名

　日本語では身内のみでなく親しい人も親族名で呼ぶことは一般的に使われており、親族名の虚構的用法とか年齢階梯語とか呼ばれている。8例あり、「母さん」は「かかさん」とルビがある。

＊旦那

　2例ではあるが、客である結城に対して使っている。

2.2 自称詞

144例見つかる。「わたし」系統は女によって、「おれ」系統が男によって使われており、性による自称詞の使い方が大きく異なる。また、「ぼく」という使い方も階級による使い分けを想像させる。女は「わたし」を目上、対等、目下全てに使い、「共・等」の接辞でその使い分けを行っている。男は「おれ」を使うが、使用例は対等、目下に限定されており、目上に対してはどのように使ったかはこの作品からは不明である。候補としては武士言葉の「わたくし」であろうか。

＊私（わたし）

60例使われているが、「私」に「わたし」というルビが付けられている。全員が女の話者であり、現在の使い方と大きく異なる。その聞き手に対する関係も対等、目上に渡る。「わたし」は「わたくし」からの派生であるが、『会話篇』では、「わたくし」が目上の人に対して用いられるのに対して、対等の者に対して 'watashi, pl. watashira （also much used by women)'（「わたし」、複数形「わたしら」ともに女性に多く用いられる。筆者訳）とあり、また、明治20年（1887）文部省編輯局の『尋常小学読本』では「わたし」は女によって使用されており、「わたし」は多く女に用いられたようである。

＊私たち

2例あるが、使用者は女である。対等の者に対して使われており、この時代には「達」は尊敬の意味を失って、単に複数を表すのみになっていたのであろう。

＊私共

1例あるが、女が目上に対して使っている。「ども」は謙譲語であるので目上に対して使われているのは頷けることである。

＊私等（わたしら）

2例あるが、目上に対して女が使っている。

＊おれ

48例使われているが、全て男の使用例であり、目下および対等に聞き手に対

第6章　『にごりえ』『たけくらべ』に見る対人待遇表現　103

して使われている。『会話篇』では「おれ」や「おいら」は 'to inferiors (chiefly among the lower classes)' (主に下層階級の者の間で、目下に対して。筆者訳) とあり町人階級のことばであることが解る。また、後期江戸語では「おれ」は町人の女によっても使われていたが、一葉の時代には女性語としては使われなくなっている。

＊おいら

　12例あるが、男の使用例である。親しい聞き手に対して使われており、母親に対しても使われている。

＊おら

　1例あるが、男の使用例である。「おらあ」とあるが、「おら」に係助詞の「は」が付いたものと考えたほうがよさそうである。

＊僕

　6例あるが、結城朝之助と信如の使用例であり、結城朝之助は元武家らしく、信如は僧侶の家の出である。結城朝之助はお力に「斯う見えても僕は官員だ」という場面があり、役人は「僕」を使うのが一般的であったことが解る。書生ことばとして使われて発展した自称である。『会話篇』では 'Boku (c), slave, is the corresponding pronoun of the first person.'（「僕」、漢語由来。奴隷。(「君」に) 対応する一人称代名詞。筆者訳) とある。

＊ぼくら

　1例あるが、結城朝之助の使用例である。

＊此方（こち）

　女によって2例使われているが、「こなた」と対で使われていて、対等もしくは目下に対する自称詞である。

＊此方（こち）ども

　女によって1例使われている。

＊親族名

　聞き手に対する話し手の親族関係で自分を呼ぶ用法は現在でも使われているが、『にごりえ』『たけくらべ』でも3例使われており、子供に対して母親が自

分を「かかさん」と呼んでいる。

2.3 丁寧語

193例あるが、その内180例が女によって使われている。丁寧語が女によって使われていたというよりは、『にごりえ』『たけくらべ』では女が男より目下の場面がほとんどであるという場面的な制約によると思われる。

＊ございんす

51例あるが、女の使用者ばかりで、客や夫や母に対する場合に使われていて目上に対する待遇表現である。「ございます」または「ござる」からの変化で、江戸では遊里の女性語から一般語になった語であり、大槻文彦が主査委員を務めた国語調査委員会編で大正6年（1917）に刊行された『口語法別記』には「「であります」と言ふ語わ、江戸でわ言わなかつた。必ず「でございます」婦人わ「でございんす」などと云つて居た」とあり、明治末期まで東京では「ございんす」が女性語として多く使われていたことが解る。

＊ござります

「ございます」が5例、「ござります」が11例使われている。男女ともに使われているが、目上に対する待遇表現である。「ござります」の音便形が「ございます」である。家業を継いだ頓馬が旧友美登利に「頓馬は店より声をかけてお中が宜しう御座いますと仰山な言葉を聞くより美登利は泣きたいやうな顔つきして」とあり、かなり公式的な言い方であったことが解る。お力が結城朝之助に対して「ございんす」38例、「ござります」5例を使っているが、その間の待遇上の差異は見られない。

＊ござる

1例のみであるが、現在では「ござる」は「ございます」のように「ます」と一緒にしか用いられないが、この時期には単独の「ござる」も残っている。江戸語では武士や知識階級によって使われたことばで、この1例は登場人物を特定できない。

＊ます

「ます」が96例、その古形「まする」が25例、「んす」2例が使われている。ともに、主に女が客に使っているが、男も巡査に対して使っていて目上に対する待遇表現であることが分かる。また、後期江戸語の「ませなんだ」に代わって「ませんでした」が1例使われている。また、「なさんす」の「んす」は「なされ（り）ます」からの派生で後期江戸では遊里中心の女性語であったが、後に一般化した表現であるが、女の使用者である。

＊です

5例使われている。「のです」の形が3例で、尊敬語でも「お〜だ」が使われ、「お〜です」の形が使われていない。現在では「です・ます」が一般的な丁寧語として使用されているが、一葉の時代にはまだそんなに拡がっていなかったことと思われる。おそらく小学読本で「です」体が用いられたことが現在の一般化の発端ではなかろうか。

2.4 断定

「だ」が68例使われているが、男の話者が54例である。現在では断定については性別が重要で一般的には女は「そうだ」と言い切りの形では使わなくて、「そうだわ」のように弱めの終助詞の「わ」を使うことが一般的である。終助詞を付加しないで「だ」、「のだ」のような形は40例使われているが、女によって使われるのは4例のみである。しかし、「誰だ」や「お前さんは本当に商人に出来て居なさる、恐ろしい智恵者だ」のような「だ」の言い切りの使い方が女によっても多く使われている。

2.5 尊敬表現

47例使われているが、尊敬表現の種類には色々ある。「行く」を例に取ると、「行かれる」、「お行きなさる」、「お行きか」、「お行きになる」、「お行きだ」、「いらっしゃる」等が考えられるが、「行かれる」のような「れる」型の尊敬表現が1例も見つけだされない。金田（1952）によると、「れる」型は本来の江戸語由来の尊敬表現ではなく、標準語化のために後に東京で使われるように

なった。これは、一葉の時代には江戸語を継承していたことを裏付けるものであろう。具体的には以下の通りである。

*お＋動詞連用形

「お聞きか」のような型で、「お＋動詞連用形」そのものが尊敬表現として使われている。7例あるが、全て女の話者で親しい聞き手に使っており、軽い敬語であることが分かる。

*お〜なさる

「お行きなさる」のように「お＋動詞連用形＋なさる」の型で8例あるが、全て女でお初が夫源七に対して使う例が目立つ。家庭内敬語が一般的であった明治中期を考えると、妻が夫に対して尊敬語を使うことが肯ける。

*お〜になる

「お聞きになる」のように「お＋動詞連用形＋になる」の型で2例あるが、お力が結城朝之助に使っている。辻村（1968b）によると、「お〜になる」は江戸末期に敬語形式として完成され、この作品の書かれた明治20年（1887）頃から使用が拡大し、後東京語の一般的な敬語形式に発展していく。「お〜なさる」型8例との対比で見ると、まだこの時代にはそんなに一般的でなかったことが想像される。

*お〜だ

「お楽しみであろうね」のような「お＋動詞連用形＋だ」の型であり、2例あるが、友人に対して女が用いており、軽い敬語である．このような断定表現は現在では「お楽しみですね」のように「お＋動詞連用形＋です」が一般的であるが、一葉の時代にはまだ「です」が一般的でなく使われていない。

*尊敬動詞

形式単独で尊敬語になる形式を尊敬動詞と呼ぶと、15例見つかり、客に対して使われ敬意の高い敬語である。その中で、「なさる」が6例あるが、全て女で客に対して使っている。他に、「思し召す」4例、「おつしやる」2例がある。

*御

聞き手に関与する名詞に付けて「お顔」のような用法を差すが15例あり、14

例が女の用法である。「御機嫌」のように漢語に「ご」、「お手」のように和語に「お」を付けるような例が見つかる。女房ことばに源流を発するものと見て良いであろう。

2.6 謙譲表現
　10例あるが、多くは『にごりえ』でお力が客の結城朝之助に対して使う例である。
＊申す
　本動詞「言う」の謙譲語「申す」で4例見つかる。
＊お～申す
　「お＋動詞連用形＋申す」の例であるが、「お別れ申します」の1例しかない。現在では明治後期から多く用いられるようになった「お～する」が一般的であるが、この時代は「お～申す」が使われている。
＊承る
　「聞く」の謙譲語で2例のみ見つかる。
＊お目に懸かる
　「会う」の謙譲語で2例のみ見つかる。
＊致す
　「する」の謙譲語で1例のみ見つかる。

2.7 授受表現
　話し手が聞き手に対してものを授ける行為は「やる」、話し手が聞き手から受ける行為は「もらう」、聞き手が話し手に授ける行為は「くれる」と使うが、さらに話し手と聞き手との上下関係に応じて「あげる」、「いただく」、「くださる」の本動詞が使い分けられている。さらに、待遇表現法にも派生し、「～てあげる」のような補助動詞化して用いられている。
＊～てやる
　息子に対して母親は「今加減を見てやる」と1例使っている。永田（1985）

の調査報告によると、現在東京では「やる」が乱暴な言い方であるとして、多くの女性の間では「子供にミルクをあげなくては」のように「あげる」が「やる」に代わって使われ、「あげる」は謙譲語ではなく丁寧語的に使われつつある。

*～て上げる

本動詞「やる」の謙譲語「上げる」からの派生で「動詞連用形＋て上げる」の型であるが、1例のみ使われている。

*～て頂く

本動詞「もらう」の謙譲語「頂く」から派生して「動詞連用形＋て頂く」の型で2例見つかる。お力が結城に対して使っている。

*～て呉れる

5例使われている。母親に対しても使っているが親しい間柄の対等の関係で使われている。

*～て下さる

本動詞「呉れる」の尊敬語「下さる」から派生して「動詞連用形＋て下さる」の型で12例見つかる。聞き手が話し手に恩恵を与えるという表現で、結果的に聞き手を尊敬する表現である。主にお力が結城朝之助に対して用い、敬意の高い表現である。

2.8　依頼表現

依頼表現は命令表現とも境界を接し、どこまでが依頼でどこからが命令であるかはっきりとは決めることは出来ない。依頼表現にも多くの型が存在し、否定形を伴って「くれない」、さらに終助詞の「か」を伴って「くれないか」のようにも用いられている。ここでは動詞や副詞によって分類し、その下位分類の中にこれらの型を示すことにする。

*～て下され

「動詞連用形＋て下され」の型である。「下され」26例、「下さい」1例、「下さらぬか」1例、「下さるか」1例、「下さるな」1例である。女の話者が目上

の客や夫に対しての使用例である。小松（1985）によるとラ行四段活用の命令形は後期江戸語で既に「下さい」のようにイ音便化しているが、ここでは「下され」という古形が使われている。

＊〜てくれ

「動詞連用形＋てくれ」の型である。「くれ」5例、「くれないか」2例、「くれない」1例、「くれまいか」1例、「くんな」1例、「くんねへ」1例であり、ほとんどが男の話者である。「くんねへ」は「くれない」の撥音便「くんない」から変化したもので江戸語の庶民の音訛と考えられている。それに対して、「おくれ」が18例あり、女が10例使っている。対等の者に対して使っているが江戸語の特徴である。

＊〜て頂きたい

1例であるが、聞き手が動作主である行為に「たい」を付加しての依頼表現である。

＊たのむ

「〜をたのむ」という型も1例ある。

＊どうぞ

依頼表現の副詞であるが、「どうぞ」という例が3例ある。

2.9　命令表現

79例見つかる。江戸語から東京語に推移するにあたり、「行け」のような命令形による命令表現が少なくなり、「行きなさい」というような分析的な表現に移行することが指摘されているが、ここでは命令形は男によって、「お〜なされ」は女によって主に使われており、性別による差が見られる。

＊動詞命令形

32例あるが、29例は男の話者である。残りの女の3例も「食べる」の尊敬語「あがる」、「言う」の尊敬語「仰る」の命令形であり、残りの1例は息子に対する母親の例である。男にしても妻や息子のような目下に対して、また、対等の者に対する命令表現で使われている。「しろ」と「しよ」のように口語尾と

ヨ語尾の2つの可能性のある動詞を比較したが口語尾12例、ヨ語尾2例であった。

＊お＋動詞連用形

「お行き」のような型であり、26例使われている。終助詞の「よ」の付いた「おしよ」や終助詞の「な」の付いた「お行きな」も含めている。24例が女の話者によるものであり、親しい者に対して使われている。

＊（お）＋動詞連用形＋なされ（ませ）

「お行きなされ」のような型で、「お～なされ」7例、「お～なさい」1例、「お～なさいませ」1例、「お～なさりませ」2例、「お～なされませ」1例、「なさりませ」1例が使われているが、全て女の使用例である。客に対して使われており、目上に対する命令表現である。「ます」が命令形にも3例使われているが、「ませ」1例に対し、2例は後期江戸語の残照である「まし」である。

＊動詞連用形＋な

「捨てて仕舞な」のような型であり、3例女によって使われている。後期江戸の町人のことばである。

＊動詞連用形＋ねへ

「つきねへ」等の2例であるが、男によって使われ、町人の江戸語から続いている形式である。

＊動詞終止形＋な

4例あり、全て男によって使われている。「言ふな」のように禁止命令を表すものである。

＊否定＋か

1例であるが、「言はぬか」のように使われている。

＊～て御覧

1例であるが使われている。

＊給へ

結城朝之助によって1例使われているが、書生言葉と見て良いと思われる。

2.10 終助詞

江戸語にも東京語にも終助詞の使い方に男女差があるが、小松（1988）では江戸語と東京語でその使い方が一致しないことが指摘している。

＊ね

「そうだね」のように聞き手に同意や肯定的な返事を求める終助詞であるが、32例あり、男女ともに使われている。『会話篇』には、'Ne is familiar, and is most heard in the mouths of women and the lower classes.'（「ね」は親しみを表す。女性や下層階級の間で最も聞かれる。筆者訳）とあり、江戸語では庶民のことばであったことが解る。

＊よ

「あるよ」のように聞き手の注意を向けるときに使われたり、「おいでよ」のように命令を表す終助詞であるが、38例あり、男女ともに使われている。

＊え

「そうかえ」のように文の終りに付き陳述を強める終助詞であるが、近世期、多く遊女・町娘などが用い、親しみの意を表す機能を持っている。「あるえ」のように「え」単独で、「ならんぞえ」のように「ぞえ」の形で、「いいのかえ」のように「かえ」の形等16例あるが、男6例、女10例使われている。アメリカ人宣教師ヘボン（Hepburn, J. C.）は安政6年（1859）から明治25年（1892）まで在留し、『和英語林集成』という和英・英和辞典を残している。その第3版は明治19年（1886）に出版され、ちょうど一葉の時代のことばを伝えている。そこには、'coll. exclam. of interrogation, or doubt: so ka e, is it so? or indeed? shitte iru ka e, do you know?'（口語的な感嘆符。疑問や疑いを表す。「そかえ」is it so? or indeed?「知っているかえ」do you know? 筆者訳）とあり、性別の注釈がないところを見ると男女とも口語として使われていたことが解る。

＊さ

「そうさ」のように、軽い感動を伴って断定・命令等の意を表す終助詞であるが、23例あり男女共に使われている。主に親しい相手に使われている。江戸

初期、武士を主として男性が用い、後半期には広く使われた語で江戸語の残照と見て良いと思われる。「いいのさ」のような「のさ」が3例使われている。『和英語林集成』には 'coll. exclam. used at the end of a sentence, to give force, or positiveness'（口語的な感嘆符。文末に使われ、強調や積極性を表す。筆者訳）とある。

*な

「おくれな」のように命令を表したり、「いいな」のように間投助詞的に詠嘆を表している。17例あり、男女とも親しい相手に対して使われている。『会話篇』には 'Na is the same, used to equals.'（「な」は対等の者に対して使われる。筆者訳）とあり、対等の者の間の終助詞であったことが解る。現代語では男のみに使われる傾向がある。

*や

「悔しいや」、「いいや」のように使われ、7例あるが、全て男の話者によるものである。

*わ

「叱らるるやうの事は為ぬわ」、「貴様などが知らぬ事だわ」のように用い、軽い主張を表している。現代では「そうだわ」のように女性語でしか使われないが、6例あり5例が男の使用例である。

*ぜ

「逢おうぜ」のように使われているが、4例とも男の使用例である。聞き手に同意を求める場合に使われていて、現在でも男性語として使われている。

*ぞ

「できまいぞ」、「せぬぞ」のように使われている。自分の意見を強調する場合に用いるが、現在では男性語となっているが、10例ある内6例が女の使用例である。

*の

「どうしたの」のように疑問の「か」の省略されたと思われる6例と、「あきれたものだの」のように詠嘆を表す例が1例、男女共に使われている。

＊もの

「だって僕は弱いもの」のように形式名詞が終助詞的に使われている4例があるが、全て男の使用例であり、現在では女性語であるのと対照的である。

＊ものか

「其様な事があります物か」のように反語として男女とも5例使われている。

3　結論

3.1

まず、『にごりえ』『たけくらべ』で現れる待遇表現をどのように捉えるかの問題がある。時代的には明治20年代であり、地域としては東京下町、階層としては庶民階級の言葉で書かれていると見て良い。従って、明治中期の東京語の全てを反映しているとはいえず、一般庶民の言葉を分析したものと捉えるべきであろう。江戸語から東京語への変遷という視点で見ると、江戸語の残照と東京語の芽生えの両面が見られる。江戸語の残照としては、丁寧語の「ござんす」、「お＋動詞連用形」による尊敬表現、依頼表現の「ておくれ」が見られ、東京語の芽生えとして、「君」と「僕」という書生言葉から現在に引き継がれている呼称、丁寧語の「ます」、「お＋動詞連用形＋になる」による尊敬表現が使われ始めている。江戸語から東京語への移行期における東京での庶民のことばを『にごりえ』『たけくらべ』は写し出している資料として活用できるのではないであろうか。

3.2

現在では性別による言語差が少なくなりつつあると言われているが、依然として男女差は残っている。現在でも方言の世界では男女差のない方言が多くあり、都市において近世以降性別による言語差が、社会の中での男女の役割差に応じて確立されていったことが知られている。『にごりえ』『たけくらべ』では、対称詞では「あなた」が女、「君」が男、自称詞では「わたし」が女、「おれ・僕」が男、丁寧語では「ござんす・ます」が専ら女、命令表現では「お行き」

のような「お+動詞連用形」が女というように男女差が見られるのに対し、終助詞では「だ・ね・よ・え・さ・わ・ぞ」が男女ともによって使われ、現在ほど男女差が見られない。

第7章　明治後期・大正期東京語の対称詞

1　資料

　明治後期と大正期の対称詞の体系を探るために、夏目漱石の小説、志賀直哉の『暗夜行路』、明治後期と大正期に書かれた戯曲を資料として用いた。現在でも地域方言によって対称詞の使用に異なりが見られ、明治・大正期にはもっと大きな異なりがあったことが想像され、ここでは標準語・共通語のお膝元、東京で使われている対称詞の使用に限定した。夏目漱石は明治38年（1905）に『吾輩は猫である』を手始めに、大正5年（1916）に『明暗』を未完に亡くなるまで一連の小説を書き残している。舞台は東京の上流知識階級を登場人物にしており、上流階級での対称詞の体系を探るのに適した資料である。志賀直哉の『暗夜行路』は大正10年（1921）から昭和前期の昭和12年（1937）まで長期にわたって書かれた小説ではあるが、大正期の上流階級の資料として扱った。また、多くの戯曲が残されており、舞台背景は多くの階層社会にわたり、ここでも東京を舞台にした戯曲に限定して調査を行った。延べの対称詞の全使用例を分析の対象にした。親族、役割、身分と話者と聞き手との関係を分けて分析することにする。親族とは血のつながりにおける関係、具体的には家庭内の関係、役割とは固定した組織の中での上下関係、例えば、雇用関係等の上下関係、身分とは客と商人のような恩恵による利害関係、また、直接の関係はなく、単なる知り合いやゆきずりという関係を示している。使用した資料は最後に示した。対称詞に下線を引いて示した。なお、全ての使用例でなく、有意義な用例のみに限定し、延べ使用例数を示すことにする。

2 資料の分析

2.1 聞き手との関係から見た対称詞
2.1.1 妻が夫を

漱石の小説では全用例26例中、「あなた」が25例であり、『暗夜行路』でも25例全用例が「あなた」である。戯曲でも、139例中、「おまへさん」が8例に対して、「あなた」が123例と圧倒的に使われている。江戸語において高い敬意と持って使用されていた「おまへさん」は、本書第5章の通り、明治前期では庶民階級によって一般的に使われているが、明治後期になると「あなた」がほぼ一般的な対称詞として取って代わった。

2.1.2 夫が妻を

漱石の小説では全用例18中、「おまへ」が16例で、「貴様」が2例である。『暗夜行路』では、「おまへ」が34例、「あなた」が13例、「きみ」が1例であるが、謙作は妻直子に対して結婚当初は「あなた」を使っていたが、夫婦という関係が安定してくると「おまへ」に変化している。戯曲では、224例中、「おまへ」が176例、おそらく「あなた」と読ませる「汝」が28例、「おめえ」7例、「貴様」6例が使われている。「汝」は上流階級の同一人物によるもので、「貴様」も庶民階級の同一人物によるものである。

2.1.3 親族関係の上位の者を

漱石の小説では全用例45中、親族名が30例で、「あなた」が15例である。『暗夜行路』では、用例が限定されていて、謙作が兄信行を「きみ」4例、「信さん」1例があり、兄を「きみ」で言及している。戯曲では、全用例257例中、親族名が167例で、「あなた」や「あんた」が88例ある。新興の知識階級の例が多いが、伝統的な家でも、『柏屋傳右衛門』に、

　　お父つあん、貴方のお考へになることは私には善く解つて居ります

のように、「おとつさん」と呼びかけ、「あなた」と言及する例が見つけ出され

る。現在共通語では、親族上の上位の者、例えば、父親に対して「おとうさんはどう思う」のように親族名「おとうさん」でしか待遇することができないが、この時代には「あなた」という二人称代名詞でも待遇することができた。割合で行くと、親族名が二人称代名詞の約2倍になるが、第5章に示した通り、明治前期では親族名が使われる割合が39％であるのに比べると、親族上の上位の者を親族名で待遇するという体系がより一般的になっていると見てよいのか。

2.1.4 義理の親族関係の上位の者を

同じ親族の上位の者でも、実の親族と婚姻によって結ばれた、また、養父母のような義理の親族の上位の者では、対称詞の使い方が異なることが予測されるので分けて示すことにする。漱石の小説では13例あり、「あなた」が7例、兄の妻に対して「ねえさん」のような親族名が4例、「奥さん」のような役割名が1例、兄の妻に対して「延子さん」のような「名＋さん」が1例使われている。戯曲では、全用例39例中、親族名称が22例、「あなた」が9例である。

2.1.5 親族関係の同位の者を

いとこのように年齢による上下関係はあるが、小説や戯曲では上下関係が分からない親族を同位の者と見て分類した。漱石の小説では「名＋さん」4例や「名＋ちやん」1例を使っている。戯曲では、「あなた」が12例、「きみ」が10例、「名＋さん」が6例、「おまへ」が2例である。

2.1.6 親族関係の下位の者を

漱石の小説では59例あり、「おまへ」が40例、女の話者によって「雪江さん」のように「名＋さん」が8例使われている。『暗夜行路』では、用例が限定されていて、信行が弟謙作を待遇する例だけであるが、「おまへ」が45例使われている。戯曲では、全用例453例中、「おまへ」が387例、「おまへさん」が9例、「あなた」が女の話者によって24例、「てめえ」が14例と「貴様」6例が怒った

場合に男の話者によって使われ、「名の呼び捨て」が6例、「名＋ちゃん」が3例、女の話者によって使われている。

2.1.7 義理の親族関係の下位の者を

漱石の小説では「あなた」が12例、「名＋さん」4例や「名＋ちゃん」1例を使っている。戯曲では、全用例54中、「おまへ」が24例、「あなた」が17例、「きみ」が6例、「名＋さん」が4例、「名＋ちゃん」が3例使われている。

2.1.8 役割関係の上位の者を

漱石の小説では19例あり、教え子が教師を「先生」と呼ぶ12例、主人を「旦那様」、「奥様」と呼ぶ4例があり、全て役割名を使っている。戯曲では、全用例120例中、「あなた」が51例、役割名が36例、「あんた」が16例、主人である伯爵に対して使う「御前（ごぜん）」が8例、同一人物の用例であるが、もとの主人を女の話者が使う「姉さん」が7例である。主人や上司にも「あなた」が多用されているのが目立ち、方言的ではあるが「あんた」も使われている。「あなた」と呼ぶ場合にも、丁寧語が使われるのが一般的であり、「あなた」が敬意を含んだ対称詞であることが分かる。現在では、役割上の上位の者を、たとえ「あなた」が敬意を含んだ対称詞であろうと、二人称代名詞で待遇することは考えられず、この時代においても、まだ、役割上の上位の者を役割名で待遇するべきだという共通語の上下対称詞の体系は定着していない。

2.1.9 役割関係の同位の者を

同僚など同じ組織で働いているが、同位の者に対して、戯曲では、全用例14例あるが、軍隊内では「貴様」が7例、女同士では「おつねさん」のように「お＋名＋さん」が2例、「あなた」、「おまへさん」、「姉さん」が各1例使われている。男は「きみ」を2例使っている。

第7章　明治後期・大正期東京語の対称詞　119

2.1.10　役割関係の下位の者を

　漱石の小説では35例あり、教師が教え子や書生を「きみ」と呼ぶ19例、使用人を「おまへ」と呼ぶ6例、「あなた」が5例である。書生に対して、男は「寒月君」のように「姓＋君」で3例使っているが、女は「多々良さん」のように「姓＋さん」を2例や「あなた」を3例使っている。戯曲では、全用例228例中、使用人に対して「おまへ」が118例、男の話者が、弟子や部下や学生や使用人に対して「きみ」が68例、女の話者が使用人に対して「あなた」が14例、退役軍人が使用人に対して「貴様」が5例、使用人に対して「ばあや」のような親族名が4例使われている。

2.1.11　友人を

　漱石の小説では、男の話者によって「きみ」が71例、「あなた」が3例、「苦沙彌」のように姓の呼び捨てが2例、女の話者によって、「あなた」が5例、「姓＋さん」が1例使われている。『暗夜行路』では、男の話者が「きみ」を47例、女の話者が「おまへさん」を1例使っている。戯曲では、全用例397例中、性別に示すと、男の話者は「きみ」が175例、「あなた」が23例、「おまへさん」が31例、「おめえ」が10例、「貴様」が4例で、女の話者は「あなた」が47例、「おまへさん」が3例である。総合すると、男の話者は「きみ」で、女の話者は「あなた」で友人を待遇するのが一般的である。

2.1.12　知人を

　漱石の小説では、「あなた」が39例、「奥さん」のような役割名が8例、「きみ」が7例、「おばさん」のような親族名、「姓＋さん」、「名＋さん」が各3例使われている。『暗夜行路』では、全用例34例中、「あなた」が19例、「謙さん」のような「名＋さん」が8例使われている。戯曲では、全用例457例中、「あなた」が14例以外は丁寧語と共に169例、「あんた」が丁寧語と共に10例、「おまへ」が1例以外は丁寧語無しに40例、「おまへさん」が3例以外は丁寧語無しに35例、「おめえ」が丁寧語無しに17例、「きみ」が上流社会の男によって104

例、「名＋さん」が13例、「姓＋さん」が6例、教師でないものに対して敬称として「先生」が6例、「閣下」のような敬称が5例使われている。

2.1.13 初対面の人を

現代共通語では、初対面の人の場合にも、客と店のような場合には役割上の関係がある人には役割名で「お客さん」や、くだけた場合では親族名で「お兄さん・お嬢さん」などが使われている。「ちょっとすみませんが、あなたはどなた様ですか」とかろうじて「あなた」を使うことができるが、普通の場合にはまるっきり知らない初対面の人に対しては使うべき二人称代名詞がない。漱石の小説では、「あなた」が18例、「きみ」が6例使われている。『暗夜行路』では、「あなた」が7例、「きみ」が1例使われている。戯曲では、全用例88例中、「あなた」が3例以外は丁寧語と共に63例、「きみ」が6例、「おまへ」が4例それぞれ丁寧語無しに使われており、「てめえ」が怒った場合に使われている。この時代には知らない人に対しても「あなた」が使えた。

2.1.14 妾を

正式の妻ではないが、愛人を待遇する例が見つかる。戯曲では、「おまへ」が28例、「貴様」が4例である。

2.1.15 旦那を

経済的援助を受けている、愛人を待遇する例が見つかる。戯曲では、「あなた」が8例、「旦那様」のような役割名が4例である。

2.1.16 恩義を与えてもらう人を

漱石の小説では、「あなた」が4例使われている。戯曲では、「あんた」が1例使われている。

2.1.17 恩義を与えてやる人を

漱石の小説では、「きみ」が3例、「あなた」が3例、「おまへ」が2例使われている。戯曲では、「おまへ」が2例、「おまへさん」が2例、「あんた」、「あなた」、「われ」が各1例使われている。

2.1.18 商人を

客としてお金を払う対象の商人に対しては、客は商人に対して恩恵を与えるという意味で上位の者の立場に立つ。漱石の小説では、「おまへ」が4例、「きみ」が3例使われている。『暗夜行路』では、「きみ」が芸者に対して12例、「おまへ」が4例、「貴様」が1例、「おつさん」という親族名が1例使われている。戯曲では、全用例65例中、「おまへ」が25例、「おまへさん」が20例、「きみ」が7例使われている。

2.1.19 客を

漱石の小説では、「あなた」が3例、「旦那（様）」のような役割名が2例使われている。『暗夜行路』では、「旦那」のような役割名が3例、「姓＋さん」が2例、「そちら」や方言的に「あんさん」が各1例使われている。戯曲では、全用例45例中、「旦那（様）」や「先生」のような役割名が24例、「あなた」が7例、「姓＋さん」が6例、「おまへさん」が5例、「あんた」が3例使われている。

2.1.20 市民を

官尊民卑の時代に、巡査が一般市民をどのように待遇したかは興味の残るところである。薩長連合による藩閥政治によって成立した明治前期においては、巡査は、主に薩長の元武家が就いていたことが知られている。「おいこら」という巡査言葉も、薩摩方言では、「こら」は「子等」であり、親しみを込めた呼称詞であったが、巡査という上の立場にいる人からの呼称詞として、「おいこら」が叱責の言葉ととらえられていたのは無理のないことと思われる。漱石

の小説では、『吾輩は猫である』で先生夫妻を「あなたがた」と1例待遇している。戯曲では、全用例32例中、丁寧語を使う場合とそうでない場合があり、丁寧語を使っている12例のうち、「きみ」が11例、「あなた」が1例使われ、丁寧語を使っていない20例のうち、「おまへ」が13例、「貴様」が6例である。

2.1.21　巡査を

反対に、一般市民が巡査をどのように待遇したかについては、戯曲では、全用例11例中、「旦那」が7例、男の学生によって「あなた」が4例使われているが、全て丁寧語とともに使われている。

2.1.22　患者を

漱石の小説では、「あなた」が3例使われている。『暗夜行路』でも、「あなた」が3例使われている。戯曲でも、「あなた」が6例使われている。

2.1.23　医師を

医師は、西洋の学問を納めた知識階級として社会的地位の高い職業としてとらえられており、患者は医師を次のような対称詞で待遇していた。『吾輩は猫である』では、苦沙彌は医師を「先生」という役割名で1例待遇している。『暗夜行路』では、謙作は知り合いの医師を「あなた」で1例待遇している。

2.1.24　檀家を

戯曲では、仏教で僧侶が檀家を、キリスト教で牧師が信徒を扱う例が17例あり、「あなた」が12例、男の信徒には「きみ」4例、女の信徒には「名＋さん」が1例使われている。

2.2　語の機能から見た対称詞
＊あなた（がた）

漱石の小説では、全用例157例中、丁寧語と共に用いられる例が127例、丁寧

語なしに用いられる例が28例、併用が1例である。夫に対してほぼ全用例、親族の上位の者に対しても使われているが、むしろ、同位や義理の親族に対して使われている。知人に対しても使われ、友人に対しては、男が「きみ」を使うのに対して、女は「あなた」を使う。初対面の人に対しても18例使われている。『暗夜行路』では、全用例68例に対し、丁寧語と共に用いられる例が35例、丁寧語なしに用いられる例が33例と拮抗している。夫に対して全用例、妻に対して、謙作は結婚当初は「あなた」を使っていたが、時がたつに連れ「おまへ」に変わってゆく。知人や初対面の人に対しても使われている。戯曲では、全用例686例中、丁寧語と共に用いられる例が585例、丁寧語なしに用いられる例が101例である。夫に対してほぼ全用例の123例、親族の上位の者に対しても84例使われているが、女によって実のまた義理の親族の下位の者や同位の者に対して多く用いられている。役割上の関係者では、上位の者51例に対して、下位の者14例、同位の者1例である。知人に対して169例、初対面の者に対しても63例、知人に対して169例である。「あなた」は丁寧語と共に使われることが多く、配慮を示すべき者、具体的には、親族関係があるが少し遠慮がある者、上下関係はないが親しくなく少し遠慮がある者等に対して用いられることが多い。

＊あんた

　戯曲では、全用例44例中、男の話者が主人に対して16例、知人に対して10例使っている。男女の差がなく、また、丁寧語を伴ったり、また、伴わなかったりして使われている。

＊おまへ

　漱石の小説では、全用例73例中、全用例丁寧語なしに用いられている。親族の下位の者40例、妻16例等、親族の目下や、使用人に対して6例、商人に対して5例、恩恵を与えてやる者に2例使われている。『暗夜行路』では、全用例85例中、全用例丁寧語なしに用いられている。兄信行が弟謙作に対して43例、謙作が妻直子に対して33例等、親族の目下に対してほとんど用いられている。戯曲では、全用例918例中、丁寧語なしに用いられる普通である。親族の下位の者に対して411例、妻に対して176例、使用人等の役割上の下位の者に対して

118例、友人95例、知人40例等親しみのある者に対して、商人26例、巡査が一般市民に対して13例使われている。女の話者に限定すると、「おまへ」は息子や娘のような親族の下位の者に対して用いられている例が182例あり、その場合に丁寧語と共に用いられる例が21例ある。使用人に対しても35例用いられているが、5例以外は女の聞き手である。親族でない男の聞き手に対しては、女の話者は使いにくいほど、「おまへ」の待遇価は低いと分かる。江戸語では対等の者に対しても使われたが、第5章の明治前期においても、「おまへ」は夫や父母等の親族上の上位の者に対しても使われている。また、第6章の明治中期に書かれた樋口一葉の『にごりえ』『たけくらべ』においても、その待遇価を継承している様子が見えるが、比較すると明治後期になって待遇価が低下したことが見て取れる。

＊おまへさん

漱石の小説では、全用例5例中、全てが女の話者によるもので、親族の下位の者に4例使われている。『暗夜行路』でも、女の話者によって知人や友人に対して3例使われている。戯曲では、全用例143例中、男女の話者によって使われ、135例が丁寧語なしに用いられている。親族の下位の者に38例、夫に8例、知人35例、友人34例、商人に20例使われている。第5章では、明治前期においては、「おまへさん」は主に丁寧語と共に用いられており、待遇価が低下したことが見て取れる。また、森鷗外の『雁』には、

> 「あなた今までどこにいたんです」お上さんは突然頭を持ち上げて、末造を見た。奉公人を置くようになってから、次第に詞を上品にしたのだが、差向いになると、ぞんざいになる。ようよう「あなた」だけが維持せられている。……

> 「それはお前さんの云う通りかも知れないけれど、そんな女の所へ度々行くうちには、どうなるか知れたものじゃありやしない。どうせお金で自由になるような女だもの」お上さんはいつか「あなた」を忘れている

という記述があり、小島（1998a）では、「「あなた」を新時代にふさわしい語、「お前さん」を旧弊な社会・階層になじむ語として捉える動向が看守される」

(p.227) と示している。

* きみ

　漱石の小説では、全用例115例中、全てが男の話者によるもので、聞き手も2例を除いて全て男である。12例以外全て丁寧語なしに用いられている。友人に対して71例、教師が教え子に対して19例使われている。『暗夜行路』でも、全用例66例中、全てが男の話者によるもので、聞き手も13例を除いて全て男である。1例を除いて、丁寧語なしに用いられている。知人に対する例が47例である。謙作は兄信行に対しても一貫して「きみ」を用いている。丁寧語を用いておらず、親族の上位の者というより親しさを表しているのであろうか。戯曲では、全用例397例中、全てが男の話者によるもので、聞き手も5例を除いて全て男である。20例を除いて、丁寧語なしに用いられている。話者の職業も学生、弁護士、医者、社長等上層階級に属する者たちである。友人に対して175例、知人に対して104例等、また、弟子や部下や学生に対して68例使われている。巡査が11例、市民に対しても使っている。総合すると、「きみ」は書生言葉として発展してきた過去を引き継いで、男の教養層が同じ男の聞き手に対して、同位の友人とくつろいだ場合や役割上の下位の者に対して使う男言葉である。

* 貴様

　漱石の小説では、5例使われているが、男の話者によって丁寧語なしで使われており、「怒って」という注釈がなされている。『暗夜行路』でも、2例使われているが、男の話者によって丁寧語なしで使われており、「怒って」という注釈がなされている。戯曲では、38例使われているが、男の話者によって丁寧語なしで使われており、怒った時のように精神的に異常な状況で13例使われている。待遇価が下落して卑罵語になっている。退役軍人によって9例、兵卒間で7例使われており、第10章の軍隊内の対称詞を見ると、軍隊内で一般的に使われていたと推測される。

* 親族名

　現在共通語では、親族の目上に対しては、親族名で呼ばなければならない。

しかし、明治後期や大正期では、親族名が使われることもあるが、まだ、人称代名詞が使われる例も残されている。漱石の小説では、友人の母を、「おばさん」というような虚構的用法が3例あるが、全部で38例使われている。「おかあさま」や「お姉様」のような「お〜さま」型が4例あるが、他は「おとうさん」や「おかあさん」のような「お〜さん」型、「にいさん」や「ねえさん」のような「〜さん」型が使われている。注目すべきは、「おとうさん」や「おかあさん」は国定教科書で採用され一般に使われるようになった親族名であるが、古い江戸庶民語である「おつかさん」が2例使われている。『暗夜行路』では、3例使われているが、実の兄に「お兄様」が1例使われている。戯曲では、207例使われているが、親族の上位の者に対しての用例が190例である。「姉様」のような「〜さま」型が15例、「お〜さま」型が1例、「〜さん」型が127例、「お〜さん」型が46例使われている。「おつかさん」が9例使われている。国定教科書では、父母には「おとうさん・おかあさん」、兄姉には「にいさん・ねえさん」が使われており、父に対しては全18例が全て「おとうさん」、母に関しては全35例中、「おかあさん」が24例、兄に対しては全81例が全て「にいさん」、姉に対しては全16例中、「ねえさん」が11例使われている。

＊役割名

　役割名とは雇用関係等の上下関係を示しており、学生から教師への「先生」、使用人から主人への「旦那様」等をいう。漱石の小説では、全用例33例中、1例以外丁寧語と共に使われている。「先生」が12例、「旦那・奥様・お嬢様」等が7例使われている。また、虚構的用法というべき実際に教えてもらっていなくても敬意を込めて「先生」を使っている用法が4例ある。『こころ』の中で、

　　私が先生先生と呼び掛けるので、先生は苦笑いをした。私はそれが年長者に対する私の口癖だと云って弁解した。

という文章があり、虚構的用法が使われていたことが分かる。同様に、知人を「奥様」のように使う例も9例ある。『それから』の中で、

　　代助は此細君を捕まへて、かつて奥さんと云った事がない。何時でも三千代さん三千代さんと、結婚しない前の通りに、本名で呼んでゐる。

また、『明暗』でも、

> 「奥さん」と云おうとして、云い損なった彼はつい「清子さん」と呼び掛けた。

とあり、かつての恋人に類する人を結婚後は「奥さん」と呼ぶべきだという当時の社会習慣が理解できる。『暗夜行路』では、丁寧語を伴って、車夫が客である謙作に「旦那」と3例、知人に対して「旦那様」1例が使われている。戯曲では、全用例119例中、丁寧語なしに使われる例が9例のみである。「(若)旦那」が客に対し21例、巡査に対して7例、知人に対して7例等、敬意を含んだ虚構的用法が多く使われている。「先生」が実際に教えてもらっていなくても知識階級の者に対する対称詞として、32例使われている。

*姓＋さん

　漱石の小説では、7例「姓＋さん」が使われているが、全て女の話者が知っている男の聞き手に対する用例である。『暗夜行路』でも、女の話者が男の客に対する2例である。戯曲では、知人や客に対して14例使われている。

*姓＋くん

　漱石の小説では、男の教え子に対して男の教師が3例使っている。戯曲でも、男の生徒同士、男の先生から男の生徒のように3例使われている。「姓＋さん」が女から男に対してであるのに対し、男から男に対しては「姓＋くん」が使われている。「きみ」が書生言葉出自であるのと関係があると思われる。

*名＋さん

　漱石の小説では、親しい者同士の17例と親族間の16例で合計33例使われている。「代助」を「代さん」のようなニックネーム、「貞」を「お貞さん」のような「お～さん」型もある。『暗夜行路』でも、「謙作」を「謙さん」のように知人間で8例あり、謙作は兄信行を「信さん」という1例が特異なものとして目に付く。戯曲では、全用例47中、11例が親族間、19例が親しい者同士である。

*名＋くん

　漱石の小説や『暗夜行路』には1例もなく、戯曲では、男の代議士が知り合いの男に5例使っているのみである。国定教科書でも、「名＋さん」が男女両

性の話し手から男女両性の聞き手に対して用いられており、もっとも一般的な用法であると思われ、「名＋くん」は一般的ではない。

＊名の呼び捨て

漱石の小説では、兄欽吾が妹藤尾に対して１例、『暗夜行路』では、母が謙作に対して１例、戯曲では、全用例10例中、親族の下位の者に６例というように、親しい下位の者に対して使っている。

3 結論

3.1

上位の者に対して二人称代名詞を使うことができず、親族の目上に対しては親族名、役割上の上位の者に対して役割名を使うという現在の共通語の上下対称詞の体系はまだ十分定着していない。つまり、親族の上位の者に対して、多くの場合親族名が使われるが、「あなた」も同様に使われている。役割上の上位の者に対して、役割名が使われることがあるが、「あなた」も同様に使われている。

3.2

「あなた」は丁寧語と共に使われることが多く、配慮を示すべき者、具体的には、親族関係があるが少し遠慮がある者、上下関係がないが親しくなく少し遠慮がある者等に対して用いられることが多い。

現代共通語の上下対称詞の体系はまだ確立しておらず、「あなた」という二人称代名詞が目上の人に対する二人称代名詞としての地位を保っている。

3.3

明治後期になって「おまへ」の待遇価が低下し、目下の者に対してしか使われなくなった。男の話者は目下に使っているが、女の話者にとっては使用が粗暴に感じられるほど待遇価が低下し、親しい親族の目下にしか使われなくなっている。親しくない目下、例えば、使用人に対しては、特に異性の使用人に対

第7章　明治後期・大正期東京語の対称詞　129

しては、「おまへさん」という対称詞の選択の余地もかつてはあったが、古臭くなり、「あなた」が使われている。

資料
『漱石全集』全28巻別巻1巻、1993〜1999年、岩波書店
　　吾輩は猫である、明治38〜39（1905〜1906）
　　坊っちゃん、明治39（1906）
　　草枕、明治39（1906）
　　二百十日、明治39（1906）
　　虞美人草、明治41（1908）
　　三四郎、明治42（1909）
　　それから、明治43（1910）
　　門、明治44（1911）
　　彼岸過迄、明治45（1912）
　　行人、大正3（1914）
　　こころ、大正3（1914）
　　道草、大正4（1915）
　　明暗、大正5（1916）
『志賀直哉全集　第4巻』1999年、岩波書店
　　暗夜行路、1921〜1937年
『現代戯曲集　現代日本文学全集92』1958年、筑摩書房
　　剃刀、中村吉蔵、大正3（1914）
　　母親、関口次郎、大正10（1921）
『明治大正文学全集50』1930年、春陽堂
　　女親、山本有三、大正3（1914）
　　嬰児殺し、山本有三、大正8（1919）
　　父親、山本有三、大正14（1925）
　　第一の世界、小山内薫、大正10（1921）
　　公園裏、小山内薫、大正15（1926）
　　ぶらんこ、岸田国士、大正14（1925）
　　紙風船、岸田国士、大正14（1925）
　　麺麭屋文六の思案、岸田国士、大正15（1926）
　　葉桜、岸田国士、大正15（1926）
　　屋上庭園、岸田国士、大正15（1926）
　　驟雨、岸田国士、大正15（1926）

『明治大正文学全集49』1931年、春陽堂
　柏屋傳右衛門、木下杢太郎、大正3（1914）
　和泉屋染物店、木下杢太郎、大正3（1914）
　狂芸人、吉井勇、大正3（1914）
　俳諧亭句楽の死、吉井勇、大正5（1916）
　美しき白痴の死、鈴木泉三郎、大正9（1920）
　谷底、鈴木泉三郎、大正10（1921）
　火あぶり、鈴木泉三郎、大正10（1921）

『日本戯曲全集　第40巻　現代編第8輯』1928年、春陽堂
　仮面、森鷗外、明治42（1909）
　団子坂、森鷗外、明治42（1909）
　なのりそ、森鷗外、明治44（1911）
　さへづり、森鷗外、明治44（1911）
　女がた、森鷗外、大正2（1913）
　わくら葉、永井荷風、明治44（1911）
　煙、永井荷風、大正4（1915）
　早春、永井荷風、大正11（1922）
　亭主、小山内薫、大正15（1926）
　捨児、小山内薫、大正15（1926）
　円タクの悲哀、小山内薫、大正15（1926）
　許婚、小山内薫、大正15（1926）
　珍客、小山内薫、大正15（1926）

『日本戯曲全集　第41巻　現代編第9輯』1928年、春陽堂
　嘘、長田秀雄、大正8（1919）
　歓楽の鬼、長田秀雄、明治43（1910）
　死骸の哄笑、長田秀雄、大正3（1914）
　妊婦授産所、長田秀雄、大正3（1914）
　飢渇、長田秀雄、大正4（1915）
　悪鬼飛躍、長田秀雄、大正13（1924）
　代議士の家、木下杢太郎、大正4（1915）
　父と母、郡虎彦、明治44（1911）
　句楽と小しん、吉井勇、大正9（1920）
　小しんと焉馬、吉井勇、大正9（1920）
　焉馬と句楽、吉井勇、大正13（1924）
　縛られた句楽、吉井勇、大正13（1924）
　小しんと焉馬後日譚、吉井勇、大正13（1924）

『日本戯曲全集　第42巻　現代編第10輯』1928年、春陽堂
　春の海辺、谷崎潤一郎、大正3（1914）
　プロロオグ、久保田万太郎、明治44（1911）
　暮れがた、久保田万太郎、明治45（1912）
　雪、久保田万太郎、明治45（1912）
　宵の空、久保田万太郎、大正3（1914）
　雨空、久保田万太郎、大正11（1922）
　心ごころ、久保田万太郎、大正11（1922）
　短夜、久保田万太郎、大正14（1925）
　冬、久保田万太郎、大正15（1926）
　知慾煩悩、里見弴、大正13（1924）
　愛憎不二、里見弴、大正13（1924）
　たのむ、里見弴、大正13（1924）
　小暴君、里見弴、大正15（1926）
　紐、里見弴、昭和3（1928）

第8章　総合雑誌『太陽』に見る対称詞

1　資料および調査法

　資料として総合雑誌『太陽』を活用することにした。国立国語研究所編(2005)の『太陽コーパス』は、明治28年(1895)から昭和3年(1928)にかけて博文館から刊行された総合雑誌『太陽』の中から、明治28年(1895)、明治34年(1901)、明治42年(1909)、大正6年(1917)、大正14年(1925)に刊行された60冊をコーパスに収録したもので、総合雑誌の名の通り、論説、地理、政治、農業等、ジャンルは多岐にわたる。しかし、ここでは、東京における対称詞の使用状況を調査するという目的のため、話し手と聞き手がわかるものに限定して調査した。結果的に小説やインタビューに限定された。検索ソフトがあり、二人称代名詞だけを検索して数量調査することも可能であったが、どのような話し手によってどのような聞き手に対してどのような状況によって対称詞が使用されているかを調査したいため、コーパスをダウンロードして最初から読んで自分でデータベースを作成した。それぞれの年代の対称詞の使用状況を知りたいため、文語文や歴史小説を排除し、さらに方言的な部分を排除して、結果的には、それぞれの年代に東京で使われている口語文を調査対象にした。各時代の対称詞の使用状況を雑誌が収録された年によって反映しているという前提で年代区分を行ったが、果たしてそれぞれの小説が出版された年代の言語状況を忠実に反映しているかということに関しては疑問の残るところである。例えば、同一作家が、時代を隔てて異なった作品を書いたとすると、年代毎に言語状況を反映して書き分けているかということである。むしろ、言語形成期に生活した言語体験によって一貫して作品を書いている可能性もある。このような問題点も残るが、刊行された年代も分析に反映させた。『太陽』の言語資料としての位置づけについては、田中(2005)では、

> 現代日本語の書き言葉は、社会の近代化にともなう言語の変革とともに形成され、近代化の完成とともにほぼ確立した。その形成と確立が、言語現象としてもっとも目立った形で現れたのは、漢語を中心とする新しい語彙の創造と定着、言文一致による口語文の創成と普及、の二つのできごとであったと見られる。新語の増大がもっとも顕著であり、言文一致運動が最盛期に達したのは、19世紀後半（明治前期）である。そして、新しい語彙が定着し、口語文が普及し、語彙と文体が安定に向かうのは20世紀初期（明治後期から大正期）である。この、書き言葉が安定に向かう20世紀初期を、現代語の確立期と見ることができる。(pp.1-2)

とあり、『太陽』はまさに現代語の確立期に刊行された雑誌である。

2　資料の分析

対称詞の延べの全使用例、1987例を分析の対象にした。どのような対称詞が使われているかを、親族、役割、身分と話し手と聞き手との関係に分けて分析することにする。親族とは血のつながりにおける関係、具体的には家庭内の関係、役割とは固定した組織の中での上下関係、例えば、雇用関係等の上下関係、身分とは客と商人のような恩恵による利害関係、また、直接の関係はなく、単なる知り合いやゆきずりという関係を示している。話し手の階層的属性を知識階級と庶民階級と便宜上分けた。知識階級とは資本家、政治家、教育者、学生等の上層階級、庶民階級とは労働者、職人等の下層階級の者を指している。次いでそれぞれの対称詞の待遇価を示した。歴史的仮名遣いで代表して示すことにする。また、「おめへ」や「おまい」のように［ai］から［e:］、［e］から［i］の音訛の結果起こった変異があるが、松村（1998b）によると音訛のある語形とない語形の間の待遇価の差が江戸語では見つけにくく、ここでも同じものと考えて分析した。対称詞を下線で示した。また丁寧語が使われているか使われていないかを判断することができる用例については、聞き手に対する待遇価を判断する基準とした。

2.1 聞き手との関係から見た対称詞
2.1.1 妻が夫を

表1を見ると、時代がすすむにつれて「おまへ」「おまへさん」から「あなた」に使用語形が変化していくのが見てとれる。本書第5章によると、明治前期には「おまへ」が丁寧語を伴って平民の妻によって使われている。『太陽』の「おまへ」の例は『心中女』の例がほとんどで、それも魚屋や按摩の女房という一般庶民が使う例であり、以下のように自称詞「わたし」と共起して丁寧語を伴わないで使われている。

表1 妻が夫を（年代別） （ ）は％

	明治28年 (1895)	明治34年 (1901)	明治42年 (1909)	大正6年 (1917)	大正14年 (1925)
あなた	2(6.9)	2(9.1)	7(100.0)	5(100.0)	17(100.0)
おまへさん	0	19(86.4)	0	0	0
おまへ	27(93.1)	1(4.5)	0	0	0
計	29	22	7	5	17

　　兼さんおめえぐらいものゝ分らなゐ人はないよ、成程妾（わたし）は其時はさう言たのサ、夫婦はにせのといふのをおまへは何と思つて居るのだえ（幸堂得知『心中女』明治28年（1895）10号）

また、大工女房が「おまへさん」を以下のように使っている。

　　それ御覧な。おほゝゝゝ。長（ちやう）さん、お前（まへ）さんだつても餘り酷いぢやないか。勝公の様な者を相手に……私（わたし）だつて其様に物好ぢやないのさ。能く考へて見てお呉れよ。私（わたし）だつて獨身ぢやなしさ、お前（まへ）と云ふ歴とした亭主（ていし）もありやア、未だ阿母（おつか）さんもお居でなんだよ。（広津柳浪『櫨紅葉』明治34年（1901）1号）

しかし、官吏の妻は夫に対して、以下のように「あなた」で待遇している。

　　織江は堪りかねたといふ風に、『成程兄（にい）さんは是まで放蕩をした

から<u>貴郎（あなた）</u>が氣に入らぬと仰しやるのも御無理はありませんが
（内田魯庵『投機』明治34年（1901）5号）

このように、軍人、学者、芸術家等の知識階級では「あなた」が使われており、階層による使い分けの様子が表れている。「あなた」が使われている明治28年（1895）の2例は軍人の妻、明治34年（1901）の2例は官吏の妻によって使用例であり、かつては知識階級の妻によって使われていたことが分かる。現在の様子を見ると「おまへさん」から「あなた」へ変化してきたことが分かる。明治後期から大正期を調査した第7章によると、すでにほぼ「あなた」に変化しているが、資料が夏目漱石や志賀直哉の小説であり、背景が知識階級であるためだと思われ、知識階級から庶民階級に「あなた」が使用域を拡げていったものと思われる。

2.1.2 夫が妻を

全用例125例中、全階級を通じて「おまへ」が88例（70.4％）使われている。「きみ」10例（8.0％）や「あなた」4例（3.2％）が知識階級で使われている。「きさま」が7例（5.6％）使われているが、聞き手に対して怒った場面の使用例であり、一般的な使用例ではない。「てめへ」が15例（12.0％）怒った時に大工等の一般庶民の間で使われている。

2.1.3 親族関係の上位の者を

表2　親族関係の上位の者を

親族名	106(71.1)
あなた	38(25.5)
おまへさん	4(2.7)
おまへ	1(0.7)
計	149

表3　親族関係の上位の者を（話し手性別）

	男	女
親族名	54(60.7)	52(86.7)
あなた	34(38.2)	4(6.7)
おまへさん	1(1.1)	3(5.0)
おまへ	0	1(1.7)
計	89	60

表4　男の話し手が親族関係の上位の者を（聞き手性別）

	男	女
親族名	16(39.0)	38(80.9)
あなた	25(61.0)	9(19.1)
計	41	47

（　）は％

義理の親族も含み分析すると、表2のように、「あなた」が38例あるが、政治家、学者、学生等の主に知識階級の話し手によって使われている。小松（1996）によると、「あなた」は本来お屋敷言葉であり、その性格を継承しているためであろうか。「おまへさん」は反対に庶民階級の話し手によって使われている。表3のように性別が関係し、「あなた」を男の話し手が34例使っているのに対して、女の話し手は4例のみであり、しかもそのうち1例は聞き手に対して怒って使っており、また2例は自分の姉ではなく義理の姉に対する使用例で、実の親族の目上に対して「あなた」を女の話し手が使うのは一般的でなかったと思われる。また、男の話し手の場合にも、聞き手の性別によっても表4のように、「あなた」を使うか、親族名を使うかが左右される。男の聞き手に対しては「あなた」を使う確率が高くなる。男が親族名を使う16例の内13例は子どもの使用例である。官吏である味木廉蔵は養母斧江との会話で「あなた」と親族名を使い分けている部分があり引用する。

　『何しろお前（まい）さん、』と斧枝は最早理屈は盡きたといふ風に武器の長煙管を棄て、息繼の茶を啜みつ極めて沈着拂つて、『お前（まい）さんは妾（わたし）が家の公債を保險會社に入れたのを怒つてるが、あの公債はお前さんの所有と云つたツてお前さんの力で買つたんぢアない。お父（とつ）さんのお遺物だから妾が奈何しようと妾の勝手だよ。』

　『それは貴母（あなた）の御勝手になさい。貴母の御随意に家の財産を失くすのは貴母の御勝手ですが、伯父さんの民さんの投機仕事の資本を出す位なら寧そ養育院か孤児院に寄附した方が好でせう……』と云つたが、忽ち思附いたやうに言葉を更め、威儀を作つて母と妻との顔を睨と見、『元來僕（ぼく）の考はお母（つか）さん達とは違つてゐる。僕は馬鹿正直で偏窟で世辞追從が嫌ひだから斯ういふ偽善の世の中では所詮成功しないでせうが、何卒正直と勉強とで生涯を貫きたいと思つてます。（内田魯庵『投機』明治34年（1901）5号）

他の部分では「おつかさん」と待遇している廉蔵は、開き直って「あなた」を使うが、気を落ち着けてまた「おつかさん」に戻っている。このように、「あ

なた」は聞き手との距離をとる役割を持っていたことが分かる。親族の目上に対してもゲマインシャフト的な親族関係を表に出した場合には親族名、家長と家の構成員というようにかしこまって公式的には「あなた」という使い分けが考えられ、自然と男の話し手が男の聞き手に対する場合に「あなた」が多くなることが理解できる。

2.1.4 親族関係の下位の者を

男は全用例133例中、「おまへ」が114例（85.7％）であるのに対し、女は全用例183例中、117例（63.9％）、それを補うかのように「おまへさん」が53例（29.0％）使われている。現代のある主婦の1週間にわたっての談話を収録した井出・生田（1984）によると、娘2人に対して「あなた」が126例使われているのに対して「おまへ」は使われていない。現在女は親族の目下に対しても「おまへ」を使っていないとみてよいと思われる。

2.1.5 雇主を

現代では、「社長」や「理事長」のように役割名でしか雇主を待遇できない。『太陽』では「おかみさん」、「旦那様」等の役割名が40.8％使われる一方、「あなた（さま）」40.8％や「おまへさん」や「おめへさま」10.2％が明治28年（1895）から明治42年（1909）にかけて使われている。当然のこととして雇い主であるので丁寧語とともに使われているが、「おまへ」系で待遇する時には「さま・さん」が付加して使われており、「おまへ」単独では使えない。第6章では、明治前期にも雇い主に対して「あなた」42％、「おまへさま」9％が使われている。『太陽』でも、

> お直『旦那様……』
> 新人『何だ』
> お直『貴郎（あなた）は甲林さんにも乙澤さんにもお暇をお遣んなさるので御座いますか』（田口掬汀『喜劇嘘の世界』明治42年（1909）12号）

のように、役割名「旦那様」と「あなた」がともに使われている。

阿兼は『オー千吉や御苦勞であツたなう……それで私（わたし）の手紙は誰が取次ましたネ』『ヘイ勝田様の御臺所の方に廻つて貴孃（あなた）の御手紙を女中に渡しましたら、暫くすると奥様とやら云た老婦が自分で出て來て眼を眞赤にして泣ながら、阿兼はどうして居やるかと種々な事を私（わつち）に尋ねてネ、夫から彼邸の若旦那でせう、中村様と云つた若い人が一所に居て、何だか貴孃（おまいさん）の噂をして可愛想だ氣の毒だと云續けでエした（櫻痴居士『夜の鶴（下）』明治28年（1895）9号）

のように、丁稚千吉は主人阿兼にたいして、「あなた」と「おまいさん」で待遇している。

2.1.6 使用人を

全用例128例中、「おまへ」が110例（85.9％）と主なる対称詞だが、「きみ」が11例（8.6％）知識階級で使われている。現在では女の話し手は例え聞き手が目下の使用人であっても丁寧な物言いを期待され「おまへ」で待遇することはないが、『太陽』では次のように役割関係の上下関係を重視して官吏の令嬢が男の話し手同様に「おまへ」で待遇している。

『ちょいと敬様（ちやん）、お前（まへ）大變早いぢやないか。躰は甚麼（どんな）の？　昨晩一晩氣になつて睡られなかつたから、今朝お見舞に生來たの。』

『まあ、お嬢様！』（小栗風葉『一腹一生』明治34年（1901）9号）

2.1.7 客を

客に対して商人がどういう対称詞を使うかを調査した。主に「あなた（さま）」や「あなた」が77.2％、次のように使われている。

亮太　なアお神（かみ）。

女房　左様とも、あなた些ともかまいませんで御ざいますよ、お禮なんて其様かたツくるしい事はお鑛山ぢやア禁物です。（佐野天声『銅山王』明治42年（1909）2号）

現在では、客に対しては二人称代名詞を使って待遇することはできず、対称詞を省略するか「お客さま」のように役割名を使うのが一般的である。

2.1.8 友人を

全用例313例中、男は圧倒的に309例（93.7％）「きみ」を使っているが、話し手はほとんどが知識階級である。『太陽』が出版された明治後期から大正期にかけては、ゲゼルシャフト的な友人関係は知識階級にのみ存在が可能で、一般庶民は血縁や地域のゲマインシャフト的な共同社会に住んでいるため、血縁、地縁に基づいた交友関係が主で、特に友人と分類すべき人間関係が存在しないためこのような分類になったと思われる。官吏である宮川とその友人二人の間の会話だが、「きみ」や「きくん」が次のように使われている。

> 途中にての雑話『どうだ宮川君、君（きみ）に勧められて衛門の退出から此大磯へ來は來たが、勝田氏の別荘に一宿は迷惑するぜ『さうともさうとも今日の土曜から明日の日曜に掛て何か面白い樂でも仕様と云ふ所を、宮川君の御附合で男子ばかりで、空しく大磯に日を送るのは頗る以て難儀いたすぜ『ナニ決して貴君（きくん）たちに難儀も迷惑もさせる事は無いよ、一寸勝田を音信さへすりやア直に招仙閣に引下ツて何なりと君（きみ）たちの御望次第の樂を催す積りさ、（櫻痴居士『夜の鶴（上）』明治28年（1895）8号）

女の話し手は「あなた」7例（53.8％）、「おまへ」3例（23.1％）、名前3例（23.1％）が使われている。

2.1.9 知人を

全用例407例中、「あなた」が256例（62.9％）男女とも最も多く使われている。丁寧語とともに224例、丁寧語なしに32例使われている。「おまへ」は常に丁寧語なしで53例（13.0％）、「おまへさん」が男女とも31例（7.6％）、「きみ」が男の話し手に37例（9.1％）使われている。明治42年（1909）までは、庶民階級の男女によって「おまへ（さん）」が使われているが、それ以降は「あな

た」が取って代わっている。

2.1.10 恋人を

　知識階級が「あなた」を、庶民階級が「おまへ」を使うというように、階級による差がはっきりと表れている。「きみ」は男の知識階級の話し手によって使われている。

2.1.11 初対面の人を

　表5のように「おまへさん」がほぼ丁寧語を伴い明治42年（1909）以前は12例使われているが、庶民階級の話し手によるものである。明治42年（1909）以降は「あなた」が男女ともほぼ49例丁寧語とともに使われていて、一般的な対称詞が「おまへさん」から「あなた」に変化していったと考えられる。また、「きみ」が知識階級に属する男の話し手によってのみ使われている。

表5　初対面の人を（年代別）　　　　　　　　（　）は％

	明治28年 (1895)	明治34年 (1901)	明治42年 (1909)	大正6年 (1917)	大正14年 (1925)
おまへさん	1(10.0)	6(31.6)	4(25.0)	0	1(2.3)
あなた	2(20.0)	4(21.1)	12(75.0)	14(100.0)	18(40.9)
きみ	7(70.0)	9(47.4)	0	0	25(56.8)
計	10	19	16	14	44

2.2　語の機能から見た対称詞

＊あなた（さま）

表6　あなた（丁寧語の有無）　　　　　　　　（　）は％

	明治28年 (1895)	明治34年 (1901)	明治42年 (1909)	大正6年 (1917)	大正14年 (1925)
あり	57(98.3)	53(96.4)	163(93.1)	81(83.5)	43(55.8)
なし	1(1.7)	2(3.6)	12(6.9)	16(16.5)	34(44.2)

「あんた」も含めて考えることにする。丁寧語を伴って用いられるかを年代毎に見たのが表6である。年代が下がるごとに丁寧語を伴わない例が多くなり、「あなた」の待遇価が年々低下していく様子が見られる。「あなた」と共起して使われる自称詞は「わたし」が代表的で、次いで「わたくし」、男の話し手によって「ぼく」、女の話し手によって「あたし」が使われている。明治34年（1901）までは「あなた」に共起する自称詞は「わたくし」と「わたし」だったが、明治42年（1909）以降待遇価の低下に伴って「ぼく」も「あたし」も使われるようになる。明治42年（1909）ぐらいまでは商人が客に対しても、また、使用人が雇い主に対しても使われている。しかし、知人、初対面の者のように、少し配慮を示すべき聞き手が主なる対象としてあげられる。女の話し手にとっての「あなた」がどのように使われていたかを示す好例がある。金貸しを営む女お高は親しくなった男小池に対し、

　　小池が来てから十日餘りすると、お竹は遂に暇を出されたそして代りに来た女中の仲といふのに、お高は命じて小池を單に旦那様と呼ばせ――お竹の時には旦那様の上に小池の姓を冠して呼んで居たのだが――自分にも小池さんとは言はなくなツて、<u>貴郎（あなた）貴郎（あなた）</u>と呼び出した。隨ツて小池の物言ひも全く一變して、兩個はいつも長火鉢の向ふと此方に差向ひに坐ツて、誰の目にも夫婦としか見えない。（柴田流星『實印と預金帳』明治42年（1909）14号）

このように、女の話し手が異性に対して「あなた」を使う場合には親しい聞き手である場合限られる。明治42年（1909）ぐらいから以降、丁寧語を伴わないで使われることが多くなり、知人や友人など対等の親しい聞き手に対して使われることが多くなり、異性の聞き手に対して使われる場合には、特に大正14年（1925）以降は夫や恋人に使われるようになりつつある。現在の用法、女の話し手はほぼ夫に対してのみ「あなた」を使うようになる過程が見える。

＊きみ

　話し手は男のみであり、それも知識階級を中心に使われている。丁寧語を伴って使われる例が27例（6.2%）であるのに対して、丁寧語を伴わないで使

第 8 章 総合雑誌『太陽』に見る対称詞　143

表7　きみ（話し手と聞き手別）　（　）は%

話し手		聞き手		計
		男	女	
話し手	男	437(94.0)	28(6.0)	465
	女	0	0	0

われる例が409例（93.8%）である。これを見てもわかるように、339例（77.8%）が友人や知人のように対等の聞き手に対して、使用人や部下のように下位の聞き手に対して32例（7.3%）使われている。初対面の聞き手に対しては、聞き手の上下を問わず41例（9.4%）使われている。聞き手の性別も大きく関与し、表7のように圧倒的に男の聞き手に対して使われている。明治18年（1885）から19年（1886）にかけて刊行された『当世書生気質』を調査した飛田（1992a）によると、書生が書生に対して使っており、聞き手が書生でないと他の対称詞を使用していると示している。女が聞き手の場合には、恋人や妻のように親しい聞き手、客が女給に対してのように目下の聞き手に対して使っている。「きみ」と共起する自称詞は圧倒的に「ぼく」が多く、政治家によって「わがはい」、老人によって「わし」が使われている。小松（1998）では、江戸末期には「武士や教育ある人々の間に対等関係で用いられて」（p.679）おり、それが明治前期にかけ書生を中心に継承され、明治後期には「知識層や、書生さらに年少の男の子へと広がって」（p.683）いったと示している。

＊おまへさん

表8　おまへさん（丁寧語の有無）　（　）は%

	明治28年(1895)	明治34年(1901)	明治42年(1909)	大正6年(1917)	大正14年(1925)
あり	11(73.3)	27(30.3)	10(29.4)	1(14.3)	0
なし	4(26.7)	62(69.7)	24(70.6)	6(85.7)	1(100.0)

「おまいさん」、「おめヱさん」、「おまへさま」という語形も含めて分析することにする。話し手は一般的な庶民である例が多い。表8を見るとかつては丁

寧語とともに用いられていたが、待遇価が低下し丁寧語なしに使われるようになり、次には使われなくなっていく様子が見てとれる。明治28年（1895）には恩義を受ける相手や雇い主に対してのように目上にも使われていたが、明治34年（1901）には夫や親族の目下に対して主に使われるようになり、時代とともに待遇価が下がっていった。第5章では、明治前期では主に丁寧語と共に用いられていたが、小島（1998a）では、19世紀後半の東京語では「「あなた」を新時代にふさわしい語、「お前さん」を旧弊な社会・階層になじむ語として捉える動向が看守される」（p.227）と示している。「おまへさん」と共起する自称詞は、明治34年（1901）までは「わたし」や「わつち」であったが、明治42年（1909）以降「あたし」や「わし」とも併用して使われるようになっている。

＊おまへ

「おめへ」という語形も含めて分析することにする。ほとんど丁寧語を伴わないで用いられており、聞き手も親族の目下231例（43.4％）、使用人110例（19.0％）、妻88例（15.2％）、知人53例（9.2％）、夫28例（4.8％）、恋人18例（3.1％）等目下や対等の者が多い。階層による差があり、対等の聞き手である知人や友人に対しても「おまへ」が用いられているが、庶民階級の話し手の場合がほとんどで、知識階級の話し手は、聞き手が明らかに目下の場合は「おまへ」を使うが、対等の場合は「あなた」を使っている。また、性別による差もあり、女の話し手は、親族の目下や使用人のように明かな目下や、夫や恋人のように親しい聞き手にのみ使っている。年代的な変化をみると、本書第5章で、明治前期においては親族の上位者に対しても「おまへ」が使われており、さらに、第6章では、東京下町では男女とも対等の聞き手に対しても使われていたことを示した。『太陽』では、明治28年（1895）には夫に対して庶民の妻は「おまへ」を使っているが、時代が下がるにつれ使われなくなり、「あなた」に取って代わっている。現在では「おまへ」はほぼ男言葉になっている。太平洋戦争が開始した昭和16年（1941）に文部省は『礼法要項』を発表し、「目下の者には、男ならば「キミ」、女ならば「あなた」、「おまへさん」などを用ひた方が、やさしみがある」とあり、「おまへ」そのものの待遇価も時代とともに

低下しており、昭和16年（1941）頃には「おまへ」は卑罵語のようになっていたと想像される。

＊てめへ

「てめヱ」や「てめえ」と表記される例もあるが、発音は同一であると思われる。全34例丁寧語なしに使われており、ほぼ全用例男の話し手によるものである。聞き手は、親族の目下、恩義を与える者等下位待遇であることに間違いはない。明治前期では、第5章で、「くつろいだ場面での目下に対する対称詞である。……また、相手に怒ったりした時にも用いられ、卑罵語としても使われている」（p.88）と書いたが、明治後期には卑罵語専用になっていると思われる。妻に対して怒った場合に使われ、その待遇価を表す良い例が見つかる。

　　長五郎は早や七八分の酔心地らしい。
　『お瀧、お前（まへ）は今夜は何故喫まねえんだ。心持でも悪いのか。』
　『いえ、左様ぢやないけどもね……。』と、お瀧は眉頭に八の字を見せながら、『何だか今夜は、何と云ふ事は無いんだけども……。』
　『喫めねえてんだな。』と、長五郎は屹底お瀧を見て、『喫めなきや、喫まねえでも可いんだ。何も手前（てめへ）に謝つて喫んで貰ふほどの事も無え。』（廣津柳浪『櫨紅葉』明治34年（1901））

最初は「おまへ」で待遇するが、怒りを表して「てめへ」に対称詞を変化させている。

＊きさま

45例常に丁寧語を伴わないで使われている。対応する自称詞は「おれ」で、1例を除いて、男の話し手による対称詞である。第5章では、明治前期においては「親しみを込めた聞き手に対する対称詞である」（p.86）と、第7章では、明治後期・大正期には「待遇価が下落して卑罵語になっている」（p.125）と示した。『太陽』においては、昭和28年（1895）には官吏が恩恵を与えている庶民に対して使っているが呼称詞として相手の姓を呼び捨てにしており下位待遇であることは確かだが、明治34年（1901）以降は怒った場合に使われており卑罵語になっている。

*きくん・きこう

「貴公」、「貴君」という二人称代名詞が知識階級の男の話し手によって8例男の聞き手に対して書簡文では明治34年（1901）にも使われているが、話し言葉では明治28年（1895）のみ使われている。本来は武家言葉で、かしこまった場面で使われており、時代とともに使われなくなったと想像できる。

*親族名

親族名の使い方には、実際の親族の目上を「おとうさん」のように対称詞として待遇する言い方と、実際には親族関係はないのに親しみをこめて若い男を「にいさん」のように虚構的に使う言い方がある。『太陽』においても、知人や同僚を「ねえさん」や「おぢいさん」のように丁寧語を伴わないで親しみをこめて使う用法が見られる。また、夫を妻が「とうさん」というような子どもを中心にした家族内の用法もみられる。語形として、明治42年（1909）ぐらいまでは「おとつさん」や「おつかさん」が使われている。例えば、大工の女房が母親に対して、

> 阿母（おつか）さん、何卒安心してお呉れよ。なにね、私（わたし）だつて多少考があるからね、阿母さんに心配させる様な事はしないから、何卒安心して居て下さい。え、阿母さん、本當に心配してお呉れで無くツても可いんだよ。（広津柳浪『櫨紅葉』明治34年（1901）1号）

のように「おつかさん」を使っているが、生糸輸出商の娘、はな子は母親に、

> はな子。兄（にい）さんだつて腹こそちがへ、やつぱりお父（とう）さんの子ぢやありませんか。お母（かあ）さんやあたしに此處が大切なやうに、兄さんにとつても、此處はやつぱしお父さんのお亡なりになつた時のたつた一つの記念ぢやありませんか。（長田秀雄『生きんとすれば』大正6年（1917）1号）

のように、次第に「（お）とうさん」や「（お）かあさん」に変わってくる。

現代共通語においては実際の親族の目上に対しては、親族名で待遇するのが一般的である。『太陽』では、親族名と二人称代名詞がともに使われ、親族名で待遇する場合には、親族としての親近感を表している。性別も関係し、女の

話し手は親しみをこめて親族名を使っている。第7章では、明治後期・大正期には「親族の目上に対しては親族名……を使うという現在の共通語の上下対称詞の体系はまだ十分定着していない。つまり、親族関係の上位の者に対して、多くの場合親族名が使われるが、「あなた」も同様に使われている」(p.128)と結論づけた。『太陽』においても同様である。

＊役割名

雇い主に対して「おやかた」1例、「おかみさん」11例、「旦那（さま）」3例等、教師や医師に対して「先生」7例、また、初対面の人に対しても現在同様、「おくさま」1例、「だんなさま」1例、「坊ちゃん」1例が使われている。現在のように親族関係のない目上に対しては、「先生」、「おくさま」、「お客さま」等のように役割名でしか待遇できないという体系ではなく、『太陽』においては、「あなた」が雇い主、客、恩義を受ける人に対しても一般的に使われている。

3　結論

3.1

知識階級の者から新しい対称詞が導入され、庶民階級に残されていた古い対称詞を駆逐し、結果として、身分による言語の差異の平均化が起こった。

「あなた」は明治後期には丁寧語を伴って、知識階級によって公式的に父母などの親族上の上位の者、雇い主や客などの役割関係の上位の者に使われていたが、次第に知人のように対等の聞き手に対しても使用域を拡げて使われるようになった。国定教科書でも「あなた」の使用を奨励していることが使用域を広げる背景にあったことがその理由として推測される。しかし、使用域を広げすぎたためか次第に待遇価を下げていった。一方、庶民階級の間では明治後期には「あなた」と同じような場面で一般に使われていた対称詞が「おまへ（さん）」であった。「あなた」が「おまへ（さん）」が使われていた領域に次第に使用域を広げていった。「あなた」の拡大に伴って、「おまへ（さん）」は待遇価を落とし、下位の聞き手に対して使う語になっていった。「おまへ」は待遇

価を落としたにもかかわらず、尊敬の接辞「さん」を付加した「おまへさん」はその矛盾からと思われるが、大正期になると使われなくなった。「おまへ」も卑罵語としてのみ存在するようになった。このように、江戸語で存在していた身分階級に根ざした言語の差異が平均化されていった。

3.2

性別による対称詞の使い分けが起こった。

現在においては、女の話し手は聞き手が下位の者であろうとも「おまへ」を使うことができず、「おまへ」は男専用語になっている。しかし、『太陽』では、明治後期には親族関係や役割関係の下位の聞き手に対しては、下位待遇が「おまへ」で男女とも同等に行われていた。「おまへ」を女の話し手が使わないようになる理由は、女の話し手は乱暴に聞き手を下位待遇することが社会的に不適切とする価値観が一般化したためと考えられる。また、女の話し手にとって、夫を含む対等から上位の聞き手に対する対称詞として使われていた「おまへ（さん）」が「あなた」に取って代わり、その「あなた」も異性の聞き手に対しては夫専用になって残っている。

また、「きみ」が男言葉として知識階級を中心に自称詞「ぼく」と共起して使われるようになった。知識階級の男が対等の知識階級の男に対して使われていた。さらに、『師範學校・中學校作法教授要項』（明治44年、1911）では、「同輩については「君」と称するも差支なし」とあるように、国定教科書でも奨励され、広がっていったものと思われる。

現在でも方言世界では性別による差がない地域が多く、第6章によると東京でも下町では明治前期には現在のような性による言語の使い分けが行われていない。その意味では、明治後期から大正期にかけて性による対称詞の使い分けが進行していったと思われる。中村（2007）は、明治政府の元で標準語としての国語教育の中で女ことばがつくられていった歴史を述べているが、『太陽』にもその様子が見てとれる。

3.3

　役割関係の、親族関係の上位の者を役割名や親族名で待遇すべきという現在の上下対称詞の体系は『太陽』においてもまだ十分に定着していない。

　現在の体系への移行の理由として二つの可能性が考えられる。二人称代名詞の中で最高の敬意を表す「あなた」の待遇価の低下によって二人称代名詞が目上に使えなくなったので、代りに役割名や親族名が使われるようになったという可能性と、本来、役割関係の、親族関係の上位の者を役割名や親族名で待遇すべきという体系があって、それが人称代名詞で上位の者も待遇できるという体系を駆逐したという二つの可能性が考えられる。前者のように「あなた」の待遇価が低下したために二人称代名詞が上位の者に使えなくなったと考えるのなら、「あなた」に取って代わるべき新しい二人称代名詞が開発されてしかるべきであったと思われる。「お宅」が使われだしたが、大きくは広まらなかった。むしろ、後者の考えの方が妥当であると思われる。第3章や第4章では、江戸時代の武家の間でも、普段の言葉とかしこまった場合に使う言葉が共存していたが、その公式の場合の言葉として上位の聞き手に対しては人称代名詞で待遇できないという上下対称詞の体系が存在していた。そして、その体系を標準語の規範として国定国語教科書で採用したと考えている。そして、国定教科書によって規範として全国に学校教育を通じて広まった体系を現在われわれが共通語の体系として使っていると考えた。役割関係や親族関係の上位の者に対して、『中等學校作法教授要項』(昭和8、1933) では、

　　対称は通常「貴方」と称すべし。同輩に対して「君」と称するも差支なし。
　　例へば教師に対して「あなた」などといつては却つて聞苦しいものである。
　　この様に特定の人に対しては、先生、お父様、お母様、お祖父様、お祖母様、小母様、誰々様、などといふ

とあり、役割関係や親族関係の上位の者には役割名や親族名を使うように指導している。昭和期に入ってからの移行と考えられる。その時期や過程についてはさらに研究すべき課題であると思われる。

　また、このような重要な問題が等閑にされてきた理由として、人称代名詞の

待遇価による段階分けに研究の焦点が置かれ、対称詞という待遇表現の観点からの研究がなされてこなかったことがあげられる。

第9章　国定国語教科書の対称詞

1　資料

　明治政府にとって国家統一の事業の一つとして、国民全てが意思疎通を図ることができる共通の言語を制定する必要があり、さらに、制定された共通の言語を国民全てに教育する必要があった。その結果、義務教育の必要性を考慮し、明治5年（1872）に学制を発布し、学校体系を発足させた。教材として、検定教科書が多数出版された。さらに、当時の文部大臣森有礼は明治19年（1886）小学校令を発布し、教科書も国定制に改められた。第1期の国定国語教科書が明治36年（1903）に発行され、さらに明治43年（1910）に第2期、大正7年（1918）に第3期、昭和8年（1933）に第4期、昭和16年（1941）に第5期、昭和22年（1947）に第6期と社会の変化に応じて改訂を加えていった。国定国語教科書で使われる言語を標準語として制定しようとした趣旨は当然のこととして、そこで使われている言語については、第1期の『編纂趣意書』には、

　　文章ハ口語ヲ多クシ、用語ハ主トシテ東京ノ中流社会ニ行ハルルモノヲ取リ、カクテ國語ノ標準ヲ知ラシメ、其統一ヲ図ルヲ務ムルト共ニ、出来得ル丈児童ノ日常使用スル言語ノ中ヨリ用語ヲ取リテ、談話及綴リ方ノ応用ニ適セシメタリ。

とあるように、東京の中流の言葉を標準語として採用したと記しているが、第2期の『編纂趣意書』には、

　　然レドモ我ガ口語ハ未だ確乎タル基準ヲ得ズ、社会ノ階級尊卑等ニ於テ、又ハ児童ノ男女間ニ於テモ特殊ノ言語アルヲ以テ、學校用讀本トシテハ純然タル自然的言語ヲ写スコト能ハザル憾歟シトセズ。教授者ハ讀本以外ニ於テ務メテ児童ノ言語ヲ練習セシムル工夫ヲ積マンコトヲ要ス。

とあるように、社会階層による口語の差異が激しく、実際に使用されている口

語を規範として採用することができず、国定教科書に採用した標準語は人工的に作り出した言語であると表している。

2　資料の分析

このように、標準語として日本全国に広めていこうという趣旨で作り出された国定教科書で使われる対称詞はどのようなものであったのであろうか。待遇表現としての対称詞は話し手と聞き手との間の人間関係によって規定されるもので、当時の日本社会での人間関係の規範どのように考えていたかを当然のこととして反映していると思われる。

国定国語教科書に対称詞として使われている語は、大別すると「あなた・きみ・おまへ」等の二人称代名詞、「はなこさん・はるおくん」等の「名＋さん・くん」、「おとうさん・おかあさん」等の親族名、「閣下・殿下」等の敬称、「先生・旦那様」等の役割名が使われている。役割とは固定した組織の中での上下関係、たとえば、雇用関係等の上下関係を指し、役割名とは役割に応じた対称詞、例えば、使用人から雇い主には「旦那様」、学生から教師には「先生」というような対称詞を指す。ここでは、口語文のみを対象に扱うことにする。第6期では現代仮名遣いが使われているが、それ以前の歴史的仮名遣いで代表させて用語を示すことにする。口語文でも歴史物では当代の用法と異なる対称詞が使用されており除外した。その結果、合計延べ685例使われている。対称詞を下線で示す。

＊あなた（がた・たち）

江戸末期、外交官、宣教師、商人、教師として数多くの英米人が来日し、ブラウン（Brown, S. R.）やサトウ（Satow, E. M.）やヘボン（Hepburn, J. C.）などは日本語を学習するために文法書、会話書、辞書を編集した。飛田（1992b）によると、彼らは学ぶべき規範言語として武士階級の、それも上士の使っている日本語を考えていた。そして、会話書には「あなた」を使う例文が多く載せられている。しかし、本書第3章や第4章で示した通り、江戸期の武家社会では「あなた」の待遇価は高く同位や上位の聞き手に対しても使うこ

とができたが、あくまでも私的な場でのみ使うことのできる対称詞で、公的な場合には上下対称詞が使われていた。また、小島（1998a）では、「十九世紀後半の東京語敬語体系では、「あなた」を文明開化の新時代にふさわしい語、「お前さん」を旧弊な社会・階層になじむ語として捉える動向が看視される」（p.231）とあり、明治前期においても「あなた」は規範として捕らえられており、国定国語教科書でも、「あなた」をもっとも一般的な対称詞として推奨している。『師範學校・中學校作法教授要項』（明治44、1911）や『中等學校作法教授要項』（昭和8、1933）では、

　　対称は通常「貴方（アナタ）」と称するべし同輩については「君」と称するも差支なし

とあり、一般には「あなた」、同輩には「君」を推奨しているが、『中等學校礼法要項』（昭和16、1941）では、

　　対称は、長上に対しては、身分に応じて相当の敬称を用ひる。

　　同輩に対しては、通常「あなた」を用ひ、男子は「君」を用ひてもよい。
と、「あなた」は同輩に対して用いる対称詞として待遇価が低下していることが理解できる。実際刊行期別に、敬体と常体、どちらと一緒に用いられているかに分けて示したのが表1である。第5期から第6期にかけて「あなた（がた）」の待遇価が低下している。第3期の『尋常小學國語讀本8』では、父兄が教師に対し、

　　「あゝ、<u>あなた</u>が先生でいらつしやいますか。……」
また、教師が父兄に対し、

　　「あなた、此のお子が返事をしないのは、<u>あなた</u>の口が見えないからです。……」

表1　「あなた（がた）」の待遇価の変遷

（　）は%

	第1期	第2期	第3期	第4期	第5期	第6期
常体	0	1(10.0)	0	2(3.4)	5(11.6)	29(37.2)
敬体	12(100.0)	9(90.0)	29(100.0)	57(96.6)	38(88.4)	49(62.8)

と公式的な場でも「あなた」が使われており、待遇価が高かったのが理解できる。息子や娘や弟というような親族の目下には「おまへ」が一般に用いられているが、第6期の『国語第3学年下』では、姉が弟に、

「ごろうさん、あなたは、ねむってしまったら動かなくなるでしょう。……」

のように、「あなた」が使われている。また、第4期の『小學國語讀本巻10』の「開票の日」では、

「あなたのやうに、旅行先から、わざわざ歸つて投票なさる方もあるのですから。」

のように、妻が夫を言及する例が2例あり、2例中2例とも現在でも継続して使われているように「あなた」が使われている。

　親族関係の上位の者を言及している例が63例あり、5例のみが第6期にのみ同一文章中に手紙文として、

おかあさんのことを思っております。夜をどうしてすごしておいででしょうか、お知らせください。もうじきお目にかかれます。あなたを思うすべての心をかたむけて、さようなら。

のように、「あなた」が「おかあさん」と併用して用いられている。フランス人の文学者シャルル・ルイ・フィリップの手紙の翻訳として扱っており、外国語の用法として例外的に使っているのであろうか。それとも、基本的人権の平等を表に出した戦後民主主義の時代を反映する形で「あなた」を教科書に採用したものであろうか。また、第4期の『小學國語讀本巻5』の「船の上とたゝみの上」で、

客がふしぎがると、水夫は、

「あなたのお父さんは、どこでおなくなりになりましたか。」

と尋ねました。

のように、8例客に対して、「あなた」を使っている例が見つけ出される。しかし、全用例213例の中で、聞き手との関係では、主に初対面の知らない人に95例、知人に45例、友人に13例等同位の者に対してや、役人から庶民に対して

10例、医師や看護婦から患者に対して6例、客から商人に対して4例等親しくない上位の者に対して使われているなど、同位や下位の者に対して使うのが一般的である。明治前期においては、「あなた」は上位の者に対して使われるのが一般的な用法であったが、国定教科書では、親族の上位の者には親族名、役割関係の上位の者には役割名が使われており、現在の対称詞の体系を規範として示している。

＊きみ（たち・ら）

第5章では、「きみ」は明治前期においては、書生や巡査は士族出身のものが多く、「書生、士族、巡査等の男の話者によって、同じく書生や士族の友人というような聞き手に使われて」（pp.86-87）おり、『師範學校・中學校作法教授要項』（明治44、1911）や『中等學校作法教授要項』（昭和8、1933）では、

　　　　同輩については「君」と称するも差支なし

『中等學校礼法要項』（昭和16、1941）では、

　　　同輩に対しては、通常「あなた」を用ひ、男子は「君」を用ひてもよい

とあるように、明治前期の士族の用法を受け継いだと思われる。全例123例中、動植物で性別が分からない例を除いて、全てが男から男への使用例である。聞き手は友人に54例、知人37例、知らない初対面の人に21例がほとんどであり、対等の同輩に用いている。医師から患者に4例、先生から学生に2例、叔父から甥に2例等下位の者にも使われている。

第5期の『初等科國語3』では、国旗掲揚台のそばで、勇と正男と春枝という3人の学童が旗竿の長さについて話している場面で、

　　　勇「春枝さんは、どのくらゐ……」

そこへ、花子が来て、

　　　春枝「花子さんは、どのくらゐと思ひますか……」

他の場面でも、

　　　勇「正男くん、わかつたつて、ほんたうにわかつたのか。」

　　　勇「きみのかげを計るんぢやないよ。」

のように、学童の間では男は男に「名＋くん」や「きみ」で、男から女や女か

ら女へは「名+さん」が使われている。つまり、「きみ」は男から男へのみ使われている。教員も同様である。また、第6期の『国語第6学年下』では、初対面で自分の論文を出版するように依頼に来た若い日本人留学生に対し有名な老年の博士は、

> 「きょうはきみがまだ生まれていないころの日本の話をさせてもらおう。……そんなわけで、私と日本とはふかい関係があるのだが、今日は、はるばるたずねてみえたあなたへのごちそうに、日本留学生第一号とでもいおうか、私がはじめて会った日本人について話をしてあげよう。……」

のように、「あなた」と「きみ」の待遇価が近く併用されている場面が見つけ出される。

*おまへ(たち)

国定国語教科書では、「おまへ」について、『中等學校作法教授要項』(昭和8、1933)では、

> 目下のものに対しては、「オマヘ」などいふこともあるが、之はよく注意しないと聞苦しくなる

と、使わないように指導している。しかし、全用例685例中150例も使われている。実際刊行期別に、敬体と常体、どちらと一緒に用いられているかに分けて示したのが表2である。第1期から第3期においては、敬体で用いられる例も多数あるが、待遇価が低下しているのが分かる。聞き手は、第1期の『尋常小學國語讀本3』で兄たろーが妹おつるに、

> 「おまへ は あの 字 を しってゐます か。」

のように、親族関係の下位の者に99例や、また、第1期の『高等小學國語讀本1』で、大尉が部下の水兵に、

表2 「おまへ(たち)」の待遇価の変遷　　　　　　　　　　( )は%

	第1期	第2期	第3期	第4期	第5期	第6期
常体	13(59.1)	4(80.0)	28(76.3)	14(100.0)	39(100.0)	29(87.9)
敬体	9(40.9)	1(20.0)	9(23.7)	0	0	4(12.1)

「おまへは、なぜ、泣くのだ。命がをしくなったのか。妻子がこひしくなったのか。おまへも日本男子ではないか。そんな、めめしいことで、どうなるものか。」

のように、部下や使用人などの役割関係の下位の者に35例、人間から動植物などに対して23例など、明らかに下位の聞き手に対して使われている。

＊おまへさん（たち・がた）

　第6期においてのみ「おまへさん（たち・がた）」が使われている。童話の中でのみ使われていて、「みにくいあひるの子」では、かもがあひるに、

「おまえさん、おまえさんはずいぶんみにくいね。」

のように、同位の者に対して使われている。また、

まずしいこじきのようなものが家のまえにいるのをみて、

「おまえさんはだれですか。」

とたずねました。

のように、初対面でも気を使わないでよい同位もしくは同位以下の者に対して17例使われている。

＊親族名

　「おとうさん・おかあさん・をぢさん・ねえさん」等の親族名が使われる例が63例あり、その内58例（92.1％）が実際の親族関係の上位の者であり、5例が親族ではないが年上の人に対して、例えば、友達の父親に対して「をぢさん」と呼ぶ虚構的用法である。第5章において、明治前期東京語では親族関係の上位の者に対しても「おまへ・あなた・おまへさん・おめえ」等の二人称代名詞が61％も使われているが、国定教科書では、親族関係の上位の者を言及している例が63例あり、前にも述べた通り、5例のみが第6期にのみ同一文章中に手紙文として、「あなた」が使われている以外、親族名を使っている。『中等學校作法教授要項』（昭和8、1933）では、

この様に特定の人に対しては、先生、お父様、お母様、お祖父様、お祖母様、小母様、誰々様、などといふ

とあり、親族関係の上位の者には親族名を使うように指導している。実際には、

第1期の『尋常小學國語讀本4』で、娘は母親に、

　「はい。さう、書きます から、おかあさん の 手紙 の 中 に 入れて、出してください。」

のように、「お父様・お母様」のように「様」でなく、「おとうさん・おかあさん」のように「さん」が使われている。また、「おにいさん」や「おねえさん」でなく「にいさん」や「ねえさん」が使われている。第3期の『尋常小學國語讀本巻5』では、

　おとうさんにうかゞひますと、叔母さんの町に大水が出たそうです。皆様におけがもございませんでしたか、お見舞を申上げます。
　　　九月七日　　　　　　　　　　　竹子
　叔母上様

のように、対称詞としては「叔母さん」を使っているが、手紙の宛名書きでは、「叔母上様」を使っている。

　「おとうさん・おかあさん」という語については、江戸庶民語では「おとつさん・おつかさん」が使われており、京阪語として使われていた「おとうさん・おかあさん」を第1期の国定教科書が採用し、それが今日のように一般的な用法として広まったことが知られている。規範として親族関係の上位の者に対しては対称詞として親族名を使うという語法は第1期から安定して教科書で採用され現在のように一般化したと思われる。

＊敬称

　『師範學校・中學校作法教授要項』（明治44、1911）や『中等學校作法教授要項』（昭和8、1933）では、

　官公職・爵・學位等は他称若しくは対称の場合に於ては其の人の姓に此等の名を称して差支なし。
　新任官其の他の高貴の人に対する対称には通常其の官職名・爵名等に「閣下」を附称するものとす但し陸軍部内においては、将官以上に「閣下」、佐官以下には「殿」を附称するを例とす。

とあり、第5期の『初等科國語6』の「水師營」では、

乃木将軍が、
「祖國のために戦つては來たが、今開城に當つて閣下と會見することは、喜びにたへません。」
とあいさつすると、ステッセル将軍は、
「私も、十一箇月の間旅順を守りましたが、つひに開城することになり、ここに閣下と親しくおあひするのは、まことに喜ばしい次第です。」
のように、互いに「閣下」で言及している。このように、「閣下」11例、「殿下」が1例使われている。

＊役割名
『中等學校作法教授要項』（昭和8、1933）では、
例へば教師に対して「あなた」などいつては却つて聞苦しいものである。この様に特定の人に対しては、先生、……などといふ
とあり、第4期の『小學國語讀本第11』の「電話の発明」では、
「ワトソン君、すぐ來てくれ給へ、用事があるから。」
のように助手であるワトソンを「ワトソン君」と呼ぶアレキサンダー＝グラハム＝ベルに対して、ワトソンは、
「聞こえました、聞こえました。先生の言葉が、一々はつきり聞こえました。」
と2例「先生」で答えている。第5章では、明治前期においては、雇い主を「あなた」で言及する例が42％、教師にも「あなた」で言及する例があり、現在の役割の上の者に対して、役割名でしか言及できないというような対称詞の体系、例えば、生徒から先生に対しては「先生」、現在会社内では、役職名で「社長・部長」というような対称詞の体系は国定教科書で採用されて一般化したことが理解できる。国定教科書では役割関係の上位の者に話しかける用例が6例しかなく、「将軍・だんなさま」が各1例使われている。

また、第5期の『よみかた4』で、乗合自動車で席を譲ってもらった老婆は知らない男の子に、
「ありがとう。ぼっちゃんは、どこまで。」

と言っている例が1例ある。現在でも、知らない子供に対して、「ぼっちゃん」や「お嬢ちゃん」と使っている。

*名

「五郎」や「五郎くん」や「五郎さん」や「五郎ちゃん」のように名の呼び捨てや名に「くん・さん・ちゃん」をつけて言及する用法が全53例ある。

名の呼び捨ては第4期の『小學國語讀本6巻』の7で、

「道子は、ほんたうに山羊が好きだね。」

と父親が娘に言及する例や、16で、

「春雄は元氣だからね。」

と母親が息子に言及する例など7例あり、いずれも親が子どもに対して使う例である。

第6期の『国語第3学年下』の7で、

「なんだい、ごろうくんは。きゅうにそんなことをきいたりして。」

と男の先生と想定される話し手から「名＋くん」が1例のみ使われている。同じ章で、

「そうね。はるえさんのいうとおりね。雪だるまはお話はしないけれども、はるえさんが、なにかお話をしてあげたらどうなの。」

と中学生の姉は妹に「名＋さん」で言及している。

戦後昭和27年（1952）に国語審議会が文部大臣に建議した『これからの敬語』では、

「くん（君）」は男子学生の用いる用語である。それに準じて若い人に対して用いられることもあるが、社会人としての対話には、原則として「さん」を用いる。

とあり、「きみ」のところで示したとおり、「名＋くん」も同様男が男に対してのみ使う言葉であり、「名＋さん」が男女両性の話し手から男女両性の聞き手に対して用いられており、もっとも一般的な用法であると思われる。友人や知人に、また、親族の目下に対しても33例見つかる。

また、「おはなさん」のように、「お＋名＋さん」型が第1期と第2期と第3

期に9例あり、第2期の『尋常小學讀本巻2』では、

　　　「オトヨ　サン　ノ　ハ　ドレ　ニシマセウ。」

のように、女の友人や目下の子に対して使われており、男には同じ章で「タケヲサン」と「お」をつけないで使われている。女の子に対する対称詞である。

　また、幼児である甥に対して「満ぼう」と呼ぶ例がある。

＊姓

　「秋山くん」や「秋山さん」のように姓に「くん・さん」をつけて言及する用法がある。3例しかないが、第1期の『尋常小學讀本7』で、学童時代の友人を成人した後に再会し、

　　　「君は、秋山君ではないか。」

のように使われている。小林（1998）によると、平成の東京の高校内では、男性教師から生徒へは性別に関係なく「姓の呼び捨て」が約半分、次いで男子には「姓＋くん」女子には「姓＋さん」、一方女性教師は「姓の呼び捨て」も多いが、それよりも男子生徒には「姓＋くん」女子には「姓＋さん」が多い。生徒同士の場合にも、異性間を問わず呼ばれる側が男子の場合は「くん」、女子の場合は「さん」や「ちゃん」が用いられ、さらに「姓の呼び捨て」や愛称等の多彩な呼び方をしている。また、「若い女性が同年輩の男性をクンで呼ぶのをどう思いますか」という質問に対して若者がどう思っているかについてアンケート調査を行った永田（1988）では、男女とも「「クン」を使ってもかまわない」を平均67.8％支持している。国定教科書で示されている規範は「くん」はあくまでも男から男に対する用法のみであり、聞き手が男の場合に両性から「くん」と言及される現在の用法に移行してきたことが分かるが、この用法の移行は戦後起ってきたと考えられている。

＊みなさん・みんな

　「みなさん」が26例、「みんな」が8例使われているが、「みなさん」は常に丁寧語と共に用いられ、第2期の『尋常小學讀本巻7』で、卒業生の船長が在校児童に対して、

　　　「私も子供の時には毎日この學校へ通つて、皆さんと同じ様に、あの運動

場で體操をしたり、この講堂でお話を聞いたりしてゐたのです。……」
のように、演説で11例、第6期の「ヨミカタ2」で、

「みなさんの つかつて ゐる 机も こしかけも、 長い間 はたらいて ゐます。……」

のように、先生が教室で生徒に対して使っている。公式的な用法であり、聞き手は同位の知り合いや下位の者に対しても使われている。それに対して、「みんな」は、第4期の『小學國語讀本巻9』で、

「今日は、これからじやがいもを掘りませう。<u>皆</u>何時ものやうに、こゝで支度をして、學校園へお集まりなさい。」

のように、先生が教室で生徒に対して使っている。すこし、「みなさん」に比べるとくつろいだ用法である。

＊諸君

第3期の『尋常小學國語讀本巻10』で、老年の男の話し手が同郷の若者に演説において、

「郷里の青年<u>諸君</u>がこんなにまじめになつて來たのは、何よりうれしい事です。私どもの若い時分には、かういう仕事になると、あなた方の半分ぐらゐしか働きませんでした。……」

のように8例使っている。

＊数詞

第6期の『国語第4学年上』で、警察署に駆け込んできた市民に対し警官が、

「<u>ふたり</u>のいうことは、よくわかった。」

という例が2例ある。

＊そちら

方向出自の人称代名詞で、第6期の『国語第4学年上』で、

「なにか、<u>そちら</u>にも、いいぶんがあるかね。……」

と市民に対し警官が使っている1例がある。

3 結論

3.1

　上下対称詞の体系が国定教科書で使われている。むしろ、国定教科書で使われている上下対称詞の体系が学校教育を通じて標準語として全国に広まって言ったと考えた方が順当である。

　編纂者が述べている通り、国定教科書で使われている対称詞の体系は第1期の国定教科書が編纂された明治前期に使われていた自然的言語ではなく、人工的に作り出した規範としての言語である。そうすると、国定教科書で使われている対称詞の体系は何をモデルにして作られたのであろうか。人工的言語であるにしても何らかのモデルがあったはずである。それを探るのが次の仕事である。渡辺（1998）によると、穂積陳重の研究によって知られるように実名敬避の規範意識が古くから存在し、「私たち日本人には、下位の者が上位の者を呼称する場合、その名前を敬避し、代わりにその親族名称、ポスト名、職業名などを使って呼称しようとする規範意識が強く存在する」（p.11）と言うように、それが現在まで続いていると考えており、さらに、辻村（1971）によると、諱として日本語の敬語の起源と通じる可能性が論じられている。そうすると、古くから存在してきた対称詞の体系なのであろうか。しかし、方言社会ではこのような体系は確乎たるものとしては存在せず、東京においても明治前期の庶民語ではこのような体系は存在していない。そうすると、支配者階級の体系として脈々と生き続けてきたものであろうか。また、永田（2001）では、第三者に対する相対敬語の発展を調査したが、一般庶民の間では絶対敬語が一貫して使われ続けており、相対敬語は古く平安期の貴族に端を発し、それを武士階級が継承したという経緯で支配者階級の体系として発展してきたが、古くは絶対敬語と相対敬語が階級や場面に応じて共存してきた。ところが明治期に標準語として相対敬語を規範として取り入れ、国定教科書を使っての学校教育や全国ラジオ放送等のマスコミを通じて現在のように共通日本語の規範として一般化したと結論付けた。対称詞も同様な過程で現在の姿になったのであろうか。

3.2

　第1期から第6期まで通じて対称詞の体系を見てきたが、規範としての上下対称詞の体系の基礎は既に第1期で出来上がっており、徐々に確立したものではない。

　戦後昭和27年（1952）に国語審議会が文部大臣に建議した『これからの敬語』では、「これまでの敬語は、主として上下関係に立って発達していたが、これからの敬語は、各人の基本的人格を尊重する相互尊敬の上に立たなければならない」という基本姿勢の現われと思われるが、相手をさすことばとして「「あなた」を基準の形とする」と建議している。しかし、既に昭和に入って「あなた」の待遇価が下落しており、さらに、目上の者に対して二人称代名詞は使うことができないという体系は国定教科書で既に確立しており、戦後民主主義の概念を敬語に適用しようとしたが、現在の様子を比較すると、広めることができなかったというのが事実であろう。

第10章　昭和前期の対称詞

1　はじめに

　昭和は1926年12月25日から始まり、1989年1月7日に終わる実質62年と14日間に亘る時期である。その中で、世界的な金融恐慌の後、日本は中国大陸に軍事侵略し、昭和6年（1931）に起こった満州事変の後、それを非難する国際連盟を脱退し日中戦争へ、最終的には昭和16年（1941）に太平洋戦争に突入し、昭和20年（1945）に終戦を迎える。ここでは終戦までの昭和期を昭和前期と規定し分析することにする。

　それでは、対称詞の体系はどのようであっただろうか。まず、目上・目下という上下関係を重要視していた昭和前期、特に戦時中の対称詞の体系を、軍隊内部と一般社会に分けてみてみることにする。軍隊内部の対称詞の体系を考察することにおいて、当時の上下関係に基づく組織内の公的な対称詞の体系を見ることができるというのが、軍隊を選んだ理由である。田中（1991）によると、

> 日本語の標準化を考えるうえで、明治以来、永く、全国の曽壮丁を集めて、徹底した画一教育を続けてきた、軍隊による、ことばの標準化ないしは画一化も忘れることができない。軍隊ことばは、その性格上、伝達の正確さと効率を重視するとともに、独特な階級構成を反映した階層性をそなえ、さらに、閉鎖社会特有の隠語的要素をもっていた。そのため、一般社会の言語とは、かなり異質な面があり、兵隊ことば、軍隊なまりなどと呼ばれてきた。しかし、軍隊出身者は、除隊後も、在郷軍人会として組織され、その多くは、地域社会の中堅指導者の成員であったため、彼らの国にする軍隊ことばは、郷土のエリートのことばとして迎えられる風潮もあった。特に、ことばのなまりの強い地域では、なまりの矯正された除隊者のことばは、すくなくとも男性の望ましいもの言いと意識される傾向が強かった

(p.66)

とあり、軍隊ことばが全国的に、一般社会の、特に農村青年の共通語化に果たしや役割は大きかった。

また、一般社会においては、家父長を頂点とする大家族制、男尊女卑、上下関係に基づく封建性の元に生きていた時代である。このような社会の対称詞の体系を見てみることにする。

2 軍隊内の対称詞

2.1 資料

資料として軍隊内の様子を描いた次の小説とラジオドラマの台本を用いた。場面によって、私的な会話と公的な会話があるので公的な場面での会話に限定し、また、陸軍と海軍でも異なる対称詞が使われているので、分けて示すことにする。該当の対称詞を下線で示す。

陸軍

　　小林勝『戦塵挿話』『旅順進攻』『前進基地』、野間宏『真空地帯』、山本地榮編輯『マライ戦話』、城山三郎『硫黄島に死す』『草原の敵』、大岡昇平『野火』、大西巨人『神聖喜劇』、上田廣『ほんぶ日記』、大林清『前進基地』

海軍

　　阿川弘之『春の城』『雲の墓標』、城山三郎『マンゴーの林の中で』『一歩の距離』、海野十三『彩雲』、小林勝『六号潜水艇』『佐久間艇長』、山岡壮八『御盾』

2.2 資料の分析

2.2.1 上官を

陸軍については、『軍隊内務書』第3章「敬称及称呼」第11には、

　　下タル者上タル者ニ対シテハ直接トカンセツトヲ問ハズ左ノ敬称ヲ用フベシ。……上長官以下ニハ　　殿

とあり、
　　お前が『あります言葉』で上官に返事したのは、感心だ。いいか。みんな。
　　軍人は、それも特に上官に対しては、『です』などという柔弱な地方言葉
　　を遣わない。すべて『であります』といわねばならん。（神聖喜劇）
のように、明治期に多くの軍人の出身地の方言である長州弁から派生したと言われている「〜であります」という文体を使わせ、上等兵は軍曹に対して、
　　班長殿のお言葉は、たいへん寛大ではありますが、その、そんな我が儘を
　　許しましては、教育上よくないのではありますまいか。（神聖喜劇）
のように「官位＋殿」で待遇している。隊長に対して上等兵は、敬礼をしながら、
　　部隊本部指揮班事務室仲谷上等兵、堀江隊長殿に用事があって参りました。
　　（神聖喜劇）
のように、報告のような公式的な場では自称詞として「名前＋官位」、対称詞として「官位＋殿」が使われていたことが分かる。また、軍隊で過ごした期間も大切で、官位は同じ三年兵でも、
　　橋本三年兵を呼ぶのに橋本はんとは何や？　この橋本とお前とでは、同じ
　　三年兵でも、三年兵がちがうぞ！　お前が初年兵のとき橋本をどうよんで
　　たんや……橋本二年兵殿とちゃんと殿がついてたやろ……（真空地帯）
とある。また、軍隊に先に入って兵長になっている同年齢の同郷の者に対し、新入兵が「あなた」と言ったことについて、
　　あなたとは何だと思った。（草原の敵）
という表現があり、親しくても上下関係を反映した対称詞が使われていたのが分かる。また、
　　やはりそうか。だが、谷村。たとえ相手が地方では友人知人同窓後輩など
　　であったにしても、下級者は、決して上官上級者を呼び捨てにすることは
　　ならんぞ。おい、皆、気を付け。―『一軍人ハ礼儀ヲ正シクスベシ。』だ
　　―休め。『村上少尉殿』とよばねばいけない。（神聖喜劇）
と新兵に上官に対する言葉遣いを教育している。

海軍については、海兵団に入った学徒出身兵は、「〜ます」という文体で敬語は使いながら、

> 分隊長の今話されてをることは、芭蕉の申す軽みといふ心に通じるものであると思ひます。（雲の墓標）

と、「分隊長」と官位で呼び捨てている。海軍にも『下士官心得』があり、

> 公務上他人ヲ呼ブニハ職名ヲ以テシ職名ナキモノニハ姓下ニ官名ヲ附スベシ但シ兵ヲ呼ブニハ姓ヲ以テス

とある。また、自称詞については

> 陸軍式訓練を受けてきた学生たちは、よく"自分"を連発し、ここは海軍だぞ、陸サンの口真似をするな、と修正を食らった。（彩雲）

という記述があり、陸軍では「自分」が、海軍では「私」が使われている。

2.2.2 同位の者を

陸軍では、上等兵は上官の軍曹に対して、

> 班長殿の使役は、酒保のほうで断るじゃろうと思います。では、お願いしました。週番上等兵、帰ります。—神山、お前は、明日の畑原衛兵ぞ。きつかろう。（神聖喜劇）

のように、上官には「班長殿」と呼ぶが、同じ上等兵には「名前の呼び捨て」で対称詞は「お前」を使っている。

海軍では、学徒出身兵は隠れて、

> 今もけっして貴様、俺、お前といふ風な言葉を使はうとしない。そしてわづかな抵抗をたのしんでゐるやうに見える。（雲の墓標）

のように言っている。また、予科練の練習生が、

> 「きみ、頼みがある。ぜひ聞いて欲しいんだが」小手川は、「お前」とか「君」とかを、まだ時々使っていた。（一歩の距離）

のように書かれているが、反対に見ると職業軍人の間では、西条八十の作詞による「同期の桜」で、

> 貴様と俺とは同期の桜、同じ兵学校の庭に咲く、咲いた花なら散るのは覚

悟見事散りましょ国のため。
のように、同位の者に対しては、対称詞「貴様」、自称詞「俺」が使われるのが一般的であった。

2.2.3 部下を

　陸軍では、上等兵は補充兵に対して、
　　　おれが、今日から三カ月間、お前たちを鍛えてやる。（神聖喜劇）
のように、「お前」を一般的に使っているが、軍曹は新兵に対し、
　　　何を言うとるか。貴様は。誰も貴様の兄貴のことなんか訊ねちゃおらんよ。
　　　どげなことを考えたか、と聞いたとじゃないか。（神聖喜劇）
と「貴様」も使っているが、「じゃ」のように方言を使っており私的な会話であることが分かる。また、複数の聞き手がいる場合には、聞き手をはっきりさせる為に少尉は二等兵に対して、
　　　鉢田も橋本もいのちがけで殺して分捕るのか。（神聖喜劇）
のように、「姓の呼び捨て」を使うことがある。大尉が部下であるが同じ士官である中尉に対して、
　　　おゝ貴公か。（前進基地）
のように「貴公」が3例使われている。
　海軍にも前に述べた『下士官心得』の通り、聞き手の官位に応じて、職名、官名、姓を使い分けている。例えば、中尉は初対面の少尉に、
　　　貴様小泉か。名前は聞いてきとる。只今揚根八分隊長として着任した小原
　　　中尉。しつかりやつてくれ。（春の城）
また、中尉は兵曹に、
　　　兵隊に届けさせろ。尾野兵曹はレシーバーかぶつとれ。（春の城）
また、艇長は兵隊に、
　　　よし、小官が代る。門田は少し休め。（佐久間艇長）
のように、「貴様」や「官位の呼び捨て」や「姓の呼び捨て」で待遇している。しかし、大佐は大尉に、

実は君に甲板士官を手伝って貰って、ここの気風を叩き直そうと思っている。今俺独特の避暑法をやって貴様を待っていた所だ。（御盾）

のように、士官に対しては「君」を使っているが、「貴様」も同時に使っている。

2.3　結論

　軍隊では目上の者に対しては、役割名、つまり、官位職名で言及しなければならず、陸軍ではさらに「殿」をつけて言及しなければならない。目下に対しては、「貴様」や「お前」のような二人称代名詞で言及することができる。さらに、報告等の非常に公式的な場面では、自分の官位を自称詞として自己紹介し、聞き手にも官位＋敬称「殿」を用い、また、聞き手が、士官であるか、下士官であるか、兵であるかによって対称詞を使い分けるのを見ると身分の上下関係が軍隊内で秩序を保つのにいかに重要であるかを示している。組織内の対称詞の体系が筆者の言う上下対称詞であったことが分かる。すなわち、上下対称詞とは年齢や地位の上位の者に対しては二人称代名詞で言及することができないが、反対に、下位の者に対しては二人称代名詞で言及することができる対称詞の体系である。上位の者に対しては二人称代名詞を使うことができないので、「すみません、ちょっと」のように対称詞を省略したり、「先生はどこにお行きになるのですか」のように、「先生」という役割関係の対称詞で言及したりする必要がある。これは現在全国共通語で公式的な場で用いられている対称詞の体系である。例えば、会社内では、上司には役職名を、部下には名前を使う対称詞の体系である。現在の組織内での対称詞の体系は、戦時中の軍隊という組織内では既に出来上がっていることがわかる。

3　一般社会の対称詞

3.1　資料

　平成16年（2004）遠藤織江・木村拓・桜井隆・鈴木智映子・早川治子・安田敏朗著による『戦時中の話しことば―ラジオドラマ台本から―』（ひつじ書房）

が出版された。昭和11年（1936）から昭和30年（1955）にかけて日本放送協会からラジオで放送された小林勝脚色によるドラマの台本78冊から戦時中に放送された27冊をデータとして分析した本である。データ形式として、

発話／話者／話者性／話者年代／相手／相手性／相手年代／発話場所／関係

がCD-ROMでテキスト化されている。今回はその資料から、対称詞が使われている部分を抽出し、567件のデータを作った。さらに、戦時中のドラマということで、軍隊内を題材にしたドラマも多く、前節「軍隊内の対称詞」に分析したため、今回は除外して、一般社会で使われている対称詞のみを分析の対象とした。引用したドラマ名を示したが、具体的には同書を参照してほしい。しかし、567件のデータを抽出したが、27冊のドラマということで場面に限定があったり、また、方言を使っているドラマもあったりして、定性的な分析に終始した。

3.2 資料の分析
3.2.1 妻が夫を
31例あるが、24例は、

あなたは昔から近所の手前なぞ考えなかった方ですよ、今頃そんな事を仰言るのは変ですよ。（五万円の旦那様）

何だか、あなたのお顔恐いわ。（帰来曲）

のように「あなた」が使われているが、若い妻の用例である。他の例は、

まあ、お父あん、お前何を言いなさる。（姫鱒）

のように、老年の妻が、呼称詞で「お父あん」、対称詞で「お前」と使い、さらに嫁の世代は、

そういうお父さんの気持は、おらだってよく解ります。（姫鱒）

のように「お父さん」を使っている。「おとうさん」のように、家族内で子供の立場から夫を「おとうさん」というように呼ぶ年齢階梯語は現在でも広く使われている用法である。

3.2.2 夫が妻を

24例あるが、2例を除いて「お前」である。60歳代の夫は、「婆さん」や名前の「朝子」で呼びかけ、

  そうすれば何もお前に話相手になって貰わなくていいし、うるさがられなくて結構だ、一ツ頼む。（五万円の旦那様）

また、自称は「わし」で、

  家の中の切り盛りは、みんなお前に任せきりで、わしもすまんと思っているがよくやって来てくれた。（姫鱒）

のように「お前」を使っている。「君」を使う2例のうち1例は、アメリカに住んでいた若い20代の夫婦で、

  君だってもっとうんとぶっ飛ばしてたじゃないか。（石油）

とあり、もう1例も30代の若い夫である。

3.2.3 親族関係の上位の者を

90件のデータがあったが、一般的には親族の目上には敬語が使われているのが大きく現代と異なる。現代では上下関係より親疎関係の方が重要視され、いくら目上でも親族は親しい人だから多くの家庭で敬語が使われないのが一般的である。対称詞については、例えば、娘は父親を、

  こんな所を買って、お父様はどうなさるおつもり？（古戦場）

  お父さまはどうして八田さんをお嫌いになるの。（石油）

のように、31例常時、「お父様」のように「お〜さま」が使われている。息子は父親を、

  そうだとも、お父さんはそっちを吸えばいゝんだ。（姫鱒）

のように、「お父さん」のように「お〜さん」を、また、兄を、

  私達の事だけ知っても、兄さんは御自分の間違がよくわかるでしょ。（盧溝橋）

と、「兄さん」のように「〜さん」を使っている。母親に対しては、

  お母さんは御存知でしょうけれど、一年半ばかりするとアメリカでオリン

ピックがあるんです。(鎮魂歌)
と、「おかあさん」を使っている。しかし、問題は、弟が兄に対して、
　　貴方は勉強が好きだが、僕は運動好き。(鎮魂歌)
のように、一貫して38例「あなた」を使っている例があることである。自称詞は「ぼく」を使い、敬語を使っているが、「あなた」が使われていることである。当時「あなた」はかしこまって聞き手との間に距離を置く場合に使われており、『鎮魂歌』というドラマの題が示す通り、放縦な生き方をしていた弟が軍隊で規律を学び、除隊して兄と仲直りするというストーリーで、このような場面では親しみを込めた親族名「兄さん」より、二人称代名詞「あなた」の方が適切であったのであろう。

3.2.4　親族関係の同位の者を
　本家と分家というような関係で、上下関係が見つからない場面が18例あり、
　　なあ本家、お前は一体貞行の事をどう思う(姫鱒)
　　まあ、そういうわけだから、どうかお前達もその心算で、当分の間目をつぶっていて呉れろ。(姫鱒)
のように、お互いに「お前」で待遇し合っている。

3.2.5　親族関係の下位の者を
　72例あるが、そのうち「お前」が59例見つかる。
　　朝子、お前夫婦喧嘩したな。(五万円の旦那様)
　　朝子、どうしたの、古川さんがお前を殴ったのかい。(五万円の旦那様)
のように、娘は前例が60歳代の父親から、後例が50歳代の母親から「お前」で待遇されている。また、40歳代の母親から息子は、
　　あなただって、ついこのあいだまではそうでしたよ。(芦溝橋)
のように、「あなた」や「あんた」で待遇されるのが4例見つかる。
　　蘭子はお父様を困らせようというのかい？　さあ、涙を拭いて上げよう。
　　(古戦場)

のように、親から名前で待遇される例が6例ある。その他に、

　　光枝、君はどうおもう？（芦溝橋）

のように、20代の兄から妹を「君」で待遇する例が1例見つかる。

3.2.6　役割関係の上位の者を

　役割関係というのは、雇用関係や師弟関係など、役割上の上下関係を指している。従って目上とは、雇用主、上司、客などを指している。教師を13例、

　　先生さ、先生さじゃないすっか。（分教場の四季）

のように、息子の親も息子の先生を「先生」と呼んでいる。仕事の依頼主に対して5例、

　　旦那にそうやられて見れば、なんぼ難工事でも、わしらとしてやらねえわけにも行かなくなりますよ。（姫鱒）

のように、「旦那」と呼んでいる。店の客に対して5例、

　　お宅の旦那様、沢山召上るんでしょう、御商買柄。（帰来曲）

　　奥様は御覧になったんですか。（帰来曲）

のように、「お宅」や「奥様」で待遇している。「お宅」が使われているのが注目に値する。例外として、『翼』というドラマで、上司に対して「あなた」4例、「君」2例が使われている。志願して報道班員として従軍していた画家が、師の個人的なツテで隣人の会社に入社した。その社員から隣人への待遇表現で一般の上司への使い方の例ではないと思える。

3.2.7　役割関係の同位の者を

　仕事場の同僚がこの関係に入り、

　　それで君に少し相談したいことがあったんだがのう。（遥かなる地平）

のように、「君」が3例、その他に「貴様」、「お前」、「あんた」、「名前＋さん」が各1例ある。

3.2.8 役割関係の下位の者を

役割関係の目下とは部下、生徒、弟子、使用人、恩恵を受けた人などを指している。

　　先生は<u>お前</u>達が帰るまで、待っていたんだ。（分教場の四季）

のように、「お前（さん）」が教師から生徒に対してや、僧から信者に対して24例使われている。また、恩義を与える媒酌人は、

　　知らん？　そりゃ可笑しいな、僕は<u>貴女</u>にきけばわかると思っていたが――。（帰来曲）

のように「あなた」が21例あるが、そのうち5例は前に示した『翼』というドラマの部下の同一人物への待遇表現で一般例ではないと思える。「君」が27例使われている。

　　しかしそれにつけても<u>君</u>に言いたいのは、組合をあずかる<u>君</u>の責任は今後
　　重大になるぞ。（遥かなる地平）

のように、団長が団員に、また、部下に対しての例として、

　　いや、<u>君</u>が迷惑なのはわかっている。（鎮魂歌）

　　おい菱谷君、<u>君</u>これから真直ぐに家へ帰るのかい？（翼）

のように、使われており、そのうち17例が『翼』の例である。また、

　　それは、今更我輩が述べるまでもなく、<u>諸君</u>にはよくお分りのことと思う。（東方斎荒尾先生）

のように、9例、演説で、弟子に対して「諸君」が使われているのも現代では見られない用法だと思う。

3.2.9 身分関係の同位の者を

身分関係とは、身分による先天的な属性を意味している。封建時代の文献を分析する際には、院や天皇のような身分が大きく対称詞の体系に関与するが、第二次世界大戦中の時代ではあまり関与しない。身分関係の同位の者を、友人や隣人のように上下関係はないが知り合いの者と、行きずりの人のようにまるで初対面の人と分けてみてみることにする。

知己の者を待遇している例が104例見つかる。「君」という対称詞が55例見つかるが、話し手はすべて男であり、

　　君が引きこもって、もう五年になるかなあ。(石油)

のように、親しい間柄で使われている。男の話者から女の聞き手に対しても使われており、

　　君もたしか会ったことがある筈だよ。(翼)

と、「君」で待遇する男の話し手に対し、女の方は、

　　やはり修平さんは偉いのね。(翼)

　　あなた、そんな御用事で今夜わざわざいらしたの？　あなたも随分おせっかいね。(翼)

と、名前や「あなた」で答えている。「あなた」が27例見つかる。また、

　　ペストは貴方方に感染しますぞ。(東方斎荒尾先生)

のように、院長から患者の付添のように親しくない者に対しても使われている。

　　李さんの美しい歌でも聞いている中に、きつと楊君の心もほぐれて来ますよ。(北支の巻)

のように、名前に「さん」や「君」や呼び捨てにする例が16例見つかる。まるっきり初対面で、一切過去に関係のない見ず知らずの人を待遇する例が9例あり、

　　あなたの様に粘り強い方はまだ見た事も聞いた事もありません。(姫鱒)

のように「あなた」で8例待遇しており、残りの1例は、

　　そちらの方は？(雪)

のように、「そちらの方」である。知己の聞き手の対する用例も合わせてみると、「あなた」は上下関係のない聞き手に対して、話し手や聞き手の性別に関係なく、親疎も関係なく幅広く使われる一般的な対称詞であったことが理解される。

3.3 結論
3.3.1
　上下対称詞の体系が確立している。上位の者に対しては二人称代名詞を使うことができず、親族関係の上位の者なら親族名を、役割関係の上位の者なら「先生」、「旦那」、「奥様」が使われている。下位の者については、「お前」、「あなた」、「君」という二人称代名詞が使える。

3.3.2
　「あなた」は、上下関係のない聞き手に対して、話し手や聞き手の性別に関係なく、親疎も関係なく幅広く使われる一般的な対称詞である。また、女の話し手が男の聞き手に対して親しみを込めて、例えば、妻が夫に対してや親しい男に対して使われることもある。「あなた」が親族関係の上位の者に対しても使われる例も見つかるが、聞き手との間に距離を置いたよそよそしい感覚で使われている。

3.3.3
　「君（きみ）」は男言葉であり、女性が「君」を使うことが当代ではなかった。昭和63年（1988）に若者の言語意識を調査した永田（1988）では、男女とも「「クン」を使ってもかまわない」という意見を平均67.8％の若者は持っているが、この時代ではまだ「君」は男言葉であった。同位の者や下位の聞き手に対して使われる男言葉であるが、同じ場面では女の話し手は「あなた」を使っている。しかし、昭和10年（1935）8月号の『文芸春秋』に「現代語考」という特集があり、岡倉（1935）では、「この頃のインテリ級の若夫婦や女学生の間には、君僕の代名詞が、何の不自由さも感ぜられずに、家庭でも学窓でも互に往々口にされる」（p.183）とあり、同様の記述が保科（1935）に、「女学生にも「君」「ぼく」を常用し」（p.187）とある。また、昭和11年（1936）6月号に「語学者ばかりの座談会」という座談会の口述記述で、辰野隆氏が「夫が妻を君と呼ぶのが、この頃普通ぢやないですか」という呼びかけに対して、金田

一京助氏は「普通でせうね」と答え、さらに辰野隆氏は「女が僕で……」とあり、さらに続いて五十嵐力氏は「事務員の女を呼ぶに何々君と言ふ」(p.255)と発言しており、若い世代で「君」が性別に関係なく広がっているのが分かる。

3.3.4
「お前」は現代では明らかに目下に対する待遇表現になっており、卑罵語にも低下しているが、この時代には夫が妻に対してや、親族の目下に対してなど、目下の聞き手に対して親しみを込めてもっと広い場面で使われている。

3.3.5
夫婦間の言葉づかいについても「語学者ばかりの座談会」の記述によってわかることがある。当時47歳の辰野隆氏が「女房を、お花とか、おみよとか、おひさとか、さういふ風に呼ぶ亭主が少なくなりましたね。さうして何子だとかね。自分のかゝあを呼ぶに何子は勿体ないと思ふね」(p.255)とあり、当時は「花」が出生届けに出した名前で、「お花」は親しみを込めた呼び方であったが、「花子」は敬称であったことが分かる。また、妻が夫に対しては「あなた」や亭主関白の家では「旦那様」が普通であったが、当時62歳の登張信一郎氏が「亭主を呼ぶ方も変る。子供が生れるとお父さんと呼び、孫が生れるとお爺さん。それも自分の家の孫ならまだいゝが、外へ生れた孫が出来もお爺ちやんとかね。いやはやどうも……」(p.256)とある。明治前期の東京語を散切物によって調査した第5章で、「現在では、家族内で子供を中心にした対称詞が使われることがある。例えば、妻は夫に対して子供の立場から「おとうさん」と呼称したり言及したりする用法が使われ、子供が成人した後でも使われ続けているが、このような用法は散切物には見えない」(p.92)と書いたが、鈴木(1973)の「親族名称の子供中心的な使いかた」も昭和前期に既に使われていたことが分かる。

第11章　昭和後期における二人称代名詞「あなた」の待遇価

1　はじめに

　昭和は1926年12月25日から始まり、1989年1月7日に終わる実質62年と14日間に亘る時期である。社会的には世界的な金融恐慌の後、中国大陸に軍事侵略し、昭和6年（1931）に起こった満州事変の後、それを非難する国際連盟を脱退し日中戦争へ、最終的には昭和16年（1941）に太平洋戦争に突入し、昭和20年（1945）に終戦を迎える。その後、昭和21年（1946）に日本国憲法を公布し、GHQの主導の元、農地改革、財閥解体を行い、民主主義を突き進むことになった。昭和27年（1952）に主権を回復するまで連合国側の占領下におかれた。ここでは戦後を昭和後期と考えている。経済的には戦後、昭和30年代（1955～1964）に続く驚異的な高度経済成長を遂げるに至る。社会面では、かつての家長を頂点とする大家族制から核家族化が進み、女性の権利も認められるようになった。昭和40年代（1965～1974）には地方から都市部へ若者が就職のため移動することになり、地域社会が弱体化する原因となった。

　言語の面では、このような社会の変化に呼応するように、性差による言語差の縮小、上下関係から親疎関係への敬語使用の基準の移行、方言の衰退に伴う全国共通語化等が起こっている。それでは、対称詞の体系はどのようであっただろうか。民主主義の時代に対応するように昭和27年（1952）に国語審議会が文部大臣に建議した『これからの敬語』では、相手をさすことばとして「「あなた」を基準の形とする」と建議しており、その後20年ほど経って「あなた」の使いかたについて新聞紙上で論争がなされたことがある。論議の対象になるということは「あなた」の待遇価がゆれていたということを証明している。また、筆者は昭和24年（1949）生まれであり、物心がついて昭和の後半期を生きて来たものとして、内省も効き、対称詞として「あなた」がどのように受けと

られていたかを考察することにする。

2 資料

資料として国立国語研究所が公開している DVD 版『ことばに関する新聞記事画像データベース』を使用し、具体的に挙げてゆくことにする。

* 妻が夫を、また、女性が恋人を「あなた」とよぶ習慣は、昭和10年代に流行した「二人は若い」という流行歌で一般化した。当初は気恥ずかしいさがあったが、昭和30年代には当時ほど気恥ずかしさは感じられない。(中部日本新聞　1963／06／06)
* 当時43歳であった穐田定樹氏は、一般に使われている「あなた」が個人的には、「目上の人に対してはいちじるしく敬意に欠けるし、目上でなくても、よそよそしい物言いになってしまう」として違和感があると書いている。(北海道新聞　1968／02／08)
* 子供が親に対して「あなた」を使っている風潮に対して批判している。(朝日新聞　1970／11／12)
* 国鉄の新聞広告で、国民に対して「あなた」とよび、「私」と自称していることに対して、国鉄が国民に対して私的に接しようとする態度が見え、「薄気味悪い」と非難している。公的な場では「あなた」は不適切としている。(北海道新聞　1975／06／22)
* 東京生まれで当時61歳であった慶応義塾大学教授、池田弥三郎氏は祝賀会などの公的場面で「あなたのご臨席を得て」のように「あなた」が使われていることに対して、やまとことば本来の用法でなく英語の 'you' の訳語として使われたものであろうとして、非難している。(朝日新聞　1975／08／11)
* 前の池田弥三郎氏の意見を受けて、社説で民主化が進んだ今、日常の会話で若い世代で特に「あなた」が一般化しつつある様子を書いている。民主化と男女間や身分階級の差別がなくなりつつある今ではだれにでも使える

第11章　昭和後期における二人称代名詞「あなた」の待遇価　181

「あなた」という対称詞に対し好意的に評価している。(朝日新聞　1975／08／18)

＊国立国語研究所の当時の所長である岩淵悦太郎氏が目上の人に対して「あなた」と呼びかけるのは伝統的な使い方でないと書いていることに対して、記者は丁寧で敬意をこめたいい方だと思っていたが、そうだとすれば何という二人称代名詞を使えばいいのか、適当な二人称代名詞がないのではないかと書いている。(読売新聞　1974／12／04)

＊国立国語研究所の所員で敬語の調査を担当している当時27歳の杉戸清樹氏が、調査項目「あなたは、目上の知人に向かって呼びかけるとき、何といいますか。」の「あなた」について、質問文として読む場合には覚えなかった違和感を被調査者に対して面と言う場合には感じたという体験をもとに、「あなた」について読売新聞は連載を始めた。まず、東京生まれで当時62歳であった慶応義塾大学教授、池田弥三郎氏の「あなた」は目上に対しては使えないという意見に対して、東京生まれで当時67歳であった劇作家内村直也氏は話し言葉として「あなた」を自由に使うようにと述べている。(読売新聞　1976／10／15)

＊小学校の現場で、男女とも「〇〇さん」「あなた」と呼ぶように指導しているが、実際には男子生徒間では「おれ・おまえ」が、女子生徒間では「あなた」、女子が男子を呼ぶときには「〇〇くん」が使われていて、女子が男子に「あなた」は「お母さんが、お父さんを呼ぶようでおかしい」と言って使われない現状を載せている。子供が大人への呼びかけとして「あなた」はおかしいとわかっており、適当な対称詞が見つからなくて困っていると述べている。(読売新聞　1976／10／16)

＊小学校で教師が生徒に対して「あなた」を使うとよそよそしすぎるので「きみ」を使うように指導しているが、女子生徒に対して「きみ」は違和感があることを述べている。(読売新聞　1976／10／18)

＊デパートでは、客に対して店員は「お客さま」と言うように指導されていて、反対に客は店員を「すいません」「ちょっと」「おねえさん」と呼ぶの

が一般的であるが、客から「あなた」と呼ばれる場合には苦情を言われる場合に多いとある。(読売新聞　1976／10／19)
＊放送界でアナウンサーは知名度のあるゲストに対して「あなた」を使うと気分を害される恐れがあるので「先生」を一時使っていたが、「〇〇さん」を使うようにしている。一般の視聴者に対しては、対称詞を省いて呼びかけるようにしたりしているが、親しみを表す場合には「あなた」も使っている。(読売新聞　1976／10／20)
＊ある公務員は「あなた」はかしこまった時に使う丁寧語のようなものであると言っている。その理由として、交通安全運動のポスターで当時18歳のタレント石川さゆりに「あなた」を使わせているが見たものから反発の意見はなかったことをあげている。(読売新聞　1976／10／26)
＊公共機関から「あなた」を使われると反発するが、ポスターの石川さゆりから親しみを込めて仲間として言われると問題はなく、上位の者から下位の者への対称詞の意識はわかない。(読売新聞　1976／10／27)
＊真珠王の御木本幸吉氏は昭和26年に天皇をお迎えした折、宮内庁から「陛下」と呼ぶように指示を受けていたが、穏やかな天皇の顔を拝見して、親しみを込めてつい仲間内で使う「あなた」を使ってしまった。それが当時話題になった。(読売新聞　1976／10／29)
＊神奈川県生まれで当時54歳だった国立国語研究所の野元菊雄氏個人の意見として、目上に対しては「あなた」は絶対に使うべきでないという意見を述べている。しかし、自由平等を尊ぶ考えとして「あなた」を使っているし、使っても構わないという考えを持つものが25％もいることを書いている。(読売新聞　1976／11／02)
＊昭和13年に朝日新聞が公募して当選した歌「父よあなたは強かった」を題材に、堺市出身の当時69歳のその作者福田節さんは38年前を思い出して、子供は父親を「あなた」と呼んでいたと言っている。国立国語研究所の飛田良文氏の意見として、「あなた」が待遇価を下げて上位の者に対して使えなくなるのは戦後のことであると結論付けている。当時の日本語ではだ

れもが認める尊称の人称代名詞を持っていないとまとめている。(読売新聞　1976／11／10)
＊国鉄では車掌は客に対して「おじいさん」や「おばあさん」等の親族呼称や「あなた」を使うことは禁物である。「もしもし」と呼び止め、「そちらのかた」を使っている。(読売新聞　1976／12／21)
＊明治生まれの母親は子供から「あなた」と呼ばれるのを許さなかった。軽蔑されていると受け取ったためであり、親族呼称で「おかあさん」と呼ぶのが普通の対称詞である。(読売新聞　1977／07／23)
＊40歳代以上の団塊の世代の男性は妻に対して「おまえ」を使うことに対して抵抗感があるが、20歳代の男性は恋人や妻に「おまえ」を使っている。「あなた」や「きみ」は冷たく感じられるためである。(毎日新聞　1992／11／17)

3　「あなた」についての論争の分析

　論議されている内容を分析すると、当時の「あなた」の待遇価が以下のようであることが分かる。
＊公的な話し言葉では、上位の者に対して、例えば、客に対する店員の対称詞、親に対する子の対称詞としては「あなた」は使えない。筆者の言う上下対称詞の体系が確立している。親族の目上に対して「あなた」を使うのは礼を欠く使いかたで、「父よあなたは強かった」という歌についても、父親に直接向かって「父」という親族名称を呼称として使うこと自体が日本語の文法として不自然であり、話し言葉的ではない表現に思われる。明治15年（1882）生まれの金田一京助氏は、金田一（1942）でこの表現の不自然さを同様に示している。筆者も一度、未だ女人禁制の修験道の山大峰山で親子連れと思われる二人に会ったことがある。息子が父親に「あんた」と言っているのを耳にし、不思議に思ったが、父親の言によると家庭内暴力を犯す息子を更生させるため、また、一緒に過ごす時間を持つために来ているということであり、現代では、親族関係の上位の者に対して「あなた」というような使い方を普

通はしないであろう。客に対して「そちらのかた」は使われていたが、「あなた」も「そちらのかた」も同じく場所を示す語から派生した対称詞であるが、すでに「あなた」は人称代名詞として確立していたが、一方「そちらのかた」はまだ場所を指すことによって婉曲的に聞き手を指すという機能が残されており、人称代名詞としてまだ十分に確立していなかったためだと考えられる。

* 公文書のように不特定多数を読み手とした対人待遇性の低い書き言葉では、「あなた」が使われることがあるが、人格を昇華したよそよそしい物言いに感じられる。
* 私的な話し言葉として、異性間で「あなた」が使われる場合は、妻から夫のように女性から親しい男性に対してのみ使われていた。
* 明らかに目下に対して、例えば、教師が生徒に対する対称詞としてはよそよそしい物言いに聞こえ、「あなた」は使えない。学校では「きみ」を使うようにしている。
* 自由平等、民主主義を標榜する当時の日本で英語の'you'のように誰に対しても使える二人称代名詞が求められていたが、「あなた」はそのような待遇価を持っていないが、そのようになることを期待する人々がいた。

4 「あなた」の待遇価の変遷

それでは、これまで調査してきて明らかにした対称詞の体系の中で当時の「あなた」の待遇価を検証してみることにする。明治後期・大正期の文学を調査した第7章では、目上に対しても「あなた」は使われているが、「「あなた」は丁寧語と共に使われることが多く、配慮を示すべき者、具体的には、親族関係があるが少し遠慮がある者、上下関係はないが親しくなく少し遠慮がある者等に対して用いられることが多い」(p.123) と示している。雑誌『太陽』を調査した第8章でも、内田魯庵の1901年に書かれた『投機』を分析して、「「あなた」は聞き手との距離をとる役割を持っていたことが分かる。親族の目上に対してもゲマインシャフト的な親族関係を表に出した場合には親族名、家長と家の構成員というようにかしこまって公式的には「あなた」という使い分けが

第11章 昭和後期における二人称代名詞「あなた」の待遇価　185

考えられ、自然と男の話し手が男の聞き手に対する場合に「あなた」が多くなることが理解できる」(p.136)と示しており、よそよそしい物言いという感覚は明治当初からあったことが分かる。また、標準語を制定する折、本来日本語には不特定多数を対象に意思伝達をすることが少なく、したがって不特定多数に対称詞を用いることもなかったと思われる。しいて、対称詞として「あなた」を用いるとよそよそしい物言いという感覚を与えることは理解ができる。

　しかし、第8章では、「明治42年(1909)ぐらいから以降、丁寧語を伴わないで使われることが多くなり、知人や友人など対等の親しい聞き手に対して使われることが多くなり、異性の聞き手に対して使われる場合には、特に大正14年(1925)以降は夫や恋人に使われるようになりつつある」(p.142)のように、「あなた」の待遇価が低くなり、目上の人に対しては使えなくなっており、異性に対しては妻が夫に対してのみ使われるようになっている。「あなたと呼べば、あなたと答える　山のこだまの　うれしさよ　「あなた」「なんだい」空は青空　ふたりは若い」で始まるサトウ・ハチロー作詞の「二人は若い」は昭和10年(1935)の曲である。また、昭和元年(1926)から25年(1950)の間に書かれた戯曲や小説を資料に「あなた」と「あんた」の使用状況を調査した平尾(2008)では、知人や職場の同僚に対して、「あなた」や「あんた」を使う割合は、男性から男性に対して35.4％、女性に対して47.9％、女性から男性に対して61.0％、女性に対して71.9％と圧倒的に女性の話し手の方が高い。男は男に対して「きみ」を48.1％、女に対して27.1％使っているが、女は男言葉である「きみ」を使えないために「あなた」や「あんた」の使用率が高くなっているのである。初対面の人に対しても同様な結果が出ている。そして多くの場合丁寧語を伴って使われている。つまり、昭和前期においては友人や同僚、また、初対面の人など対等の聞き手に対しては、男女とも一般的な対称詞として「あなた」や「あんた」を使っていたということである。

　また、国定国語教科書を調査した第9章でも「明治前期においては、「あなた」は上位の者に対して使われるのが一般的な用法であったが、国定教科書では、親族の上位の者には親族名、役割関係の上位の者には役割名が使われてお

り、現在の対称詞の体系を規範として示している」(p.155)のように、筆者の言う上位の者に対しては代名詞で言及できない上下対称詞の体系が国定国語教科書で標準語として広まっていた。

　そこに、戦後昭和27年（1952）国語審議会が文部大臣に建議した『これからの敬語』では、「これまでの敬語は、主として上下関係に立って発達していたが、これからの敬語は、各人の基本的人格を尊重する相互尊敬の上に立たなければならない」という基本姿勢の現われと思われるが、相手をさすことばとして「「あなた」を基準の形とする」と建議しており、英語のように誰に対しても使える英語'you'のように「あなた」を推奨しており、1970年代当時の知識層ではこれに賛意を示す者もいた様子が理解できる。ちなみに、昭和37年（1962）制作小津安二郎監督の映画「秋刀魚の味」では、東京を舞台に年齢が近くて親しい会社の上司が「君」と呼ぶのに対して、若いサラリーマンの男は私的な場面で敬語とともに「あんた」を使っている。また、かつての海軍の部下が偶然会った上官の艦長に対しても、私的な会話だが、敬語とともに「艦長」と役割名を使いながら、「あなた」や「あんた」を同時に使っている。しかし、既に昭和に入って「あなた」の待遇価が下落しており、さらに、上位の者に対して二人称代名詞は使うことができないという体系は国定教科書で既に確立しており、戦後民主主義の概念を敬語に適用しようとしたが、現在の様子を比較すると、広めることができなかったというのが事実であろう。ちなみに、今日でも国会質問の場で「総理、あなたは……」のように、糾弾追求して公的な場では「あなた」が使われている。しかし、秘書が社長に、「社長、今日のあなたのご予定は……」のように通常の場面では「あなた」は使うことができない。

　さらに、方言では上位の者に対しても二人称代名詞を使うことができる体系であったが、共通語化が進み、国定国語教科書を通じて広まっていった標準語の上下対称詞の体系が方言の対称詞の体系を壊したという一面も見逃すことができない事実であると思われる。

　また、同時代に住んでいる人でも、年齢、学歴、性別、出生地による意識の

違いがあることが考えられ、「あなた」のように変化の過渡期にある対称詞については、異なった意識を持った人々が混在しているのが当然のことだと思う。位相差を考慮に入れた考察が必要だと思われる。

第12章　平成の対称詞

1　はじめに

　平成の対称詞の使用について、大量の被験者を対象にいくつかの調査が行われていて、使用状況を見ることができる。まず、文化庁は平成7年（1995）より、「日本人の国語に関する意識や理解の現状について調査し、国語施策の立案に資する」目的で、全国16歳以上の男女を対象に『国語に関する世論調査』を行っている。3000人を被調査者としており、有効な世論調査だと思われる。また、国立国語研究所では、平成元年（1989）から2年にわたって、東京都の中学校・高等学校、大阪府の高等学校、山形県の中学校の生徒を対象に学校の中の敬語使用の実態を調査し、『学校の中の敬語』という報告書を、また、昭和57年（1982）に『企業の中の敬語』という報告書を出版している。また、現代日本語研究会という団体も平成9年（1997）に『女性のことば・職場編』、平成14年（2002）に『男性のことば・職場編』という調査報告書を出している。これらの資料を使って平成の対称詞の使用状況を見ることにする。

　また、日本語教育の観点からも対称詞について多くの研究がなされている。外国人日本語学習者に日本語の複雑な上下対称詞を教えるにあたって、実際の対称詞の使用原則の研究や外国語の対称詞との対照研究が行われている。具体的には日本語教科書では学習者にどのように対称詞の使いかたを教えているのか、日本人母語話者と外国人学習者との間に使いかたの差はあるのか、上下対称詞を教えるのは困難なので二人称代名詞の中で最も公式的とされる「あなた」を全ての相手に対して使うと日本人母語話者はどのように感じるのかというようなアンケート調査もなされている。

2　資料の分析

2.1　一般的な対称詞

2.1.1　『国語に関する世論調査』

2.1.1.1　公的な場で親しくない相手に対する対称詞

　平成7年（1995）『国語に関する世論調査』では、「あなたは、あらたまった場でそれほど親しくない相手のことを言うとき、どんな言葉を使いますか。この中で、あなたが最も多く使うものを一つ選んでください」という質問をしている。選択肢は、

1．名字＋さん、名字＋さま
2．おたく、おたくさま
3．あなた、あなたさま
4．役職名・職業名・相手の所属する組織団体名（課長・先生・○○銀行等）、それらの語＋さん、それらの語＋さま
5．そちら、そちらさま
6．あんた、あんたさん
7．その他
8．分からない

である。

　回答は、表1のように「名字＋さん、名字＋さま」37.7％、「おたく、おたくさま」21.8％、「あなた、あなたさま」18.5％、「役職名・職業名・相手の所属する組織団体名（課長・先生・○○銀行等）、それらの語＋さん、それらの語＋さま」10.4％、「そちら、そちらさま」8.8％、「あんた、あんたさん」1.2％となっている。地域、世代、性別にかかわらず、「名字＋さん、名字＋さま」を使う割合が一番高い。しかし、相手の名前や職業や所属先を知らない場合にはどのように呼ぶかについては調査されておらず推測するしかない。

　同様な質問を平成18年（2006）の調査でも聞いている。今度は、

1．名字＋さん

表1 相手の呼び方（地域ブロック別、性別、性・年齢別） (%)

	n	あなた、あなたさま	おたく、おたくさま	そちら、そちらさま	役職名・職業名・所属組織団体名+さん+さま	名字・名字+さん、名字+さま	あんた、あんたさん、あんたさま	その他	分からない
総数	2,212	18.5	21.8	8.8	10.4	37.7	1.2	0.2	1.4
[地域ブロック]									
北海道	112	12.5	13.4	13.4	17.0	43.8	—	—	—
東北	171	9.4	22.2	5.8	8.2	49.7	4.1	—	0.6
関東	655	22.9	17.9	10.7	9.9	35.7	0.9	—	1.8
北陸	106	19.8	19.8	9.4	16.0	32.1	2.8	0.2	—
中部	319	20.1	21.6	8.5	10.7	38.2	0.9	—	—
近畿	361	13.0	28.5	7.5	8.9	39.9	0.3	0.3	1.7
中国	141	19.1	26.2	4.3	9.9	36.9	1.4	0.7	1.4
四国	89	10.1	15.7	11.2	19.1	40.4	1.1	—	2.2
九州	258	23.6	26.4	7.8	7.4	30.2	1.6	0.4	2.7
[性]									
男性	1,016	15.3	19.0	8.6	14.1	39.8	1.5	0.2	1.7
女性	1,196	21.2	24.2	9.0	7.4	36.0	1.0	0.2	1.1
[性・年齢]									
男性・16～19歳	68	26.5	1.5	5.9	7.4	55.9	—	1.5	1.5
20～29歳	129	17.1	10.1	11.6	12.4	46.5	0.8	—	1.6
30～39歳	150	10.0	13.3	6.7	22.7	44.7	—	0.7	2.0
40～49歳	217	13.8	16.1	9.7	20.7	38.2	0.9	—	0.5
50～59歳	195	13.3	27.7	4.1	14.9	35.4	2.1	—	2.6
60歳以上	257	17.1	27.2	11.3	5.4	33.9	3.1	—	1.9
女性・16～19歳	63	20.6	1.6	14.3	12.7	50.8	—	—	—
20～29歳	148	16.9	9.5	8.8	12.2	51.4	—	—	1.4
30～39歳	232	16.4	15.9	10.8	10.3	45.7	—	—	0.9
40～49歳	275	20.7	25.5	8.7	8.7	33.8	0.7	0.4	1.5
50～59歳	215	20.5	35.8	12.1	4.7	26.0	0.5	—	0.5
60歳以上	263	29.3	34.2	4.2	1.5	25.5	3.4	0.4	1.5

文化庁文化部国語課平成7年度（1995）『国語に関する世論調査』（大蔵省印刷局）

2．あなた
3．役職名・職業名・相手の所属する組織団体名（課長・先生・○○銀行等）＋さん
4．役職名・職業名・相手の所属する組織団体名（課長・先生・○○銀行等）
5．おたく
6．そちらさま
7．名字＋さま
8．おたくさま
9．あなたさま
10．役職名・職業名・相手の所属する組織団体名（課長・先生・○○銀行等）＋さま
11．そちら
12．あんた
13．その他
14．分からない

と、選択肢を分割して、「ここに挙げたなかにあれば、幾つでも選んでください」と質問している。

回答は、表2のように「名字＋さん」44.3％、「あなた」28.5％、「役職名・職業名・相手の所属する組織団体名（課長・先生・○○銀行等）＋さん」22.8％、「役職名・職業名・相手の所属する組織団体名（課長・先生・○○銀行等）」21.7％、「おたく」19.3％、「そちらさま」18.4％、「名字＋さま」15.3％、「おたくさま」13.1％、「あなたさま」11.8％、「役職名・職業名・相手の所属する組織団体名（課長・先生・○○銀行等）＋さま」11.0％、「そちら」9.9％のようになっている。地域、世代、性別にかかわらず、「名字＋さん」を使う割合が一番高い。世代差が大きく、男性では16〜19歳55.6％、20〜29歳66.7％であるのに対し60歳以上32.7％、女性でも16〜19歳66.7％、20〜29歳62.7％であるのに対し60歳以上31.7％である。世代が若くなると、

表2 相手の呼び方（地域ブロック別、性別、性・年齢別、言葉の使い分けの程度別）

(%)

	n	名字＋さん	あなた	役職名・相手の所属する組織団体名＋さん	役職名・相手の所属する組織団体名	おたく	そちらさま	名字＋さま	おたくさま	あなたさま	役職名・相手の所属する組織団体名＋さま	そちら	あんた
総　　数	2,107	44.3	28.5	22.8	21.7	19.3	18.4	15.3	13.1	11.8	11.0	9.9	0.9
[地域ブロック]													
北海道	88	53.4	31.8	26.1	31.8	14.8	20.5	17.0	5.7	12.5	9.1	11.4	1.1
東北	175	60.6	20.0	26.9	19.4	13.7	16.6	13.1	9.1	12.0	12.0	10.3	0.6
関東	678	43.5	29.5	22.6	27.1	13.0	20.2	17.6	16.2	15.6	11.2	9.6	0.7
北陸	101	39.6	30.7	27.7	20.8	12.9	21.8	19.8	21.8	12.9	15.8	5.9	1.0
中部	296	41.6	25.3	20.3	14.9	24.0	13.2	12.8	9.8	11.5	8.8	9.5	-
近畿	325	44.6	30.2	22.8	19.7	20.0	16.0	13.8	13.2	8.6	11.7	9.8	1.5
中国	136	39.0	28.7	22.8	13.2	27.9	20.6	13.2	17.6	8.8	9.6	10.3	0.7
四国	62	37.1	17.7	21.0	22.6	27.4	21.0	16.1	12.9	12.9	9.7	8.1	1.6
九州	246	41.5	34.1	21.1	20.7	31.7	19.9	14.2	7.3	6.5	11.0	12.6	2.0
[性]													
男性	999	43.7	27.5	23.8	25.3	20.8	15.8	13.4	10.6	10.2	9.8	9.8	1.4
女性	1,108	44.9	29.4	21.9	18.5	18.0	20.7	17.1	15.3	13.3	12.0	10.0	0.5
[性・年齢]													
男性													
16〜19歳	45	55.6	28.9	37.8	24.4	6.7	11.1	11.1	4.4	2.2	13.3	13.3	-
20〜29歳	108	66.7	27.8	30.6	25.9	5.6	14.8	15.7	2.8	8.3	11.1	13.0	0.9
30〜39歳	133	51.1	18.8	32.3	30.1	7.5	17.3	24.8	8.3	10.5	21.8	15.0	-
40〜49歳	143	42.7	27.3	25.2	30.8	19.6	19.6	16.1	11.2	7.7	9.8	11.2	1.4
50〜59歳	203	44.8	23.6	26.1	26.1	22.2	19.2	17.2	14.3	14.3	11.8	8.9	2.0
60歳以上	367	32.7	32.7	15.3	21.0	31.6	12.8	5.7	12.3	10.4	3.5	6.5	1.9
女性													
16〜19歳	42	66.7	35.7	38.1	28.6	-	14.3	14.3	-	2.4	14.3	19.0	1.0
20〜29歳	102	62.7	25.5	32.4	23.5	3.9	12.7	21.6	2.0	10.8	19.6	12.7	-
30〜39歳	180	54.4	23.9	32.2	25.0	7.2	20.6	20.0	8.9	8.3	12.8	15.0	-
40〜49歳	200	54.5	33.0	21.5	28.5	12.0	21.0	20.0	15.5	14.0	15.0	6.4	-
50〜59歳	202	38.1	27.2	20.8	12.9	20.3	26.7	19.8	19.8	16.8	11.9	6.4	1.3
60歳以上	382	31.7	31.7	13.4	10.7	30.6	20.2	10.7	20.9	15.2	7.9	6.5	1.3
[言葉の使い分けの程度]													
使い分けている（計）	1,858	45.3	28.9	24.0	23.1	18.4	19.4	16.7	12.9	12.0	11.7	10.4	0.8
使い分けていない（計）	245	37.1	26.1	14.3	11.8	10.6	10.6	5.7	20.9	15.2	5.7	6.1	2.4

文化庁文化部国語課平成18年度（2006）『国語に関する世論調査』（国立印刷局）

「名字+さん」が一般的になる様子が見えている。「あなた」も2番目によく使われているが、地域による差があり、九州34.1％、北海道31.8％であるのに対し、四国17.7％である。平成7年（1995）の調査でも「おたく、おたくさま」に世代差が見られたが、11年後の今回では「おたく」を例にとると、男性では16～19歳6.7％、20～29歳5.6％であるのに対し60歳以上31.6％、女性でも16～19歳0％、20～29歳3.9％であるのに対し60歳以上30.6％であり、「おたく、おたくさま」が使われなくなっている。代名詞系統の「あなた＋（さま）」が使われているのも注目に値する。

2.1.2 結論

あらたまった場でそれほど親しくない相手に対する対称詞という設定での調査だが、次のことが結論付けられる。

* 地域、世代、性別にかかわらず、「名字+さん」を使う割合が一番高い。世代が若くなると、「名字+さん」が一般的になる様子が見えている。
* 「あなた」も2番目によく使われているが、地域による差があり、方言で二人称代名詞を対称詞として使うのが一般的であるかどうかという背景が存在すると思われる。
* 「おたく」が世代毎に使われなくなっている。昭和27年（1952）に建議された『これからの敬語』で推奨された「あなた」が待遇価を低下させ、その代わりに使われ始めた二人称代名詞であろうが、同様に支持を失っている。
* 二人称代名詞を使わずに、「役職名・職業名・相手の所属する組織団体名＋（さん・さま）」を使う割合が高い。
* 行きずりのまるで名前も役職も知らない人についてはどのような対称詞を使うのであろうか、この調査からは答えが出ないが、名前や役職名を除いた例から見ると、「あなた＋（さん・さま）」や「おたく」等の二人称代名詞の可能性しか残されないが、もしかすると、「ちょっと」とか「すみませんが」のように対称詞を使わないのかもしれない。

2.2 教育場面での対称詞
2.2.1 『国語に関する世論調査』
2.2.1.1 先生から小学校や中学校の生徒に対する呼称詞

平成9年（1997）調査では、学校内で当然名前を知っている生徒に対して、「小学校や中学校の生徒に、先生が名字で呼び掛けるとき、どういう呼び方をするのが一番望ましいとおもいますか。この中から選んでください」と質問している。対称詞ではなく呼称詞を聞く設問である。選択肢として、

1．男子には名字に「くん」、女子には「さん」を付ける
2．男子にも女子にも名字に「さん」を付ける
3．先生の年齢や生徒の学年、あるいはその場面によって違うと思うので、一概には言えない
4．男の先生か女の先生かによって違うと思うので、一概には言えない
5．男子、女子ともに名字を呼び捨てにする
6．男子にも女子にも名字に「くん」を付ける
7．その他の呼び方
8．分からない

を設定している。

　回答は表3のように「男子には名字に「くん」、女子には「さん」を付ける」52.6%、「男子にも女子にも名字に「さん」を付ける」15.4%とあり、世代差や、地域差や、性別による差が大きくは見られない。「男子にも女子にも名字に「くん」を付ける」が2.7%と低く、女子を「くん」で呼ぶことには抵抗があるようである。しかし、「先生の年齢や生徒の学年、あるいはその場面によって違うと思うので、一概には言えない」13.7%と「男の先生か女の先生かによって違うと思うので、一概には言えない」7.9%というように臨機応変に使うべきだという意見を全体数で合計した回答が、世代別にみると60歳以上の男性13.4%、女性12.7%であるのに対して、16～19歳の男性31.0%、女性27.7%と大きな差があり、若い世代では状況に応じて使い分ける必要性を支持するようになっている傾向が見て取れる。

表3　望ましい呼び方（先生が生徒に呼び掛ける場合）（地域ブロック別、性別、性・年齢別）(%)

	n	男子には名字に「くん」、女子には「さん」を付ける	男子にも女子にも名字に「さん」を付ける	場面によって違うと思うので、一概には言えない	男の先生か女の先生かによって違うと思うので	男子、女子とも名字を呼び捨てにする	男子にも女子にも名字に「くん」を付ける	その他の呼び方	分からない
総　　　数	2,240	52.6	15.4	13.7	7.9	6.1	2.7	0.4	1.1
[地域ブロック]									
北　海　道	100	52.0	9.0	19.0	8.0	6.0	5.0	1.0	−
東　　北	173	50.3	12.7	13.3	13.3	7.5	0.6	−	2.3
関　　東	697	49.6	19.9	13.5	5.9	5.9	3.0	0.4	1.7
北　　陸	103	53.4	12.6	14.6	10.7	5.8	1.9	1.0	−
中　　部	318	59.7	10.7	14.5	6.3	6.3	1.9	0.3	0.3
近　　畿	364	54.4	14.0	12.4	8.0	6.6	3.8	0.3	0.5
中　　国	143	49.0	18.9	23.1	5.6	2.1	1.4	−	−
四　　国	68	52.9	11.8	13.2	11.8	5.9	1.5	−	2.9
九　　州	274	52.6	15.7	8.4	10.9	7.3	2.9	0.7	1.5
[　性　]									
男　　性	1,021	52.5	11.9	13.6	7.4	8.8	4.3	0.6	0.8
女　　性	1,219	52.7	18.4	13.8	8.4	3.9	1.3	0.2	1.4
[性・年齢]									
男性・16〜19歳	58	46.6	5.2	15.5	15.5	13.8	1.7	1.7	−
20〜29歳	135	45.9	14.1	23.7	5.9	5.9	3.7	0.7	−
30〜39歳	139	46.0	10.8	23.7	7.9	4.3	4.3	1.4	1.4
40〜49歳	201	49.8	13.9	9.5	7.5	11.4	6.0	0.5	1.5
50〜59歳	205	53.7	13.2	10.7	9.3	9.3	2.9	0.5	0.5
60歳以上	283	61.1	10.6	8.5	4.9	9.2	4.9	−	0.7
女性・16〜19歳	65	58.5	6.2	15.4	12.3	7.7	−	−	−
20〜29歳	183	45.9	19.1	19.1	12.0	3.3	−	0.5	−
30〜39歳	222	45.9	22.5	17.6	9.0	2.7	2.3	−	−
40〜49歳	261	53.6	21.1	13.8	6.1	3.1	1.9	−	0.4
50〜59歳	236	53.0	18.2	12.3	9.7	4.2	0.4	0.4	1.7
60歳以上	252	60.7	14.7	7.5	5.2	4.8	0.4	0.4	4.8

文化庁文化部国語課平成9年度（1997）『国語に関する世論調査』（大蔵省印刷局）

2.2.1.2　小学校や中学校の生徒同士の呼称詞

　同様に、生徒同士でどう呼ぶのがよいかという質問もあり、「小学校や中学校の生徒同士が、名字に「さん」や「くん」を付けて呼び合う場合、どういう呼び方をするのが一番望ましいとおもいますか。（1）男子が呼び掛ける場合はどうですか。この中から選んでください。（2）女子が呼び掛ける場合はどうですか。この中から選んでください」と質問している。対称詞ではなく呼称詞を聞く設問である。選択肢は、

　1．男子には名字に「くん」、女子には「さん」を付ける
　2．男子にも女子にも名字に「さん」を付ける
　3．男子にも女子にも名字に「くん」を付ける

4．その他の呼び方
5．分からない
を設定している。

　表4のように男子が呼び掛ける場合の回答は、「男子には名字に「くん」、女子には「さん」を付ける」72.9％、「男子にも女子にも名字に「さん」を付ける」12.0％とあり、世代差や、地域差や、性別による差が大きくは見られない。「男子にも女子にも名字に「くん」を付ける」が3.5％と低い。

表4　男子が呼び掛ける場合（地域ブロック別、性別、性・年齢別） （％）

	n	男子には名字に「くん」、女子には「さん」を付ける	男子にも女子にも、名字に「さん」を付ける	男子にも女子にも、名字に「くん」を付ける	その他	分からない
総数	2,240	72.9	12.0	3.5	7.5	4.0
〔地域ブロック〕						
北海道	100	74.0	4.0	3.0	12.0	7.0
東北	173	74.6	11.6	2.3	5.2	6.4
関東	697	67.7	15.4	3.3	9.0	4.6
北陸	103	69.9	8.7	3.9	14.6	2.9
中部	318	78.9	10.7	3.8	4.4	2.2
近畿	364	77.2	10.7	4.1	6.9	1.1
中国	143	75.5	12.6	1.4	5.6	4.9
四国	68	63.2	8.8	5.9	11.8	10.3
九州	274	74.1	11.7	4.4	5.5	4.4
〔性〕						
男性	1,021	71.9	10.1	4.9	9.1	4.0
女性	1,219	73.7	13.6	2.4	6.2	4.0
〔性・年齢〕						
男性・16〜19歳	58	67.2	3.4	1.7	24.1	3.4
20〜29歳	135	65.9	9.6	1.5	15.6	7.4
30〜39歳	139	74.8	7.2	2.2	12.2	3.6
40〜49歳	201	75.1	10.4	3.0	7.0	4.5
50〜59歳	205	77.1	12.7	3.9	3.4	2.9
60歳以上	283	68.2	11.0	10.6	7.1	3.2
女性・16〜19歳	65	66.2	6.2	4.6	20.0	3.1
20〜29歳	183	70.5	9.8	1.1	12.0	6.6
30〜39歳	222	83.8	8.1	0.9	6.8	0.5
40〜49歳	261	73.6	17.2	3.4	4.2	1.5
50〜59歳	236	75.0	15.3	3.0	3.0	3.8
60歳以上	252	68.3	17.9	2.4	3.2	8.3

文化庁文化部国語課平成9年度（1997）『国語に関する世論調査』（大蔵省印刷局）

表5　女子が呼び掛ける場合(地域ブロック別、性別、性・年齢別)　(%)

	n	男子には名字に「くん」、女子には「さん」を付ける	男子にも女子にも、名字に「さん」を付ける	男子にも女子にも、名字に「くん」を付ける	その他	分からない
総数	2,240	67.4	20.9	2.4	5.1	4.2
〔地域ブロック〕						
北海道	100	71.0	10.0	3.0	9.0	7.0
東北	173	67.6	23.7	0.6	1.7	6.4
関東	697	65.7	21.5	2.2	5.7	4.9
北陸	103	70.9	10.7	3.9	10.7	3.9
中部	318	74.2	15.7	4.4	3.5	2.2
近畿	364	70.6	21.4	1.9	4.9	1.1
中国	143	67.8	21.0	1.4	4.9	4.9
四国	68	67.6	7.4	5.9	8.8	10.3
九州	274	56.2	34.3	1.5	3.3	4.7
〔性〕						
男性	1,021	64.4	21.8	3.8	5.8	4.1
女性	1,219	69.8	20.2	1.2	4.5	4.3
〔性・年齢〕						
男性・16～19歳	58	69.0	8.6	－	15.5	6.9
20～29歳	135	68.9	10.4	1.5	11.1	8.1
30～39歳	139	72.7	13.7	2.9	7.9	2.9
40～49歳	201	67.7	20.9	3.0	4.0	4.5
50～59歳	205	57.6	32.7	3.9	2.4	3.4
60歳以上	283	60.1	26.9	6.7	3.9	2.5
女性・16～19歳	65	72.3	6.2	1.5	16.9	3.1
20～29歳	183	68.9	13.1	1.6	9.3	7.1
30～39歳	222	78.4	14.0	0.5	6.8	0.5
40～49歳	261	72.8	21.1	1.9	1.9	2.3
50～59歳	236	68.2	24.6	1.3	1.7	4.2
60歳以上	252	60.7	29.4	0.8	1.2	7.9

文化庁文化部国語課平成9年度(1997)『国語に関する世論調査』(大蔵省印刷局)

　表5のように女子が呼び掛ける場合の回答は、「男子には名字に「くん」、女子には「さん」を付ける」67.4％と回答パターンに男子が呼び掛ける場合との間に大した差がない。しかし、「男子にも女子にも名字に「さん」を付ける」20.9％とあり、女子生徒が男子生徒に対して「くん」を使うことに抵抗を感じる人がいるのがわかる。四国7.4％、北海道10.0％、北陸10.7％であるのに対して、九州34.3％、東北23.7％と地域差もある。また、60歳以上の男性26.9％、

女性29.4％であるのに対して、16〜19歳の男性8.6％、女性6.2％と大きな差があり、若い世代では女子生徒が男子生徒に対して「くん」を使うことに抵抗を感じなくなる傾向が見て取れる。年長層には「くん」は男言葉であるという意識が根強く残っているのであろう。

2.2.2 『学校の中の敬語』

　『国語に関する世論調査』は16歳以上の人を被調査者として選んでおり、実際の生徒の使用状況を調査したものではなく、意見を調査した世論調査である。一方、国立国語研究所編の『学校の中の敬語』は、実際の生徒を対象に学校の中の敬語使用の実態を調査したものである。その中に対称詞についての調査項目がある。アンケート調査と面接調査を行っている。

2.2.2.1　生徒の使う対称詞

　アンケート調査では、「相手のことは何と呼んでいますか。使うものには○、使わないものには×を全部につけ、その他の言い方をする場合には（　）に具体的に書いてください」で、

　1．同じクラスで、一番親しい同性のともだちに対しては……
　2．同じクラスで、話をする機会の一番多い異性の同級生に対しては……
　3．部（クラブ）活動で、話をする機会の一番多い同性の先輩に対しては……
　4．部（クラブ）活動で、話をする機会の一番多い同性の後輩に対しては……

と聞き手別に設問している。対称詞ではなく呼称詞を聞く設問である。選択肢は、地域別に設定しており、東京都の学校用では、

　1．キミ　　2．アナタ　　3．アンタ　　4．オマエ　　5．オメェ
　6．オタク　　7．ジブン　　8．姓＋クン　　9．姓＋サン
10．姓を呼捨て　11．名＋クン　　12．名＋サン
13．名＋チャン　　14．名を呼捨て　　15．ニックネーム・あだ名
16．その他（　　　　　）

であり、大阪の学校用では、

　1．キミ　　2．アナタ　　3．アンタ　　4．オマエ　　5．オメェ

6．オマハン　　7．オタク　　8．ワレ　　9．ジブン
10．相手の姓（例：スズキ、タナカ）
11．相手の名（例：マサオ、ハルコ）
12．その他（　　　　　）

とあり、山形の学校用には、

　1．キミ　　2．アナタ　　3．アンタ　　4．オマエ　　5．オメ
　6．ワ　　7．ワネ　　8．ワレ　　9．ジブン
10．相手の姓（例：スズキ、タナカ）
11．相手の名（例：マサオ、ハルコ）
12．その他（　　　　　）

となっている。

　結果として、「アナタ」は地域差、性別関係なしに使われていない。「キミ」や「オタク」も同様である。「アンタ」は女子生徒によって同性の友人に対して東京では20％ほど使われている。大阪では40％ほどに使用率が上がっている。「オマエ」が男子生徒によって、同性の後輩や友人に対して使われるが、同級生であっても異性であれば、使用度が下がる。大阪方言の「オマハン」は使われていないが、「ジブン」が20％程度使われている。山形方言の「ワネ」が主に男子生徒によって友人や後輩に対して使われている。「オメ」は男女とも同級生や後輩に対して使われている。性別を問わず、一般的には同性の先輩には二人称代名詞は使われていないが、山形の男子中学生の間では「オメ」が26.1％使われている。姓で呼ぶ呼び方については、東京では「姓を呼捨て」、や「姓＋クン」や「姓＋サン」と区分して調査している。男子中学生では「姓を呼捨て」を同性か異性かを問わず50％以上同級生や後輩に対して呼んでいる。高等学校になると、女子生徒に対しては28.5％と下がり、「姓＋サン」で呼ぶ呼び方が50.8％になる。女子生徒は中学校では同級の男子生徒に対して「姓を呼捨て」71.6％、「姓＋クン」39.8％であるが、高等学校になると「姓を呼捨て」25.1％、「姓＋クン」64.3％になる。『国語に関する世論調査』の選択肢「男子には名字に「くん」、女子には「さん」を付ける」に年齢が上がるにつれ

変化していく様子が見て取れる。名で呼ぶ呼び方については、男子生徒で呼捨てが同性の後輩や友人に対して用いられているが、女子生徒の対しては名で呼ぶことは少ない。女子生徒は「名＋チャン」で同性の友人や後輩を呼んでいる。東京では「3．部（クラブ）活動で、話をする機会の一番多い同性の先輩に対しては……」の選択肢に、「「先輩」（姓＋「先輩」、名＋「先輩」なども）」を追加しており、同性の先輩に対しては、中学校の男子生徒59.9％、高校の男子生徒71.6％に対して、中学校の女子生徒92.6％、高校の女子生徒92.3％と女子生徒では「先輩」が圧倒的に用いられている。

2.2.2.2 生徒が呼ばれている呼称詞と呼ばれたい呼称詞

　また反対に、東京の中学校や高校でのアンケート調査で、「逆に、ともだちや先生からあなたは何と呼ばれていますか。」という設問を行っている。話し手として、同性のともだちと担任の教師を設定している。対称詞ではなく呼称詞を聞く設問である。以下が質問文である。

（1）クラスメートで出席番号があなたのすぐ前の同性のともだちを思い浮かべてください。そのともだちからあなたは何と呼ばれていますか。呼ばれているものには○、呼ばれていないものには×を、全部につけてください。
　　なおあなたの出席番号が一番先頭の場合には、出席番号がすぐ後ろの同性のともだちのことを考えてください。

　　1．キミ　　2．アナタ　　3．アンタ　　4．オマエ
　　5．オメェ　6．オタク　　7．ジブン　　8．姓＋クン
　　9．姓＋サン　10．姓を呼捨て　11．名＋クン　12．名＋サン
　　13．名＋チャン　14．名を呼捨て　15．ニックネーム・あだ名
　　16．その他（　　　　　）

（2）ではあなたとしては、そのともだちから何と呼ばれるのが好きですか。好きな呼ばれ方には○、きらいな呼ばれ方には×、どちらでもない呼ばれ方には△を、全部につけてください。実際呼ばれていない言い方についても、もしそのともだちから呼ばれるとしたらということで考

えてください。（選択肢は同上）
（3）それでは担任の先生から何と呼ばれていますか。呼ばれているものには○、呼ばれていないものには×を、全部につけてください。
（選択肢は同上）
（4）あなたとしては、担任の先生から何と呼ばれるのが好きですか。好きな呼ばれ方には○、きらいな呼ばれ方には×、どちらでもない呼ばれ方には△を、全部につけてください。実際呼ばれていない言い方についても、もし呼ばれるとしたらということで考えてください。
（選択肢は同上）

結果としては、男子がよく呼ばれる呼称詞は、中学校では同性のともだちから、「ニックネーム・あだ名」（63.1％）、「姓を呼捨て」（40.8％）、「名を呼捨て」（24.1％）、「オマエ」（21.6％）等であり、反対に同性の同級生から呼ばれたい言い方では、「ニックネーム・あだ名」（59.1％）であるのに対して、嫌うのが「オマエ」（65.0％）、「名を呼捨て」（55.0％）、「姓を呼捨て」（41.7％）とあり、実際呼ばれているが好きではないと答えている。担任の教師から呼ばれる呼称詞は、「姓を呼捨て」（68.9％）、「姓＋クン」（34.9％）、「名を呼捨て」（24.0％）等であり、好ましい呼ばれ方は「姓を呼捨て」（41.9％）と実際呼ばれている言い方と一致するが、「姓＋クン」については、好ましいと答えるものが31.4％であり、反対に嫌うのが46.0％とある。高等学校では同性のともだちから、「姓を呼捨て」（60.6％）、「ニックネーム・あだ名」（37.2％）、「オマエ」（24.9％）、「姓＋クン」（24.9％）等で呼ばれているのに対し、呼ばれたい言い方では、「姓を呼捨て」（48.1％）、「ニックネーム・あだ名」（47.4％）等である。担任の教師からは、「姓を呼捨て」（73.5％）、「姓＋クン」（38.7％）等で呼ばれているのに対し、呼ばれたい呼称詞は、「姓を呼捨て」（51.0％）、「姓＋クン」（37.7％）等である。

女子がよく呼ばれる呼称詞は、中学校では同性のともだちから、「ニックネーム・あだ名」（51.0％）、「姓＋サン」（35.5％）、「名＋チャン」（32.4％）等であり、呼ばれたい呼称詞は、「ニックネーム・あだ名」（71.4％）、「名＋

チャン」(42.9%)、「姓＋サン」(27.5%) である。担任の教師からは、「姓を呼捨て」(71.3%)、「姓＋サン」(58.2%) 等で呼ばれており、呼ばれたい呼称詞は、「姓＋サン」(56.3%)、「姓を呼捨て」(44.1%) である。興味があるのは、「姓を呼捨て」についてであるが、呼ばれると嫌いなのは42.7%とあり、実際同性の同級生からは呼ばれておらず (77.7%)、担任の教師からについては嫌い (30.1%) に対し、好き (44.1%) と許容している。「姓＋クン」については、ともだち、教師のどちらもからも呼ばれていない。高等学校では、同性の同級生から「姓＋サン」で呼ばれるのが39.8%、呼ばれないのが56.3%、「ニックネーム・あだ名」で呼ばれるのが39.2%、呼ばれないのが58.0%、「名＋チャン」で呼ばれるのが32.1%、呼ばれないのが64.8%と人によって色々な呼称詞が使い分けられている。好ましい呼ばれ方は「ニックネーム・あだ名」67.9%、「名を呼び捨て」49.2%である。親しみを込めた呼び方をされたいと思っていることがわかる。担任の教師からは「姓＋サン」(60.8%)、「姓を呼捨て」(58.6%) で呼ばれており、「姓＋サン」と呼ばれるのが好きという回答が63.8%、姓を呼捨ても43.9%となっている。「姓＋サン」や「姓を呼捨て」が一般的であるのがわかる。

2.2.2.3　対称詞の言及形式と呼びかけ形式

　同じく面接調査では、対称詞については、言及形式と呼びかけ形式に分けて調査が行われている。言及形式では、相手を、

　1．下級生（同性）　　2．下級生（異性）　　3．同学年（同性）
　4．同学年（異性）　　5．上級生（同性）　　6．上級生（異性）
　7．先生（同性）　　8．先生（異性）

と区別して、ペアを組ませて、

　【左に質問】あした、バレーボール部とサッカー部とかの対抗試合があり、友達が何人か出場するので応援に行くとします。「自分は行くけれども、●●（右）君も行くかどうか」を●●（右）君に尋ねるとしたら、どう言いますか？

　【右に質問】また、●●（右）君はその質問に肯定的に答えるとしたらど

う答えますか。

今度は立場を逆にして、

　【右に質問】いまと同じことを立場を逆にして答えてください。つまり、あした、バレーボール部とサッカー部とかの対抗試合があって応援に行くとします。「自分は行くけれども、○○（左）君も行くかどうか」を○○（左）君に尋ねるとしたら、どう言いますか？

　【左に質問】また、○○（左）君はその質問に肯定的に答えるとしたらどう答えますか。

と尊敬語、謙譲語、丁寧語、自称詞、対称詞、応答語を自由回答でひきだすように、質問調査を行っている。自由回答であるので、対称詞が使われていない場合もある。

　結果として、男子では、東京の中学校において、二人称代名詞の「キミ」と「オマエ」が下級生や同学年の聞き手に対して使われているが割合が低い。異性に対しては、学年を問わず「姓＋サン」が多く使われる。「姓を呼捨て」が下級生や同学年の同性に対して使われており、また、異性にも同学年については使われるが、下級生には使われていないのが興味深い。上級生に対しては「姓＋先輩」、「先輩」が使われている。また、同性の場合は「姓＋クン」、異性の場合は「姓＋サン」の使い分けがある。先生に対しては、「先生」、「姓＋先生」が使われている。東京の高等学校では「オマエ」が同性の同級生や下級生に対して使われている。また、「姓を呼び捨て」が同性の同級生や下級生を中心に使われている。同級の異性や上級生には「姓＋サン」が使われている。先生に対しては、「先生」、「姓＋先生」が使われている。大阪の高校でも、同様な傾向が見られる。山形の中学校では「オメ」や「オメー」が性別を問わず、同級生や下級生に使われている。また、上級生に対しても使われており、使用範囲が広い。方言が幅広く機能して使われている様子がうかがわれる。先生に対しては、「先生」が使われている。

　女子では、東京の中学校において、聞き手にかかわらず二人称代名詞の使用がほとんどない。下級生や同級生の相手には、同性には「姓＋サン」、異性に

は「姓＋クン」が一般的である。同学年には相手の男女にかかわらず「姓の呼捨て」、また、同性には「姓＋チャン」が使われ、同学年の相手には、親しみを込めた表現が使われるとみてよいと思われる。上級生には「先輩」が使われている。先生に対しては、「先生」、「姓＋先生」が使われている。高等学校では、異性の相手には下級生や同級生には「姓＋クン」、上級生には「先輩」、同性の相手には、「姓＋チャン」、「姓の呼捨て」、「名＋チャン」、「名の呼捨て」が使われる。先生に対しては、「先生」が使われている。東京での使い分けを総合すると、男に対しては「姓＋クン」、女に対しては「姓＋サン」が使われている。「姓を呼捨て」というのが、話し手や聞き手の男女を問わず、同級の相手には使われている。下級生には使われていないので、目下であるというより、親しさを表しているとみられる。大阪の高等学校においては、東京と同様、異性の相手には下級生や同級生には「姓＋クン」、上級生には「先輩」、同性の相手には、「名の呼捨て」、「名＋チャン」、「姓の呼捨て」等色々な表現が使われている。相手の男女を問わず上級生には「先輩」が使われている。先生に対しては、「先生」、「姓＋先生」が使われている。山形の中学校では、「オメ」が下級生や同級生の異性に使われているのが目立つ。「名の呼捨て」が下級生や同性の同級生に対して使われている。上級生については主に「先輩」が使われるが、同性については「名＋先輩」がよく使われる。先生に対しては、「先生」、「姓＋先生」が使われている。

2.2.3　今永・田中・高木「教師の用いる対称詞が児童に与える影響：児童は教師に、何と呼ばれたいと思っているのか」

　また、「どのように児童を呼ぶべきか」という教育上の配慮から実際の教員による調査も行われている。横浜市と横須賀市の公立小学校4校の4～6年生1056人を対象に平成16年（2004）に行った調査では、1、教師に何と呼んで欲しいか、2、実際に担任の教師からどう呼ばれているのか、3、呼ばれ方のイメージを調査した。結果として、呼ばれたい呼称詞は、「姓＋サン」と「姓＋クン」の合計が39％、「ニックネーム」が25％であった。実際7割の児童が授

業中に担任の教師から「姓＋サン」や「姓＋クン」で呼ばれており、この呼ばれ方が当然であるという意識が定着している。イメージとしては温かい感じがする一方、好悪のない中立的な言い方と受け止められている。「ニックネーム」については、授業以外で6割の児童が呼ばれており、親しみを感じさせる言い方というイメージでとらえられている。また、「姓の呼捨て」は怒られている感じがして、受け入れられていない。

2.2.4 結論

学校での対称詞については、三つの調査結果をまとめると以下のことが言える。

＊担任の教師からは、男子生徒は「姓＋クン」、女子生徒は「姓＋サン」と主に呼ばれている。そして教師から生徒への一般的な対称詞として受け入れられている。

この調査では、教師の性別は問題にされていないが、男の教師にしても女の教師にしても大差がないことが予想される。かつては、「クン」は男の話し手が目下の聞き手に対する呼称や対称詞として使われており、男言葉であった。昭和27年（1952）に文部大臣に建議された国語審議会の『これからの敬語』には、敬称の項に「「くん（君）」は男子学生の用語である」と書いてある。かつては、小林（1998）によると、女の教師が男の生徒に対して「クン」を用いることは戦前には全く見られない光景であるし、戦後といえども直ぐに始まったことではなく、女が男を下に見ているとういう男尊女卑の理由で抵抗感を感じる風潮もあったが、現在ではもうないと思われる。昭和63年（1988）敬語に対する若者の意見を分析した永田（1988）では、「若い女性が同年輩の男性を「クン」で呼ぶのをどう思いますか」という質問に対して、男女とも「「クン」を使ってもかまわない」という意見を平均67.8％の若者は持っている。

＊中学校では男女とも親しい同級生間では姓の呼び捨てが使われているが、高等学校になると異性間では、男子には名字に「クン」、女子には「サン」を

付けるという形式が一般的になっている。しかし、年長層では女子が「クン」を使うことに抵抗を感じる人もいる。中学生は、特に女子は、「ニックネーム」で呼ばれることに対して親しみを感じるので歓迎している様子が分かる。

* 『これからの敬語』では、相手をさすことばとして、「「あなた」を標準の形とする」としているが、受け入れられていない。「オマエ」は目下の者に対して男子生徒によって使われている。方言の二人称代名詞は事情が異なっていて、大阪方言での「アンタ」や「ジブン」、山形方言での「オメ」が使われている。
* 生徒から教師に対しては「先生」が使われ、上下対称詞が守られている。
* クラブ内では「先輩」という役割名が使われ、上下対称詞が守られている。教師に対して「さん」でなく役割名の「先生」を使わなければならないという規約をクラブ内での上下関係に当てはめると、「先輩」のような役割名を使わなければならないというパラレルな関係なのであろう。

2.3 職場内での対称詞

2.3.1 『企業の中の敬語』

平成ではなく昭和57年（1982）に国立国語研究所は『企業の中の敬語』という報告書を出版している。ゲゼルシャフト的な大企業と血縁的地縁的つながりの強いゲマインシャフト的な中小企業において調査を行っている。企業というのは上下関係や命令組織を作って存在しているので、当然そこでは人間関係の保持が重要になり、待遇表現が重要になる。東京、茨城、京阪の会社について調査を行っていて、地域差も考慮に入れている。1086人に対してアンケート調査を、そのうち254人に対して面接調査を行っている。職階、在職期間、性別、学歴等の個人的な属性によっての敬語の使い分けを調査している。

2.3.1.1 企業内の呼称詞

呼びかけ語について調査している。調査結果のまとめとして以下の結論が示されている。

1. 上位者のうち部長と課長には職階名で「部長」、「課長」と呼びかける。

2. 主任以下の上位者には、その姓に「さん」を添えて呼びかける。ただし、主任には職階名で「主任」と呼びかける例もあるが、きわめて少ない。
3. 下位の男性には、その姓に「くん」を添えて呼びかける。
4. 女性には、その姓に「さん」を添えて呼びかける。
5. 職階名に「さん」を添えた「部長サン」「課長サン」という呼びかけはきわめて少なく、それも女性事務員の場合に限られる。
6. 姓の呼びすては、東京ではほとんどあらわれず、茨城・京阪に多い。
7. 姓の呼びすては、主任以下の男性と自分と同じか少し下の男性に対した場合に比較的あらわれやすい。ただし、京阪はもっと広くあらわれる。
8. 京阪では名で呼びかける例もあらわれる。
9. 京阪では愛称で呼びかける例が比較的多い。
10. 全体として、親しい感じの呼びかけが京阪に多く、東京は規則的（あるいは機械的）である。

「山本クン」というように「くん」を使うことがあるが、日本語では下位の者にしか使うことができない。職階の上の上司が部下に使うのが一般的であるが、年齢が上の部下の方が上司を「くん」で呼ぶ例が報告されている。また、「くん」は男言葉として発達してきた経緯があり、男同士で使われてきたが、今でも女子社員に対しては下位であっても使わない傾向が報告されている。呼称詞についても、「職階」、「職階＋サン」、「姓＋サン」、「姓＋クン」、「名」、「愛称」などの可能性があり、一般的には上位者に対しては「部長」のように職階で呼びかけることが多い。

2.3.2 『国語に関する世論調査』

2.3.2.1 部下から課長に対する呼称詞

また、平成9年（1997）の『国語に関する世論調査』では、「会社の課長に部下が呼び掛けるとき、どの呼び方が一番望ましいと思いますか」と会社内の呼称詞の使用意識についても調査を行っている。選択肢は、

1. 課長

2．課長さん
3．名字に「さん」を付ける
4．その他の呼び方
5．分からない

を設定している。

　次頁の表6のように「課長」59.7％、「課長さん」27.2％、「名字に「さん」を付ける」8.8％、「その他の呼び方」1.2％、「分からない」3.2％であり、「課長」と「課長さん」を合計した数値が86.9％と会社内では上司に対しては役職名を使うべきだという概念がほぼ定着している。しかし、「課長さん」という役職名に敬称の「さん」を付ける語形については、男性19.1％に対して女性34.0％と性差があり、男性では60歳以上35.7％であるのに対して、20～29歳4.4％、30～39歳5.8％のように、また、女性でも60歳以上54.4％であるのに対して、30～39歳17.6％と、年齢差が大きい。この調査では被調査者の職業別による分析もなされており、「課長さん」は農林漁業59.4％であるのに対して、被傭者18.6％、学生13.1％と大きな差がある。「課長」のように上司を役職名だけで呼び捨てにするというルールは若い世代で、会社で勤めている者、それも男性の間で多く使われている。昭和63年（1988）に敬語に対する若者の意見を分析した永田（1988）では、「「校長」「社長」のような職名に敬称をつけるべきではない」という質問に対して、70％以上の若者がつける必要がないと答えている。しかし、上司を役職名だけで呼び捨てにするのは失礼だという意識があり、「課長さん」のように敬称を付けて呼ぶ言い方が自営業者や年長層に支持されているのがわかる。つまり、『これからの敬語』では、「職場用語として、たとえば「先生」「局長」「課長」「社長」「専務」などに「さん」をつけて呼ぶには及ばない（男女を通じて）」と建議されているが、まだ徹底されていない。

表6 望ましい呼び方（課長に部下が呼び掛けるとき）
（地域ブロック別、性別、性・年齢別、職業別）

(%)

	n	課長	課長さん	名字に「さん」を付ける	その他の呼び方	分からない
総数	2,240	59.7	27.2	8.8	1.2	3.2
〔地域ブロック〕						
北海道	100	75.0	17.0	1.0	4.0	3.0
東北	173	65.3	17.9	6.4	1.2	9.2
関東	697	60.1	21.7	13.2	0.3	4.7
北陸	103	62.1	29.1	4.9	2.9	1.0
中部	318	55.0	36.8	6.9	0.3	0.9
近畿	364	59.6	27.2	9.3	2.5	1.4
中国	143	59.4	31.5	7.0	0.7	1.4
四国	68	48.5	36.8	8.8	1.5	4.4
九州	274	56.9	34.3	5.5	1.5	1.8
〔性〕						
男性	1,021	68.9	19.1	9.4	1.2	1.5
女性	1,219	52.0	34.0	8.2	1.2	4.6
〔性・年齢〕						
男性・16～19歳	58	60.3	12.1	19.0	3.4	5.2
20～29歳	135	73.3	4.4	20.0	0.7	1.5
30～39歳	139	76.3	5.8	12.2	5.8	－
40～49歳	201	73.6	15.4	10.0	0.5	0.5
50～59歳	205	72.7	20.5	4.9	－	2.0
60歳以上	283	58.7	35.7	3.9	－	1.8
女性・16～19歳	65	60.0	20.0	9.2	1.5	9.2
20～29歳	183	62.3	20.2	14.8	0.5	2.2
30～39歳	222	67.6	17.6	11.3	2.3	1.4
40～49歳	261	57.9	31.8	6.9	1.5	1.9
50～59歳	236	46.6	44.5	4.2	0.8	3.8
60歳以上	252	27.8	54.4	5.6	0.8	11.5
〔職業〕						
有職（計）	1,342	65.0	23.3	8.7	1.2	1.8
自営業主（小計）	260	58.1	33.5	5.4	0.4	2.7
農林漁業	58	55.2	39.7	3.4	1.7	－
商工サービス・自由業	202	58.9	31.7	5.9		3.5
家族従業者（小計）	106	44.3	41.5	4.7	2.8	6.6
農林漁業	32	25.0	59.4	－	－	15.6
商工サービス・自由業	74	52.7	33.8	6.8	4.1	2.7
被傭者（小計）	976	69.1	18.6	10.0	1.2	1.0
管理・専門技術・事務職	531	71.6	13.9	12.2	1.3	0.9
労務職	445	66.1	24.3	7.4	1.1	1.1
無職（計）	898	51.8	33.0	8.8	1.2	5.2
主婦	529	49.3	37.4	7.9	1.3	4.0
学生	153	59.5	13.1	17.6	2.0	7.8
その他の無職	216	52.3	36.1	4.6	0.5	6.5

文化庁文化部国語課平成9年度（1997）『国語に関する世論調査』（大蔵省印刷局）

2.3.3 『女性のことば・職場編』『男性のことば・職場編』

　現代日本語研究会は平成7年（1995）に職場における女性の話しことばの調査を東京で行い、その調査結果が『女性のことば・職場編』として公表された。会社、学校、役所で働く20代から50代の女性19人に対し、談話を録音し分析した。その中に対称詞が含まれている。その中に小林（1999）という章があり、女性語と男性語の平均化という観点から分析されている。女性の8720発話、男性の2143発話を分析対象にしている。使われた二人称代名詞は「あなた」14例、「あんた」5例、男性の「お前」8例だけであった。「あなた」は女性によってのみ使われ相手の性にかかわらず同年代、もしくは下の年代に使われている。「あんた」も女性によってのみ使われ下の年代に使われているが、私的な場面の使用にかぎられている。「お前」は男性によってのみ使われ私的な場面に限られており、職場での言葉としては一般的ではない。つまり二人称代名詞はほとんど使われていない。それに対して、「名字・名前＋敬称・役職名」が女性85例、男性20例が使われている。女性は他に「ちゃん」やあだ名など、場面や聞き手との関係に応じて色々な形式が使われるが、男性は「名字＋さん」、「名字呼び捨て」、「名字＋先生」だけであった。また「先生」や「課長」などの役職名による対称詞も女性25例、男性2例使われている。全体の結論として、男女とも二人称代名詞はほとんど使われておらず、敬称や役職名を含む対称詞については女性の方が場面に応じて色々な形式を駆使しており、人間関係を重視していることが分かる。

　ついで、現代日本語研究会は平成11年（1999）から12年（2000）にわたり職場における男性の話しことばの調査を東京で行い、その調査結果が『男性のことば・職場編』として公表された。会社、学校、自営業で働く20代から50代の男性21人に対し、談話を録音し分析した。同じく小林（2002）という章がある。今回は対称詞を含んだ「職場で使われる呼称」として『女性のことば・職場編』で使われたデータも総合し22287発話を調査対象にして発表された。469例呼称詞が使われているが、今回は呼称をどのように使い分けるかを、発話者の性別と年齢という属性や、公的か私的化という場面や、敬語を使うかどうかと

いう文体や、聞き手の性別と年齢という属性を考慮に入れて分析を行い、以下の結論を導き出している。「お前」、「あなた」、「あんた」のような二人称代名詞、「(名字)＋役職名」、「名字＋さん」、「名字＋くん」、「名字＋ちゃん」、「名字呼び捨て」、「名前＋さん」、「名前＋ちゃん」等が呼称詞として使われている。「お前」以外の呼称は発話者の性別にかかわらず用いられて、「お前」は男性語である。「(名字)＋役職名」は年長の聞き手に仕事関係の談話で用いられる。「名字＋さん」は職場で用いられる最も一般的な呼称である。それ以外の「名字呼び捨て」や「名前＋さん」などは年下の相手に対して使われる呼称である。職場によって、呼称の形式は異なる。二人称代名詞は職場では使われることが少ない。

2.3.4 結論

職場での対称詞については、次のような点が見つかる。
* 上司には職階名で呼ぶのが一般的である。職階名だけで呼ぶのは失礼であるという意識が年長層や女性にはあり、「職階名＋さん」と敬称の「さん」を付けて呼ぶこともあったが、若年層、特に男性では職階名だけで呼ぶことが一般化している。
* 下位の男性には「名字＋くん」、女性には「名字＋さん」が一般的であり、教育場面と同じ体系が使われている。
* 地域差もあり、東京に比べて京阪では、男性が親しみを込めて同輩や目下の男性に対して姓を呼び捨てで呼ぶこともある。愛称で呼ぶこともある。
* 二人称代名詞を使うことはほとんどないが、「あなた」が同年代もしくは下の年代の聞き手に対して私的な場面に限られて使われている。

3 結論

* どの場面においても上下対称詞の体系が広く使われている。すなわち、目上に対しては学校では「先生」や「先輩」という役職名、職場では職階名が使われ、目下には学校では先生から男子生徒は「姓＋クン」、女子生徒は「姓

＋サン」、職場でも部下には同様である。目下には二人称代名詞の代わりに、男には「姓・名＋クン」、女には「姓・名＋サン」が一般的である。あらたまった場でそれほど親しくない相手に対する対称詞の使用についても調査があるが、「姓＋サン」や役割名が使われている。

* 「あなた」は学校においてはほとんど使われておらず、職場では同年代もしくは下の年代の聞き手に対して私的な場面に限られて使われている。「あらたまった場でそれほど親しくない相手」という設定の場面では「おたく」や「あなた」のような二人称代名詞が使われることもあるが、「姓＋サン」という対称詞が最も一般的である。「おたく」が「あなた」が失った使用場面に使われるようになったが、世代が下がるごとに使われなくなっている。

* 「おまえ」や「じぶん」などの方言的な二人称代名詞は親しみを示すため対等もしくは下位の者に対して使うことができるが、共通語として奨励されている「あなた」は、よそよそしい感覚を与えることになり、不特定多数をさすような無味乾燥な場面にしか使われていない。

* 下位の者に対して、私的な場面では二人称代名詞を使うことができるが、公式的な場では使えないというように場面的制約が強くなっていると考えられる。最近の状況を見ると日本社会が上下関係から親疎関係を重視するように変化してきている。その社会変化を反映するように敬語の使用条件が上下関係から親疎関係に変化している。本来上下対称詞も上下関係という社会的待遇条件によって作られた体系であるが、対称詞の体系も使用場面が私的か公的か、親か疎かという場面的制約に左右されるようになったと考えてよいと思われる。

第13章　方言の対称詞

1　はじめに

　日本語の方言の対称詞の体系は、単一対称詞なのか、段階対称詞なのか、それとも上下対称詞なのであろうか。現代使われている方言も共通語の影響を受けて変化しており、この問いに対して明確な答えが探せない。対称詞についての調査がいくつか行われており、それらを分析することによって方言の対称詞の体系を見ていくことにする。

2　全国の対称詞体系の分布

　同じ調査票によって全国規模の大量調査がいくつか行われてきており、鳥瞰的に方言の対称詞の使用状況を見渡すことができる。

2.1　国立国語研究所「地域言語の敬語に関する調査」昭和27年（1952）

　各都道府県7地点ずつ52歳から74歳の老年層と18歳から29歳の若年層に分け、「これはあなたの傘か」という場合の二人称代名詞「あなた」を、「近所のよくつきあっている、あなたと同じ年ごろの男の人」、「近所のよくつきあっている、あなたの年下の男子に」、「近所のよくつきあっている、あなたの年上の男子に」、「小学校の校長先生に」、「道を聞かれた、見知らぬ同年の男子に」対してそれぞれどういうかを聞いている。彦坂（2013）はその結果を資料に次のように対称詞の分析を行っている。

1. 老年層のインフォーマントの年下の聞き手に対する場面でオマエ・オミー・オミャ等のオマエ系は東日本に優勢であり、アナタ・アータ・アタ・ア・アノタ・アンタ等のアナタ系は西日本を中心に太平洋側を北上し九州まで広がっている。そのほか、オヌシ系が山形、会津、愛知、土

佐に点在し、ワレ系が九州に広く使われている。ナー系が東北部で使われている。さらに、年下と年上を比べるとアナタ系がより丁寧な年上を聞き手とする場面により使われ、オマエ系の使用地域にアナタ系が侵入したことが読み取れる。
2. 分布は文献国語史の事実とつじつまが合っている。
3. オヌシ系、ワレ系が年上に対しては使われなくなっている。
4. 注目すべき点として、老年層においても聞き手に対する配慮が必要な場面で「名前＋サン」や親族名称などが使われる割合が多くなり、若年層では一層その傾向が強くなっている。

2.2 国立国語研究所「表現法の全国的地域差を明らかにするための調査方法に関する研究」昭和51年（1976）

　昭和51年（1976）に北海道から沖縄までの21地点で老年層男性数名ずつを対象として、「（傘を指して）これはあなたの傘か」と相手に持ち主をたずねるとき二人称代名詞「あなた」を、「近所の小学校の校長先生」、「檀家であるお寺の奥さん」、「外来の見知らぬ紳士」、「外来の見知らぬ若者」、「自分の父親」、「近所の顔見知りの若者」、「日頃親しくしている友人」、「自分の息子」、「自分の妻」に対してどのように言うかという項目を調査した。佐藤・真田・沢木（1978）では、オマエ系統、アナタ系統および共通語のレベルでの形式、それ以外の二人称代名詞、代名詞以外の語形と4種類に分類して分析を行っている。『方言文法全国地図』につながっていく、方法論を確立するための予備調査の性格が強いように思われる。

2.3 国立国語研究所編『各地方言親族語彙の社会言語学的研究（1）』昭和54年（1979）

　日本語では目上に対して二人称代名詞を使うことができないという鈴木（1973）の主張に対して、執筆担当の渡辺友左氏は目上の者に対して二人称代名詞を使える方言が多く存在することを示し次のように羅列している。いずれ

も昭和後期の調査結果である。

　福島北部方言：ニシャ／ニサ（目下）・オメエ／アンタ（目上）・ワガ（親しい者同士）

　青森西津軽郡深浦町・青森北津軽郡板柳町：ナ（目下・対等）・オメエ（親しい目上）

　津軽・鹿角・山形：オマエ（目上）

　宮城県仙南：ニサ（目下）・オメエ（対等）・アンダ（親しい目上）

　富山県砺波：ワリ（目下）・アンニャ／オマイ（目上）

　鳥羽：アガミ／アンジョ（目上）

　島根県隠岐郡西ノ島町：ノシ（目下）・オマエ／オマエサン（目上）

　香川県観音寺市伊吹島：ワレ（目下・対等）・オマエ／コンタ（目上）

　高知県宿毛市：オマン／オンシ（目下・対等）・オマエ／コサン（目上）

　高知県土佐清水市：オマン（目下・対等）・オマサン（目上）

　天草島牛深町：ワイ（目下）・アンタ（対等）・アアタサマ（目上）

　熊本県球磨郡神瀬村：ワサン（目上）

　奄美大島：ナ／ナミ／ナン（目上）

　首里：ウンジュ（目上）

東北から沖縄にかけて多くの方言で、単一対称詞や段階対称詞の体系が存在することを実例で示している。共通語では上下対称詞の体系が使われているが、方言ではそうではないことを初めて主張したことで価値があると思われる。しかし、なぜ対称詞の体系に共通語と方言の間に齟齬があるかの理由については、共通語の対称詞の体系の成立の歴史的問題の課題を解決しないことには、その理由が解けない。

2.4　平山輝男編『現代日本語方言大辞典』平成4年（1992）

　全国72か所で昭和50年（1975）から昭和63年（1988）にわたり方言語彙の調査を行っており、その中に相手を目下、対等、目上と設定して使用する二人称代名詞を聞く項目もある。目下や対等の聞き手に対しては、オメア（弘前・岩

手・福島等)やオマエ(石川・七尾・長野・福岡等)等の「お前」系統、(ン)ガ系統(青森・八戸・河辺・山形等)、一人称から派生したワイ(鹿児島)やワレ(宮崎)系統、沖縄方言ではッヴァ(宮古)やヤ(ー)(那覇)等方言語形が残されているが、目上に対して二人称代名詞を使えない地点が7か所あったり、また、共通語形のアナタやオタクが49か所で使われていたり、数か所で「新しい語形」であるという注記がなされている。分布の解釈はなく資料としての価値が大きい。例えば、青森では二人称代名詞が発達しているので例に示すと、以下の通りである。

　　ガ：君、おまえ。昔からの言い方。普通、年下の相手に対し男女とも用いる劣勢。
　　ナ：君、おまえ。新しい語形。同等・目下に男女ともよく使う。
　　オメァ：君、あなた。同等ないし年齢の近い目上に対し男女とも用いるが、同等の相手には劣勢。より改まった言い方はオメァサン、オメァサマで、改まった場合で目上に用いる。
　　アンダ：同等ないし年齢の近い目上に対して男女とも用いる。上品な言い方。対等な相手にも稀に用いるが、多くは目上に使う。アンタとも。
　　ホンダ：昔からの言い方。大正の頃使われていた。今でも人により用いる。ソナタ＞ソンダ＞ホンダの変化か。
　　ソナダ：普通、妻が夫あるいは他家の主人に対して使う。男性を尊敬していたので、このような敬意の高いことばを使ったという。ソナタとも。
　　ソジラ：ソナダと同じような敬意、用法をもつが、ソナダより古い。稀に用いる。

待遇価の低い順に並べたが、古くは、目下にガ、対等にオメァ、目上にはホンダ・ソナダ・ソジラが使われていたが、新しくは目下にナ、対等にオメァ、目上にアンダと変化したことが分かる。アナタの方言的発音であるアンダからより共通語的なアンタが併用されていたり、また、ソナタからの派生と思われるホンダやソナダや、ソチラからの派生と思われるソジラが残存したりするのも興味がわく。目上に対する二人称代名詞は外部から導入されたことが推定され

る。ガは八戸や安代、山形でも使われている。
　鳥取も複雑であり示すと次のようになる。
　　オノレ：大人が子供によほど腹を立てた時や、けんかの時にそしって言う。
　　ワ￣レ：大人が子供をひどく叱るとき、またけんかの時に相手をののしって言う。
　　オマエ：対称として年配（40歳以上）の人たちに最も多く使用される。共通語のように、目下のみへ言う代名詞ではなく、同等の人、親しい友人に言う代名詞である。したがって、共通語より、かなり敬意を持つといった方が適切である。男性に多い。女性も言うが、少ない。かつては男女共用いた。
　　ア￣ンタ：対称としオマエが男性に多いのに対し、ア￣ンタは女性に多く、同等の人、目下に使用される。すべての年齢の女性に用いられる。大正時代に入ってからの言い方のようである。上品。優勢。男性は目上に（ただし少ない）、女性は目上または同等に対して言う。女性に最も好まれ、ことに若い女性はもっぱらア￣ンタを用いる。
　　オマエサン：目上に言う。中年以上の男女とも最も普通に多く言う。ただし男性は、相手の姓や名前にサンを付けて言うことが多い。
　目下に対しては自称から派生したオノレやワレが使われるが、同等や目上に対しては、オマエが導入された。しかし、同じ発音を持つ共通語の待遇価が低いために丁寧に話そうとする女性はアンタに移行し、さらに尊敬語の接辞サンを付加してオマエサンが使われるようになった。公式的な場では共通語の上下対称詞の影響で二人称代名詞を使えず、姓や名にサンを付けて用いるようになったと推測される。
　敬語により全国の方言を区画した加藤（1964）によると、無敬語方言域が茨城、栃木、福島に存在し、単一対称詞の体系であることが予測されるが、茨城では、目下にオメア／オマエ、対等にオメア、目上にアナタ、栃木では目下にオメー／オマエ／テメー（卑罵語）、同等にアンタ、目上には使わない、群馬では目下にオメー／ニシャ（昔）、同等と目上にオメーとあり、群馬のみが単

一対称詞の体系を持っている。

2.5 方言研究ゼミナール編『方言資料叢刊 第7巻 方言の待遇表現』平成9年（1997）

北海道から沖縄まで全国34か所で70歳前後の土地生え抜きの女性に、

A. 親しい友人（女性）に「お前は元気かね」と言うとき、「お前は」と「元気かね」は、それぞれどのように言いますか。

B. 近所の年長の人（女性）に「あなたは元気かね」と言うとき、「あなたは」と「元気かね」は、それぞれどのように言いますか。

C. 土地の目上の人（男性）に、もっともていねいに「あなたは元気かね」と言うとき、「あなたは」と「元気かね」は、それぞれどのように言いますか。

という質問項目で調査を行っている。Aではア（ー）ンタ（ー）系が22か所やオメー（ハン）等の二人称代名詞が合計31か所使われているのに対し、Bでは親族名や名前等を使い、二人称代名詞を使えない地点が13か所、Cでは19か所に及んでいる。BやCで3例、新しくできたオタク（サン）を使っている。例えば、富山市のように方言の二人称代名詞アンタが全ての場面で使われている地域が1例であるのに対し、宮城県宮城郡ではAでアンタが使われるが、BとCでは「〜サン」と名前を使っている。島根県松江市でもAでアンタ（●○○）のように方言、Bでアナタ（○●○）と語形でもアクセントでも共通語、Cでは二人称代名詞を使わないというように、使い分けている。多くの地域で、方言の二人称代名詞はAの場面でしか使われていない。無敬語方言域、茨城、栃木、福島では、単一対称詞の体系であることが予測されるが、実際には、茨城では二人称代名詞は使わない、栃木ではAでオメーを使う他は親族名を使うとあり、無敬語方言域でも対称詞の体系は複雑である。

オタクという語形が全国に広まっている様子がわかるが、鈴木（1973）によると、「近年「おたく」ということばが、他人に対する二人称代名詞として用いられるようになっている。これは、話者が相手を上下関係の軸で把える必要

のない場合、つまり無色の代名詞を使いたいという気持ちのある時に用いられているようだ」(p.206)とあり、同書の書かれた昭和48年（1973）ごろに東京で使われ始めたことが分かる。また、昭和50年（1975）、雑誌『言語生活』291の「江戸のことば・明治のことば」と題された座談会で西山松之助氏が「今言うね、お宅ってことばァ、東京の言葉じゃないすよ。よくねえ、オタクお宅っていうけどね。アンナノモー、カンデステタイヨ」と発言しており、また『日本国語大辞典』第2版の「お宅」の項目で、「対称。ほぼ同等の、それほど親しくない相手に対して、軽い敬意をこめて使う」と記述があり、昭和47年（1972）の畑山博「いつか汽笛を鳴らして」を引用している。東京では1970年代に使われるようになった語であることが分かる。起源に関しては、大阪方言として牧村編（1955）によると「(代) オウチと同じように、相手の人に対して「あなた」という意味に用いる。そして、これが同輩以上になると、オタクサンとなる」とあり、山本（1962）では、「敬態として、男女ともアナタ系が最も多く用いられる。ついでオタク系が用いられる。女子にあっては、さらに丁寧なアンタハン・アンサン・オタクサンをオウチ系がつけくわわる」(p.492)とある。また、京都方言については楳垣（1946）には、

京言葉でも最も奇異な感じを起させるのは、対称の代名詞としてオウチ・オタクを使ふことだらう。これは近来特にその使用が目立つて益した。もちろん「家」を指すのではなく、間接に人を指すもので、自称のウチに対する言葉である。更に丁寧に云ふ時はオウッツァン・オタクサンとなる。同輩以上に対して使ふ。
オウチいかはらしまへんか（あなたはお出になりませんか）
オタクそーゆーてはりましたがな（あなたがさう云つてらッしやつたぢやありませんか）(p.147)

のような記述があり、さらに、奥村（1962）では、「オウチ・オタク等は、女性的な感じが強いが、やはり、京都市およびその近くによく用いられ、奥丹波丹後地方に少ない。これも、オタクサン・オウチサン・オウッツァン等の形で、より丁寧な表現をめざす」(p.299)とあり、関西方言から東京に移入され、

さらに東京で普及し全国に伝播した可能性が強い。さらに、江戸期の上方語を調査した山崎（1963）にオタクについて記述がないことを考えると、昭和になって大阪や京都で使われ始めた二人称代名詞であると思われる。

2.6　国立国語研究所編『方言文法全国地図　6』平成18年（2006）

　全国807地点で70歳以上の男性を対象に文法調査が昭和54年（1979）から昭和57年（1982）にかけて行われた。代名詞表現として、「これはお前の傘か」という場合の二人称代名詞「お前」を、

　　O場面（親しい友達にむかって言うとき）
　　A場面（近所の知り合いの人にむかって、ややていねいに言うとき）
　　B場面（この土地の目上の人にむかって、ひじょうにていねいに言うとき）

と場面を分けて聞いている。しかし、方言では二人称代名詞が使われているという前提で、その二人称代名詞が方言ではどういう分布をしているのかを調査しており、二人称代名詞が使われていないでトーサン・カーサン・オバサン等の親族名による回答や、「オマエノとは言いにくい」という回答は「その他」に入れられたり、不採用になったりしている。併用回答を含めた974回答のうち、親族名、「村長・先生」等の役割名、「名前＋さん」、「旦那さん」等の「その他」がB場面で122例（12.5％）使われている。A場面で33例（3.4％）、O場面で2例しかないことを見ると、上下対称詞であることが分かる。

　彦坂（2011）では、

　　GAJの〔O〕〔A〕〔B〕の3場面の解釈を概括すれば、形式順はオヌシ・ワレ類の古態形式からオマエ類、さらにアナタ類とオタク・「その他」の類の進出が認められ、地域上は古態形式の東西別の周辺分布、以後の諸形式は逆S字型での進出模様が認められ、原理上は目上に代名詞の使用が避けられ、「その他」類が進出することなどが認められた。

さらに、人口増加率とB場面の分布図を重ねあわせた結果（口絵1頁目参照）から、

いくらか例外はあるものの「その他」類がかなり良く人口集中地域または
　　　海沿いにあり、一方、オタク類は一旦はこうした模様が既に広く拡散して
　　　いるのであろう。

と一般的な語彙が伝播で解釈できるのに対し、待遇表現については、社会・文化的な側面を考慮に入れる必要を説いている。また、「お前の傘」のように所有格の場合には省略ができないが、「お前はどこに行くのか」のような文脈では、省略しても文意は通じるので、質問文を変えると違った結果が出ることも示唆している。昭和27年（1952）の調査では現れなかった関西出自と思われるオタク類が30年後の昭和57年（1982）の調査では拡張している様子が見ることができる。オタク類がB場面では115例（11.8%）、A場面31例（3.2%）、O場面で使われていないことを見ると、上位場面では常に外部から待遇価の高い語形が導入される事実が確かめられる。

　3場面を総合して、単一、段階、上下対称詞に全国の方言を分類したのが図1である。「その他」、つまり、二人称代名詞で聞き手を言及することができなくて親族名や役割名などを使わざるを得ない回答例を上下対称詞、聞き手に応じて二人称代名詞を使い分ける段階対称詞、誰に対しても同一の二人称代名詞を使う単一対称詞と分類した。段階対称詞の中でもオタクは新語形として近年導入されたものとして、また、アンタのように方言的である例を除いたアナタを共通語形として区別して示した。単一対称詞が全国の遠隔地、特に沖縄の離島に集まって分布しているのが見て取れる。上下対称詞が都市部に分布し、それを囲むように段階対称詞が分布しているのが見える。段階対称詞をオタク、アナタと共通語的と判断できる語を区別して示したが、オタクが上下対称詞の周辺に分布しているのが見て取れる。

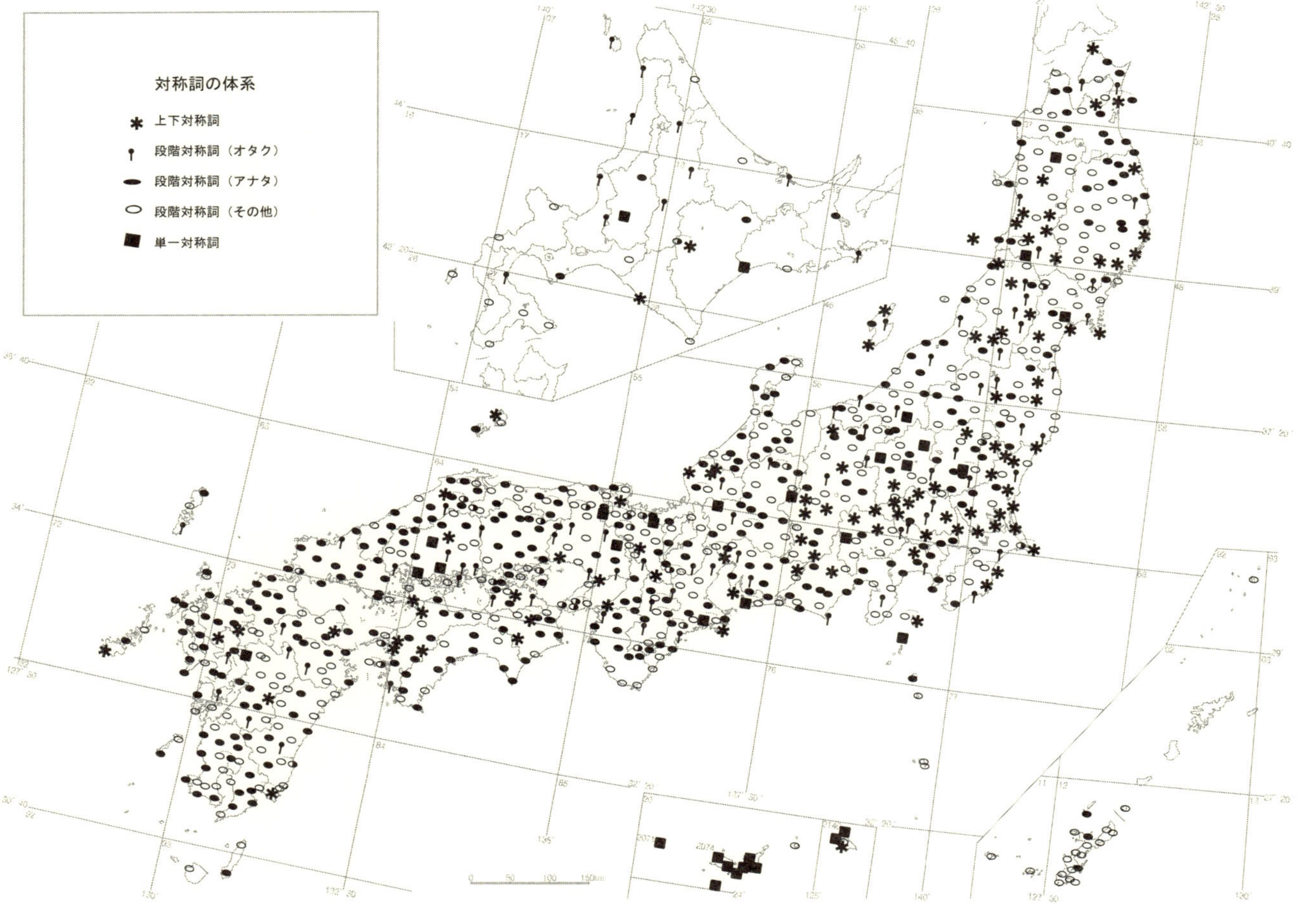

図1（永田作図）

3 地域社会の対称詞体系の分布

3.1 琉球（奄美・沖縄）

　本当に、方言では聞き手が誰であるかにかかわらず常に二人称代名詞が使われるはずだという前提は正しいのであろうか。全国共通語の影響を受けることが少なかった琉球方言について、中本 (1983) では、対称詞の使いかたに方言によるばらつきがあり、

> 対称をあらわす語の推移は、待遇関係が未分化の状態ですべて *ore であった琉球方言本来の構造の中に（本土系の語である）na: を取り入れ、さらに身分制度の発達に対応して（本来士族語であった）ʔundʒu を生み出していったものと推察される。(p.163)

と解釈しており、中央に向かって *ore < na: < ʔundʒu が分布している。すなわち、離島であり中央政権からは離れていた宮古諸方言や八重山諸方言では二人称代名詞の敬称態が発達しておらず、例えば、宮古の平良では目上や目下にかかわらず誰に対しても vva を使い、段階対称詞は沖縄本島やその属島に限られていることから前の結論を出している。ʔundʒu の語源については、「御所」、「思胴」、「御胴」という説がなされているが、中本 (1983) では *ore + no + sju（主）と解釈している。いずれの説に従うにしても、漢語から派生した語彙であり、士族階級のことばである首里方言、方言というよりは士族の公式言語が本島周辺地域に広がったものであろう。もし、代名詞として当初は導入されていなかったと考えると、琉球には、周辺地域から中央に向かって、単一対称詞、段階対称詞、上下対称詞と分布していると考えられる。松本 (1987) では、奄美喜界島方言では、大正初年頃までは、ʔundʒu は「おもに島外からの来訪者、また、ヨソモノ（とおもわれた人）に対して使ったという」(p.118) とあり、島外から移入された語である可能性を述べている。

　伊豆山 (2011) によると、宮古では、

> 同輩（同年齢）ないし目下・親しい友には vva が普通だが、同僚はともかく、二つ三つ年下の人から vva と言われる場合は、いささか不愉快な

感じがする。二つ三つ年下からはunzjuと呼ばれるのが望ましいことになる。親しい人や、子供の時から親しんできた目上には、aza（兄さん）、aGga（姉さん）、を童名に加えて呼ぶ。例えば年下の男性で親しい童名カーミの人には、ka:mi: aza:（カーミ兄さん）のように言う。unzjuは、男女の区別なく用いられる。この語は成人してから知り合った目上に対する、いささか他人行儀の敬称らしい。目上というのは、先ず年齢が高いということである（pp.238-239）

とあり、与那国では二人称代名詞は、単数 Nda、複数 Ndi、NdiNta で「二人称の敬称はない。複数形の NdiNta は、好ましくないコノテーションがある」（p.334）とある。また、この（人）の物も「この」ku-について、「目上の人に ku-は言い難い。その場にいる人なら kunu/unu/kanu Tu numunu 等。kuNtati munu は殆ど使う機会が無い」（p.335）とある。二人称代名詞を目上に対して使うことがはばかられるという点については中本（1983）の解釈とは異なり、本来的にこのような傾向があったのか、それとも共通語化の結果なのかは即断しにくい。ちなみに、『方言文法全国地図 6』では、宮古は O 場面 uvva、A 場面 uNzyu、B 場面 uNzyu とあり、『現代日本語方言大辞典』では、O 場面ッヴァ、A 場面ッヴァ、B 場面ッヴァとウンジュの併用でウンジュを新しい言いかたと注記している。しかし、ウンジュを待遇価の高い新しい語形として沖縄本島から琉球共通語化とでも呼ぶべき道筋で導入したのは全国共通語化と異なる道筋であるのが興味深い。伊豆山（2011）と同じ回答を答えている。一方、与那国では O 場面 Nda、A 場面 Nda、B 場面 Nda とあり、中本（1983）と同じ回答を答えている。

永田（1996）では1985年沖縄本島大里において、「これはあなたの傘ですか」という文を使って「あなた」という部分の対称詞を調査した。場面として公式性・親疎・年齢差・性別・世代差を要因と考え組み合わせて次のように20場面を設定した。

　A－1．見るからに内地からの旅の人に言う時
　B－1．役場で土地出身のお年寄りの役場職員に言う時

B－2．役場で土地出身の中年の役場職員に言う時
B－3．役場で土地出身の若者の役場職員に言う時
C－1．土地の人だとわかっているが、名前を知っているだけのそんなに親しくないお年寄りに言う時
C－2．土地の人だとわかっているが、名前を知っているだけのそんなに親しくない中年の人に言う時
C－3．土地の人だとわかっているが、名前を知っているだけのそんなに親しくない若い男に言う時
C－4．土地の人だとわかっているが、名前を知っているだけのそんなに親しくない若い女に言う時
D－1．村の会合で、改まって、よく知っているお年寄りに言う時
D－2．村の会合で、改まって、よく知っている中年の人に言う時
D－3．村の会合で、改まって、よく知っている若い男に言う時
D－4．村の会合で、改まって、よく知っている若い女に言う時
D－5．村の会合で、改まって、よく知っている同年代の年上に言う時
D－6．村の会合で、改まって、よく知っている同年代の年下に言う時
E－1．家で、自分の {親（中年）～祖父母（若年）} に言う時
E－2．家で、自分の {子供（老年）～親（若年）} に言う時
E－3．家で、自分の {孫（老年）～子供（中年）} に言う時
E－4．家で、自分の年上の兄弟に言う時
E－5．家で、自分の年下の兄弟に言う時
F－1．くつろいで親しい友人に言う時

CとDで若い男と女と言うように区別したのは、若い世代では話し手の性別によって共通語化の度合いが異なることが分かっており、聞き手の性別によっても使用語形が異なることが予測されたからである。また、Eにおいて世代を中心に、例えばE－1は、中年のものには自分の親に対し、若年には祖父母に対しどのように言うかを聞いた。すなわち、3世代に分け、1番上の世代についてどのように言うかを聞いた。なお、若年とは30歳まで、中年とは60歳ま

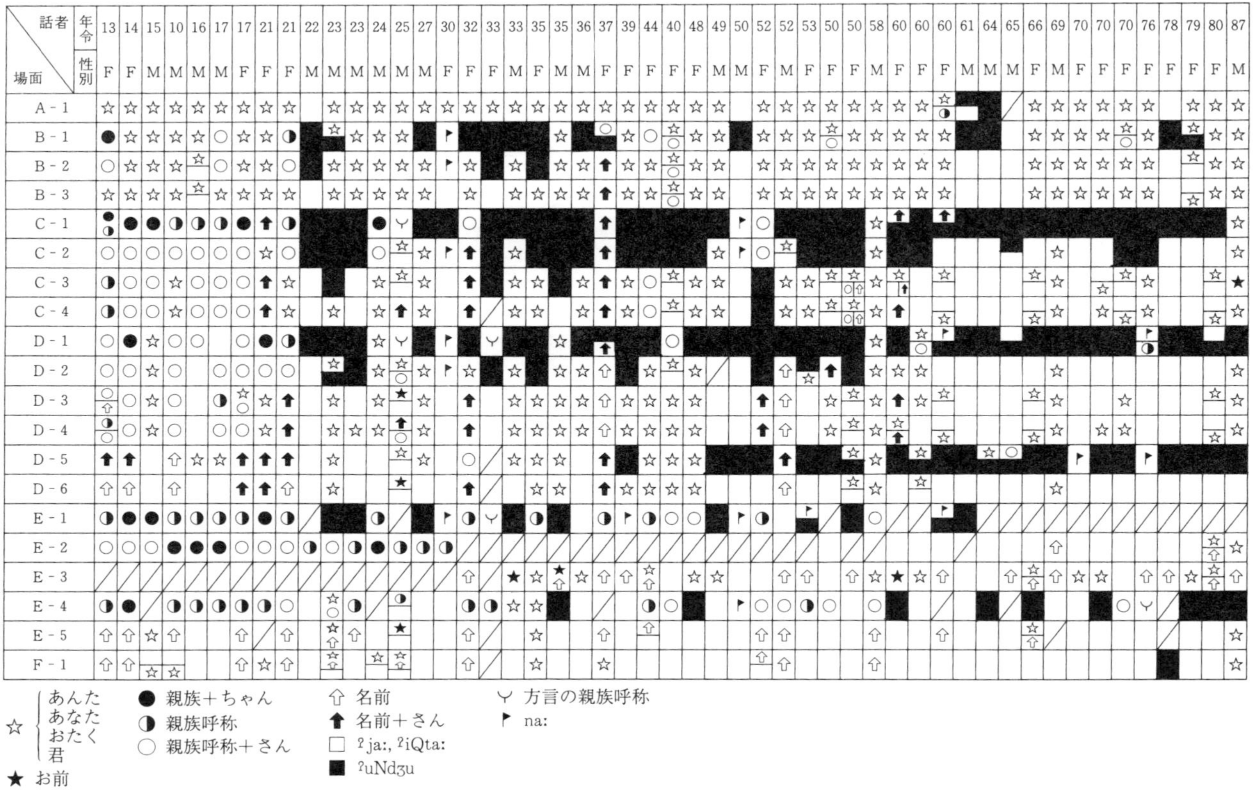

図2　これは<u>あなた</u>の傘ですか（永田1996）

で、老年とはそれ以上とした。

　図2を見ると、60歳以上は年上のものには尊敬語ʔundʒu、年下のものへは普通語ʔja:を使っている。家庭内でも同様で、年上の兄弟にはʔundʒuを用いる。ところが、60歳から20歳ぐらいまでは、老年へはʔundʒuを用いるが、あなた系の語が一般的に用いられるようになる。あなた系の語は共通語からの借用であるが、機能が異なり、年上のものにも年下のものにも使われ、公式性を表現できる全国共通語の影響を受けた新語形であり、Aの外部者やBの役場の人に対して「あなた」がほぼ全世代にわたり使われている。20歳以下になると、年上には親族名、年下には名前という共通語的な上下対称詞の体系が一般的になる。親族名も共通語の「お兄さん・お姉さん」もあるが、伝統的方言にないウチナーヤマトグチと呼ばれる語形のni:ni:（お兄さん）やne:ne:（お姉さん）という語も使われている。しかし、この世代でも男の間では親友や年下の者に対してʔja:が使われ、仲間言葉としての方言の力強さを示している。ʔitta:はʔja:の複数形である。また、かつての平民のことばの敬語であるna:が残存しており、親しい年上の者に対して一般に用いられている。かつての伝統方言では最高の敬意を示すʔundʒu、平民の敬語na:、普通体のʔja:が使い分けられていた。

　奄美大島瀬戸内町において平成15年（2003）から平成17年（2005）にわたって全世代にわたり調査した辻（2006）では、老年層や中年層男性では目上には方言の二人称代名詞namまたはna:、対等と目下にはʔura(:)を用いるが、中年層女性はnamを用いるがʔura(:)を使用しなくなり、さらに年齢が下がると伝統方言の二人称代名詞を用いなくなる。代わりに共通語の二人称代名詞のアナタが中年層以下では親しくない相手や外来者に対して使われ、アンタが老年層では一般的な対称詞として、中年層では同年代や年下に、若年層では親しい聞き手に対して使っている。中年層以下では、外来者や役割上の上位者に対しては二人称代名詞を使わない。

3.2 長野県と新潟県の接触地域

　三石（1986）では昭和50年（1975）から昭和51年（1976）にかけて長野県と新潟県の接触地域において、「おめどこへ行くい」という意味の文を、60歳以上の生え抜きの男性に対して、以下の聞き手について、それぞれどのように言うかを調査している。

0．町から来た見知らぬ男性（たとえば市役所の人）
1．自分が檀家である寺の住職
2．目上の人（よく知っている人）
3．対等の人
4．目下の人（ただし、おとな）
5．うちの嫁
6．自分の妻・子供

二人称代名詞については、長野県では anta > omesaN > ome > wa:(ware)、新潟県では anta > omasaN > omaN > ome > wa:が待遇度の高い順に使われている。都市部か農村部かという地理的条件に応じて、それぞれの二人称代名詞の使い分けが異なり、以下の点が指摘されている。

1．0の見知らぬ人には anta を単独もしくは併用で用いる。
2．長野県では共同体であるが1の寺の住職には二人称代名詞を使って呼びかけることができず、dannasaN・oterasaN のような役職名等を用いて呼びかける。
3．wa:(ware)という一番待遇価の低い語形が、古くは2と3の間に使い分けが見られた。すなわち、目上と対等以外を区別し、目上以外には wa:(ware)を用いていたが、時代とともに待遇価が低下し、最終的には6の自分の妻や子供にしか用いられなくなっている。
4．時代とともに外部から二人称代名詞が導入され、より待遇度の高い場面に用いられるようになり、重層的により多くの二人称代名詞が場面に応じて用いられるようになっている。
5．都市部では対称詞の使い分けは割に単純だが、農村部では伝統的な社会

的身分的秩序が固定的に存在するため、複雑な対称詞の使い分けがなされている。段階対称詞と上下対称詞の体系が方言の話されている社会構造に対応して使われている。

この調査では、二人称代名詞と動詞「行く」の語形との共起関係に主題があり、どの二人称代名詞と動詞の種類が共起するかを調査している。なさる系 eginasaru、ます系 egimasuka、なる系 eginaru、る・らる系 egaru、普通態 egu が使い分けられている。0の見知らぬ人や1の寺の住職には、なさる系 eginasaru が使われている。標準語としては、昭和27年（1952）の『これからの敬語』では、動詞の敬語法としては、Ⅰ．れる・られる型、Ⅱ．お〜になる型、Ⅲ．お〜あそばす型を推奨しており、なさる系 eginasaru は標準語形ではない。しかし、奥村（1966）では、「最も勢力が強く、全国にかなり広く分布している。東日本（東海地方西部等は除く）は比較的少ないようだが、これはかなり相対的な面を含む」(p.757) とあり、なさる系は「共通語的意識を伴う場合が多い」(p.757) とある。対称詞 anta や役職名が方言の体系内での使用なのか、共通語としての導入なのかは即断しがたい。

3.3 新潟県

大橋（1999）は、下越、中越、上越、佐渡と新潟県各地で「お前も行くか」という質問文を、

1．近所の目上のおじいさんに対して
2．近所の親しいおじいさんに対して
3．孫に対して

どのように言うかを調査した。図3のようにオメー（サン）・オマエ（サン）・オマン・ワレ等が待遇度に応じて各地で使い分けられている。すなわち、佐渡の上品語は二人称代名詞が使えず役割名・名前呼称を使っている。『方言文法全国地図　6』（2006）でも佐渡では上下対称詞が使われている。これらの分布を解釈して、

①本来、より高い品位のものとして用いられていた事象が、徐々に品位を下

232

　　降させていく。

②それを補うために、

　　イ　二人称代名詞の世界内での補綴

　　　（イ）別な二人称代名詞を用立てる

　　　（ロ）既使用の代名詞に上品位を表す接尾辞「サン」を補接する

　　ロ　別な原理での補綴

　　　　身分呼称・名前呼称・感動詞呼称等

と結論付けている。

地域＼品位	上品位	中品位	下品位
下越	オメ（ー）サン	オメー・オマエ（主）	
			（ン）ナー・ネラ（村上市以北）
中越	オマエサン	（ン）ナー	
	オマエ	ニシャ（内陸魚野川流域）	
上越	アンタ	ワレ	
	オマン		
		オマエ	
佐渡		オメー	

図3（大橋1999）

3.4　富山県五箇山・真木集落

　昭和46年（1971）全構成員26人戸数6の閉鎖的な農村社会であった富山県五箇山の真木集落において構成員全員に対してリーグ戦式の調査が待遇表現について行われた。その中に対称詞についての質問項目が含まれている。「これはあなたの傘か」という「あなた」の部分を集落構成員すべてに対して、本人以外の全ての構成員を聞き手とする場合にどのように言うかを聞いたものである。そして観光化のために外部から大きな変化が押し寄せた10年後の昭和57年

（1982）に継続調査を行い、その変化の様子の結果を示した真田（1983）には、次のことが示されている。

1. オマイ＞アンニャ＞ワリという方言二人称代名詞が敬意の高い順に使われている。
2. 昭和47年（1971）の調査では、オマイを使うかアンニャを使うかが聞き手の家格によって決まっていたが、昭和57年（1982）には家格が決定要因でなくなっている。
3. ワリが全ての若年層の聞き手に対して使われていたが、昭和57年（1982）には話し手の家族の妻や子に限定されて使われるようになった。かつては村落全体が家のように意識されており村の子供という意識で扱われていたが、その全体意識がなくなった。
4. アンタという地域共通語の語形が富山市あたりから急激に浸透している。
5. 二人称代名詞を用いないで、役割名や職業名で聞き手を待遇する事例が昭和47年（1971）にも若い世代では使われており、時代とともに広がっている。

さらに、辻・金（2009）では36年後に継続調査した結果を報告している。被調査者は4名だけであるが、3名が昭和47年（1971）の調査の被調査者と同一人物である。結論として以下のことが挙げられている。

1. 旧形式の「アンニャ」「オマイ」「ワリ」の使用はみられず、「アンタ」はさらに多く用いられている。
2. 対称詞として使用する形式にインフォーマントによる待遇度の認識が違う。
3. 二人称代名詞を用いないで、役割名や職業名で聞き手を待遇する待遇法が若い世代ではさらに広まり、今回新しく調査対象に入れた構成員でない部外者に対しては役割名や名前が使われている。

3.5 愛知県常滑市

真田（1990）では、陶器製造を主なる産業にしている地方都市愛知県常滑市

全域において、昭和55年（1980）に職歴の雑多なほとんどが明治後期生まれの60歳以上の男性26人に対して、「（傘を指して）これはあなたの傘か」と相手に持ち主をたずねるとき二人称代名詞「あなた」を、「近所の小学校の校長先生」、「檀家であるお寺の奥さん」、「外来の見知らぬ紳士」、「外来の見知らぬ若者」、「自分の父親」、「近所の顔見知りの若者」、「日頃親しくしている友人」、「自分の息子」、「自分の妻」に対してどのように言うかという項目を調査した。昭和51年（1976）の国立国語研究所の「表現法の全国的地域差を明らかにするための調査方法に関する研究」と同様の場面設定を行っている。図4は場面別に使用された対称詞を頻度別に示したものである。対称詞は大きく分けて、次の形式が使われている。

1. 外部から導入されたと思われるアナタ・アンタ・オタク系統が校長やお寺の奥さんのように集団内であるが上位に扱うべき人や外来者に対して使われている。尊敬語や丁寧語が主に使われ上位者に対する待遇表現である。

2. オマエ・オマエサン・オマサン系統が集団内の誰に対しても最も一般的

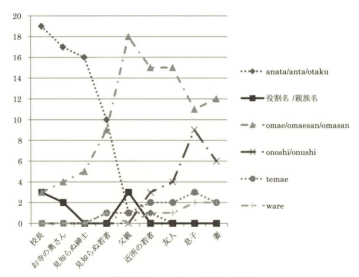

図4　（真田1990）により永田作図

に上下関係にかかわりなく使われている。
3. オヌシ・オノシ系統が集団内の目下に対して使われている。親族内の目下息子や妻に対して多く使われている。
4. 校長に対してはセンセー、お寺の奥さんに対してはオクリサン（お庫裏さん）のような役割名、父親にはオトーサンのような親族名も使われている。しかし、親族内では目上に対してもオマエが主に使われ、全国共通語のような上下対称詞の体系は劣勢である。
5. テマエ系統も集団内の誰に対しても使われている。父親に対しても使われていて、待遇価を見てもオマエからの派生と思われる。
6. 一人称代名詞から派生したと思われるワレは集団内の目下に対して使われている。

3.6 石川県輪島市町野町

柴田（1955）は石川県輪島市町野町の親族呼称を昭和27年（1952）に行った調査報告である。この地域においては家柄で親族呼称が固定している。例えば、家長については次のように家柄の高い順に固定している。
1. ダンナサマ
2. オトトサマ・オヤッサマ
3. オトト
4. トート・トッツァマ
5. パッパ・チャーチャ・チャー

この家柄による呼称は地域社会の内部や家族内部においても使われ、同じような家柄による使い分けが家長の妻、父、母、長男についても決まっている。つまり1の家柄の家長は村の誰からも、家族からもダンナサマと呼ばれていた。また、二人称代名詞も、
1. アンタ、アンタサン、アンタサマ
2. オマエ、オマエショ、オマエサマ
3. ワ、ワッチャ、ワラチ

4. オドレ

と使い分けられていた。また柴田（1973）は近隣の上時国において昭和45年（1970）に行った調査報告である。この地域では親族呼称のほか、屋号、姓、名、職業名による呼称が使われている。さらに親族呼称は、チャン、サン、サ、マ、クンのような接辞を付加して使われている。これらの種類の呼称詞が地域社会の中での話し手とその人物の相対的位置に応じて使い分けられている。例えば、寺の住職はホンインサン（法印様）、ボンサマ（坊様）のように職業名で呼ばれている。これは呼称詞を記述したもので、対称詞については記述がないが、二人称代名詞、親族名、屋号、姓、名、職業名によって使い分けがなされていた可能性が強い。

4　結論

　方言社会においても上位の者に対しては二人称代名詞が使えない方言が多くある。これまでほとんどの場合は方言では単一対称詞か段階対称詞であって上下対称詞ではないと考えられてきたと思われる。上下対称詞が使われている場合には全国共通語の影響と思われてきた。しかし、本当に全国共通語の影響で目上の人に対しては二人称代名詞が使えない上下対称詞に移行しているのであろうか、それとも本来的に上下対称詞であったのであろうか。明確な解答は出されていない。というよりは、誰も疑いはしなかった。

　現代の日本各地方言の対称詞の体系を概観すると、数は少ないが沖縄の宮古島や八重山諸島のような僻地に単一対称詞の体系があり、多くの地域では段階対称詞の体系があり、都市部を中心に上下対称詞の体系を持つ方言もある。古い二人称代名詞が待遇価を落とし、より新しい二人称代名詞が導入されてより上位の二人称代名詞として使われるようになるのは、方言地理学の原理を導入すると理解でき、実際多くの方言でその過程を垣間見ることができる。しかし、それぞれの地域で古くから「この方言は単一対称詞、この方言は段階対称詞、この方言は上下対称詞」というように異なった体系を持つ方言が分布していたのであろうか。それとも、単一対称詞から段階対称詞、段階対称から上下対称

詞というように社会変化に応じて、単純な体系から複雑な体系に変化してきたのであろうか。語形は伝播するというのは方言地理学の基礎概念であるが、体系は伝播するのかは不明である。むしろ、対称詞というような社会言語的な事象は社会変化に応じて体系を変えていくというほうが妥当ではなかろうか。上下対称詞の体系を基層に本来的に持っていると考えたほうが妥当ではなかろうか。

　三石（1986）を見ると、昭和50年（1975）においても、長野県や新潟県の農村部では住職のように村落共同体の一員であるが社会的地位の高い相手に対しては二人称代名詞を用いることのできない上下対称詞の体系であり、それ以下の共同体社会内では段階対称詞の体系である。都市部より農村部において身分的階層がはっきりしていて対称詞の使い分けが厳しく規定されていると報告している。また、沖縄では中央部の方が複雑な体系を持つと中本（1983）と報告されている。反対の結論が出されている。共通しているのは、社会構造が階層的に複雑な社会ほど複雑な対称詞の体系を持っているということである。すなわち、長野県や新潟県の農村部では固定的な家格という身分秩序によって構成されており、一方、都市部は人口流動も激しく、社会構造も流動的である。反対に、沖縄においては、離島部は村社会が農業と漁業に依存し、自給自足的な原始共産主義的な構造であり、皆が平等な社会である。沖縄本島やその周辺部では、平民と支配者階級が存在し、専門職が発達し、身分階層社会になっている。その点で、社会構造が階層的に複雑な社会ほど複雑な対称詞の体系を持っているということが共通している。

　小林・澤村（2014）では同様な問題を扱っている。おしゃべりかどうか、挨拶するかしないか、礼や文句を言うかどうか、値切るかどうかなど方言によってものの言い方の発想法に地域差があると分析し、その発想法を①発言性、②定型性、③分析性、④加工性、⑤客観性、⑥配慮性、⑦演出性の七つに分類している。これらの発想法は西日本に特徴的であると説いている。農村型社会に対して人口の集中や商業・交通網の発達した都市型社会という社会環境はそこに住む人々の言語的発想法に影響を与えたと考えている。そして、「発想法の

ような"考え方"や"思考"がそもそも伝播するのか、という根本問題は残る」(p.208) と疑問点を提示しながら、近畿を中心とした西日本、および関東には中央語の都市型社会の言語的発想法が拡散・定着したのに対して、関東以外の東日本や九州以南の農村型社会では中央語の影響から取り残されたという伝播の考えで発想法の地域差を説明している。しかし、方言地理学で歴史的変遷の論証に使うのは主に語形の分布で、周圏分布というように地理的な語形の連続分布が見て取れる。ものの言い方の発想法に地域差があるとするが、分布というより傾向と呼んだ方がよいような地域差である。著者の一人が編者になった小林編 (2014) でも、あいさつ表現に焦点を当てたいくつかの論文が記載されている。あいさつ表現の地域差を灰谷 (2014) の都市化や瀬戸口 (2014) の生活様式の変化や沖 (2014) の「人が織りなす社会の様相」(p.139) ように社会的要因を表に出して解釈しようとする論文もあれば、中西 (2014) や田島 (2014) のように伝播で解釈しようとする論文も見られる。本書で扱っている対称詞の体系についても共通する課題である。第14章では日本語の対称詞の体系を世界の言語の対称詞の体系と比較しながら考察している。そこでは聞き手に対して話し手が配慮を持って丁寧に話そうとすることは、人間言語が社会的な機能を持っている限りどの言語でも当然丁寧表現は存在するという人間言語共通のポライトネス理論で解釈することも可能であるという考えを示した。本書では伝播という考えより、上下対称詞の体系を基層に本来的に持っているが、社会変化に応じて体系を変えていくと考えたほうが妥当ではなかろうかと考えている。上下対称詞が地理的な連続分布というより都市部に集中して分布しているという事象を解釈できる。

　どこまでを方言と見るかという問題ともかかわってくる。『方言文法全国地図』では方言の対称詞を探るという意味で聞き手の対象をO場面（親しい友達にむかって言うとき）、A場面（近所の知り合いの人にむかって、ややていねいに言うとき）、B場面（この土地の目上の人にむかって、ひじょうにていねいに言うとき）のように地域社会の人に限定した。上下対称詞が使われている場合には、地域社会も上位場面では共通語が導入されているという解釈で本

来的な体系が壊されつつあるという解釈が前提になっているように見える。しかし、常に新しい語形が中心部から権威をもった語形として導入されるという方言地理学の原理を適用すると、待遇表現にも、昔から上位場面では外部の体系が導入されていたという解釈も成り立つ。古くから方言の中で複数の対称詞の体系が場面に応じて共存していた可能性が否めない。方言は生活言語であり、一般生活で使用する言語であるということに間違いはなく、公的な場で使用する共通語とは異なることは理解できる。しかし、待遇表現のように、使用場面に左右される言語では生活言語と公的言語の境界が明確ではない。例えば、親族内では方言が段階対称詞の体系を持っていて、世代や年齢を基準に下位の者に対する対称詞と上位の者に対する対称詞が異なる方言があるとしよう。しかし、同じ村落内でも庄屋や住職のように身分関係の上位の者に対しては親族関係の上位の者に対する対称詞と異なることは容易に想定できる。その対称詞は外部の世界から移入されるのが一般的である。生活言語という定義を適応するなら、親族内での段階対称詞のみを生活言語とするのか、それとも村落内での段階対称詞にまでその範囲を広げるのかという方言の範囲に設定が問題となる。一般的な語彙の場合は、全国共通語と同じ語が導入された場合には共通語化の影響として方言からは除外してきた。しかし、どの地域社会においても外界との接触が古くから継続して起こり、方言地理学の世界では、全国共通語化以前の外界から導入された言語接触変化については、方言内での革新として捉えてきた。特に、対称詞のような待遇表現の場合には古くから外部の待遇表現が導入され変化を続けてきた。方言内での革新と共通語化を区別する基準として、方言内での革新は地理的な接触による隣接地域から地を這うような伝播によっておこり、一方テレビや教育による共通語化は地理的条件に左右されることがない空からばらまかれたような言語接触と定義されてきた。しかし、ここにあげた最も古い1950年代のそれも70歳代以上の資料においても、最も上位場面では上下対称詞が地理的に離れた多くの地域で使われているのを見ると、伝播による革新とは考えることが困難で、そうかといって共通語化とも考えることも困難で、それぞれの方言社会の社会構造に応じて、変化していったと考える方

が妥当ではなかろうか。古くから起こり続けた言語変化を考えると、方言と外部からの影響を区別することは容易なことではない。

第14章　世界の言語の中で見た日本語の対称詞

1　系統論的に見た日本語の対称詞

　松本（2007）では、日本語の起源として「ユーラシアを超えてアメリカ大陸まで拡がり、しかもこの大陸の場合も、その分布がほぼ太平洋沿岸部に集中して、ここに文字通り「環太平洋」とよばれる言語圏が形成されている」（p.213）という言語圏を想定している。その中で論証として世界言語の人称代名詞を比較言語学的に調査し日本語の人称代名詞を太平洋沿岸型の中の環日本海諸語に属すると分類している。本来日本語には基層としてヨーロッパ言語のように誰に対しても人称代名詞を使う体系があったと考えている。その二人称代名詞の祖形は上代語に残る masi / imasi から *ma と想定している。その中で太平洋沿岸型言語に特徴的な人称代名詞の変容として、

　　ひとつは、一人称代名詞の二人称への転用である。これはほかの言語圏ではほとんど例のない、環太平洋言語圏だけに固有の現象といってよいだろう（例えば日本語で「オノレ」「テマエ」「ワレ」などを二人称として使う場合がその卑近な例である）。これは自分と対等ないし目下の相手に対する親（密）称として（ときには蔑称的なニュアンスを帯びて）用いられる、というところにおそらくその発生源がある。もうひとつの方式は、包括人称の二人称への転用である。この場合は、上述の一人称からの転用と違って、むしろ敬（遠）称的なニュアンスを帯びるのが普通である（p.228）

と示している。そして、松本（2010）では、

　　本土方言では標準的な敬語法の影響によって、これらの人称代名詞形は、多くの場合、待遇表現としては最も低いレベルに位置づけられ、従って、いわゆる「ポライトネス」を必要とするような場面ではほとんど使用されなくなっている。しかし、琉球諸方言の人称代名詞には、待遇法によるそ

れほど重大な影響は見られず、この点で本土諸方言よりもむしろ古い日本語に近い状況が保たれていると言えるかもしれない（p.399）と結論付け、すなわち、単一対称詞や段階対称詞のようにどの言語においても二人称代名詞によって聞き手を待遇するのが本来的な用法であって、「人称代名詞の変容の中でとりわけ重要なのは、人称代名詞の転用ないし置き換えという現象である。これは特に二人称の呼称をめぐって起こるもので、一般に「敬語法」あるいは「待遇表現」と呼ばれる社会言語学的な諸要因に根ざしている」(p.25)とあるように上下対称詞のような体系は本来的な体系ではなく、後に発展してきたものだという考えを示している。

また、安部（2008）では「モンスーン・アジア」領域という地域を日本語の基層的背景と設定している。モンスーンが発生する地域という気候が言語圏を形成していると考えている。「気候の共通性ゆえに多くの自然現象が共通し、それらの共通自然現象があるゆえに多くの文化的共有現象が形成されてきた地域」（p.128）と解釈している。鈴木（1978）に示されているように鈴木秀夫氏の地球規模で気候が文化圏を形成しているという考えを受け継ぎ、気候と言語圏が一致する例を、神話の分布、河川名や数量類別詞の連続分布に求めている。前に述べた松本（2010）の「アジア・環太平洋」とも地理的に一致するように見える。

崎山（2001）では、日本語の起源を台湾・中西部マライポリネシア諸語・オセアニア諸語・南ハルマヘラ西ニューギニア諸語を含むオーストロネシア語族の混合言語であると考えており、二人称代名詞については、一人称代名詞のナ「己」から派生した単数の*na, (*i)を考察している。

いずれも言語の起源をさかのぼるのに人称代名詞は重要な語彙としている。

2　上下対称詞の体系をもつ言語

日本語と同じ上下対称詞の体系が東アジアの一部の言語、ビルマ語、チベット語、インドネシア語、タイ語、カンボジア（クメール）語、ベトナム語、朝鮮語、古代中国語おいても使われている。

例えば、シナ・チベット語族に属するビルマ語では「先生」や「僧侶」という対称詞で目上を待遇する必要があり、そして、実際に教師でもない聞き手に対しても「先生」と使って待遇する。丁寧な二人称代名詞として、'your highness' を意味する 'min' や 'master lord' を意味する 'khang bya' や 'ruler/master' を意味する 'hrang' を使う。また、対等の聞き手や若者に対して通常の二人称代名詞は 'nang' であるが、それ以上に、年長者は男であれば、叔父を意味する 'u: lei' で自称し、反対に年少者が男であれば息子を意味する 'sa' で答えるというように親族名でお互いを呼び合う。僧侶に対しては 'monk' を意味する 'bhun: bhun:' や 'royal teacher' を意味する 'chara dau' や 'your lordship' を意味する 'a.hrang bhu.ra' 等の特別な二人称代名詞が地位に応じて使い分けられる。さらに、Bradley (1995) によると、'Khinmya' という二人称形は、男性話者にとって標準とされる形であり、これは仏教用語の「菩薩 (bodhisattva)」を意味する 'thakhin-phəya' に由来する。また女性話者によって用いられる 'hyin' という形は、「主人」を意味する語からきている。'Khinmya' や 'hyin' は中世ビルマ語では三人称に使われており、二人称に転用された語である。

長年の個人的な知己であるオーストリア人のチベット仏教研究者、Andrea Loseries 氏からの私信によると、古典チベット語では敬称の二人称代名詞として 'khyed rang' があり、一般的な二人称代名詞 'khyod' は面と向かっては下層の子供や使用人や物乞いや犬に対してしか用いられず、また、その場にいない人を指す三人称としても使われている。しかし、ラマ僧など高い地位にいる人に対しては、二人称代名詞を使うことができず、その人の敬称、例えば、'yid bshin nor bu' [yishin norbu]（望みをかなえてくれる宝石）、'rgyal dbang' [gyalwang]（力を持った支配者）、'sku mdun' [kundun]（尊敬すべき御身の前）、'rin po che' [rinpoche]（高貴なお方）、ダライラマだけに用いる 'rgyal ba rin po che' [gyalwa rinpoche]（高貴な王）等が使われたり、その人の名前に接辞 '-la' を付けて言及し、動詞の活用は三人称に従うということである。しかし、近年中国政府のチベット仏教制限政策で、現代チベット語では僧侶に対

する敬語が制限されているということである。

　オーストロネシア語族に属するインドネシア語については、Uhlenbech (1978) によると、伝統的ジャワ語では、親しい者同士の、また、上位者から下位者に対する 'ngoko'、親しくない者同士の、また、下位者から上位者に対する 'krama'、とその中間の 'madya' という三つのスタイルが使い分けられ、さらに、二人称代名詞についてはそれぞれのスタイル内で、尊敬態と普通態が存在する。二人称代名詞については、'ngoko' では尊敬態が「支配」を意味する 'pandjenengan (mu)'、普通態が 'kowé'、'madya' では尊敬態が「足」を意味する 'sampéjan'、普通態が '(n)diká' である。'krama' では相手に応じて 'pandjenengan bapak'（父上である貴方様）のように用いられる。また、名詞「お宅」から派生した 'delam' を 'pandjenengan delam' のように、また、'sampéjan delam' を二人称代名詞として用いる。インドネシアではオランダ植民地時代はオランダ語が公用語であったが、第二次世界大戦後独立し、国家公用語としてリングワ・フランカであったマレー語の一方言を公用語とした言語がインドネシア語（Bahasa Indonesia）である。Flannery (2010) によると、印欧語族では英語を例に出すと二人称代名詞が 'you' と一義的に決まっている 'close' な体系に対して、インドネシア語では二人称代名詞が聞き手との関係に応じて複数存在し、日本語よりよりもさらに 'open' な体系であると記述している。代名詞でなく、'pronoun substitute'（代名詞代用語）と定義している。Cook (1968) では 'pronominal reference'（代名詞的言及）という用語を使っている。佐々木 (1980) もインドネシア語の文法書では、人称代名詞として扱う語は、本来的な人称代名詞のほか、親族名、地位名を含んでおり、本書でいう対称詞を人称代名詞と考えていると書いている。本来的な二人称代名詞 'engaku' や 'kamu' があるが、'engaku' は相手が子供か親しい間柄でない限り使われず、一般には複数形の 'kamu' が 'engaku' の代わりに単数として使われている。複数の方が単数より丁寧になる原理は多くの言語で認められる通りである。不特定多数を相手とする広告などで新造語として導入された 'anda' という公式的な丁寧な二人称代名詞が存在するが、目上の人には 'anda' も使えず、'bapak'

(おとうさん)や 'ibu'(おかあさん)、社会的に地位の対等の聞き手にも 'saudara'(兄弟、姉妹)という親族名を使う必要がある。

van Staden (2000) によると東インドネシアのモルッカ諸島で使われている西パプア語族に属するティドレ語では、人称を明示すると聞き手に対して礼を欠くので省略されるという。

Williams-van Klinken & Hajek (2006) によると、東チモールの首都デリでは Dili Tetum 語が公用語として使われている。オーストロネシア語族に属し、16世紀から1975年までポルトガルの植民地であった関係上ポルトガル語の影響を強く受け、1999年インドネシアからの独立後、ポルトガル語と並んでデリの人々の母語である。Dili Tetum 語ではいくつかの対称詞が使われている。まず、親族名が親密な場、例えば、家族内では目上の者は二人称代名詞 'ó' で目下の者を呼ぶが、目下の者は目上の者を親族名、ポルトガル語からの借用と思われる 'pai'(父)や 'tia'(叔母)で呼ぶ。親族外にも同じ用法が適用されている。また、'doutór'(医師)や 'mestre'(先生)のような職業名や敬称 'señór' や 'señora' や姓名が使われ、また、話し手と聞き手の関係を表面に出さないように公式的な場では人称代名詞が省略される。二人称代名詞として親密な 'ó'、丁寧な 'Ita'、さらに丁寧な 'Ita-Boot' とそれらの複数形 'imi' や 'Ita-Boot sira' が使われている。'ó' は親密な友人同士で、'Ita' は大人の間のみ知人や初対面の人に対して使われ、また 'Ita-Boot' は神や伝説上の指導者などに対してのみ使われていたが、現在では公的な場でのインタビューや会議の場で使われている。丁寧度の順位として、'Ita-Boot'、'Ita'、親族名、姓名、'ó' が上位から下位に挙げられる。話し言葉として最高の待遇価を持つ親族名では常に聞き手を想定する必要があり、それに対して 'Ita' や 'Ita-Boot' は話し言葉としてより聞き手を想定する必要のない書き言葉として一般的に使われている。公式的な場での 'Ita' や 'Ita-Boot' の使用が、新しい状況として広まりつつあり、人称代名詞を常に使う英語等の外国語の影響と考えられる。

タイ語については、Siewierska (2004) によると、22種類の対称詞が聞き手に応じて使い分けられている。たとえば、王を除く王族には「おみ足の底の

塵」、高貴な上位者には「足の底」、同位もしくは上位者には「徳」、親しい者には「体」をそれぞれ意味する語を使っている。タイでは敬意を表す挨拶において、話し手は自分の最も尊い頭を、相手の身分に応じて、足の底やら体やらに付けることから派生しているとされ、人称代名詞というより名詞に近いものであると考えられる。さらに、聞き手に対して敬意を払う必要のある場合には二人称代名詞的な語を省略することも一般的であり、堀江・インカピロム（1998）によると、

> タイの社会でも、日本と同様、職場の地位で相手を呼ぶことが多い。例えば、"phûu cát-kaan"（「社長」）、"thân phûu cát-kaan"（「社長様」）……と呼ぶ。……直接、第二人称として使うこともできる点である。……タイ語にも同様に、職業を二人称または3人称で呼ぶことがある。しかし、日本語と異なる点は、職業名には「さん」を付けないことで、……（p.68）

のように、タイ語でも地位名や職業名が呼称として使われている。

カンボジア（クメール）語については、Huffman（1970）によると、'neəp'という一般的な二人称代名詞が存在するが、教師から生徒、役人から農民のように目上から目下に対してしか使うことができず、目上に対しては親族名称や称号や個人名が使われる。和泉（1987）によると、目下に対して用いるアェン、多少軽視した場合に用いるアー、ごく親しい場合に用いるホン、対等の場合に用いるネァック、若い女性に対して用いるネァン、通常あまり親しくない人に用いる敬語のロック、奥様の意のロック・スレイ、尊敬している場合のプリア、たいへん尊敬している場合のプリア・アン等の代名詞的な対称詞が挙げられている。

ベトナム語については、人称代名詞は本来的な人称代名詞と親族名や職業名から派生した人称代名詞に分けられ、話し手と聞き手との間の、1．男女の差、2．年齢・社会的地位の差、3．関係の親疎の基準によって使われる対称詞が決定される。例をあげると、'ông'は交際が浅く、親しくない年上の男性に対して、'bà'は交際が浅く、親しくない年上の女性に対して、'anh'は男性の友人や、同年代の男性に対して、'chị'は女性の友人や、同年代の女性に対して、

'cô' は若い未婚の女性、年齢、既婚・未婚の別なく女性教師に対して、'em' は弟・妹や彼らと同年代の親しい男女、また自分が先生の場合に学生や生徒に対して使う。'anh' は兄、'em' は弟・妹という親族名から派生しており、対称詞としてだけでなく、自称詞としても使われている。つまり、兄弟ほど年齢差のある者同士で、年長者は 'anh'（兄）と自称し、年少者からも 'anh'（兄）と呼ばれ、年少者は 'em'（弟）と自称し、年長者からも 'em'（弟）と呼ばれる。親子についても同様に、父親は親族名の 'bố'（父）と自称し、子供から 'bố' と呼ばれる。また、男子教員と生徒間では、教員は職業名 'thầy giao'（男子教師）から来た 'thầy' と自称し、生徒も 'thầy' と呼ぶ。反対に、生徒は 'em'（弟）と自称し、'em'（弟）と呼ばれる。日本語においては、親族名は目下から目上に対してしか対称詞として使われないが、ベトナム語では双方向的に使われている。しかし、沖縄方言や過去の日本語でも目上から目下にも親族名が対称詞として使われていた。ベトナム語では、日本語同様、むしろそれ以上に、親族名や職業名が対称詞として多く使われている。

朝鮮語でも、李・李・蔡（2004）によると、

> 韓国語は二人称代名詞ですでに敬語法が複雑に細分化された姿を表す。わずか平称と敬称で二分する単純な体系でなく、だいたい5等級程度に細分化された体系をなす。しかしそれぞれの等級が担当する領域は単純に等級によってだけ決定されるのではなく、いくつもの微妙な条件が同時に作用し、代名詞を一つ選ぶにしても適切に選んで使うことを大変難しくしている。さらにこれらの代名詞の中には、名詞からなる呼称で呼ぶのがふさわしい場合もあり、二人称代名詞によって実現される敬語法は不完全ながらも、同時にそれだけで相当複雑に込み入った体系を持っていると言える。（p.223）

とあり、最高の尊称も、公的な人間関係では使うことができない。韓服姿の上品な老人には使えるが、校長先生や大臣、または大統領には不自然で使えず、伝統的な状況で使うことができるが、その状況でもよく使うとは言えない代名詞である。普通は、「先生・社長・お客様・おばさん」を使うとある。姜（2012）

は呼称詞についての言及であるが、現代韓国語では、目上に対しては、１．姓名名称、２．身分名称、３．親族名、４．代名詞的用法としての 'nim' の四つの型の呼称が使われている。本来日本語の「あなた」や「お宅」のような目上に対して使える汎用的な二人称代名詞の役割を果たす語が韓国語にはなかった。その空白を埋めるように、４の 'nim' は日本語の「様」や「殿」にあたる表現であるが、接尾辞として姓名名称や身分名称や親族名に付加して用いられるだけでなく、最近はインターネット上で単独で代名詞的に「非親密性」や「匿名性」という環境で使われ始めたとある。また、洪（2006）によると目下の部下には漢語から来た「氏」を姓に付加して、「親しみを感じるが、呼び捨てる程度ではないし、だからといって敬意を表明したくもない時に」（p.84）用いるとあり、従って年長者には用いられない。

　中国語についても、現代では、「你」や「您」という二人称代名詞で言及する段階対称詞であるが、古代中国語では、『孟子』に「人能充無受爾汝之實、無所往而不為義成」（人から「爾、汝」などと呼ばれないように行動すれば、必ず何を行っても義にかなうようになる）とあるように、二人称代名詞は目下や対等の聞き手に対してのみ使えるぞんざいな対称詞であり、古代は上下対称詞であったことが分かる。西山（2013）では、初唐に張文成でよって書かれた『遊仙窟』の作者と同名の主人公張文成に対する対称詞を調査しているが、対称詞として使われている人称代名詞は「君」だけであり、それもこれも口語でなく、韻文に用いられている。一般的には身分役割名「少府」や「少府公」が使われている。その他「お客様」という意味の「上客」が使われているが、ただこれが用いられているのは初対面の相手に対する場面だけで、張文成の素性が明らかになってからは「少府」と呼び方を変えている。次によく使用される語彙は、「張文成」という人名そのものを使用したものである。ただし目下の者が張文成に向かって直接「張文成」と呼ぶのはたいへん失礼で、普通は親しみを込めた、或いは相手をいくぶんからかったニュアンスを持つ語彙である「張郎」（張さま）と呼ぶことになっている。上下対称詞が古代中国語で用いられているのが分かる。また、16世紀の明の時代に近世中国語で書かれた『西遊

第14章 世界の言語の中で見た日本語の対称詞 249

記』も調査しており、孫悟空と玄奘の二人に対する対称詞が調査されており、孫悟空に対して「你」や「汝」が目上の者が目下の者に用いる言い方として用いられ、同様に玄奘三蔵に対しても文殊・普賢菩薩のような目上の者が使う最も典型的な二人称代名詞は「汝」である。反対に、目下から目上に対しては、例えば、孫悟空は玄奘に対して「法師曾知兩廻死處無？」（法師さまは二度お亡くなりになった場所を覚えておいでですか？）というように役割名「法師」が使われるが、また「和尚，你喫否？」（和尚さん、あなた食べますか？）と目上に対しても役割名「和尚」を呼称詞として用いて二人称代名詞「你」を対称詞として使う用例が近世漢語に使われ始めている。薛鳴氏の私信によると、現代中国語では目上の人に直接第二人称代名詞を使うのが礼儀を欠くとされ、呼称詞を先行させたうえ、二人称代名詞を使う方略を取るようにしている。例えば「これはお母さんの傘ですか？」は「妈，这是你的伞吗？」、相手が先生なら「老师，这是您的伞吗？」にしており、近世中国語の待遇表現を継承している。上下対称詞から段階対称詞に時代を経るごとに変化している様子が理解できるが、呼称詞として役割名で呼びかけた後、二人称代名詞を使う必要があるというのは、過渡期のプロセスの残照であるのであろう。また、現代語について輿水（1977）には、

> かつてひろく使われたように、敬意をふくんだ名詞、たとえば "lǎoshī（老師）"（先生）を呼びかけとしてではなく、いわば代名詞として "Lǎoshī yě qù ma?"（先生もいらっしゃいますか？）といえば、やはりていねいに感じられる。nín よりも、相手の身分などをしめす名詞を使う方がずっと敬意がこもっているという。nín を使わない地域では、この方法で相手に対する尊敬の気持ちをあらわすという。(p.279)

とあり、上下対称詞も使われ続けている。中国語に関しては方言差が大きく、方言毎に言及する必要があると思われる。

　これらの上下対称詞の体系を持つ言語に共通して言えることは、1．指示詞や名詞などから二人称代名詞が派生していること、2．親族名や役割名が目上の聞き手に対して用いられること、3．三人称代名詞から二人称代名詞が派生

していくこと、4．目上の聞き手に対しては二人称代名詞の使用が避けられること等が挙げられる。

3　ポライトネス理論から見た対称詞

　ポライトネス、すなわち、聞き手に対して話し手が配慮を持って丁寧に話そうとすることは、人間言語が社会的な機能を持っている限り当然どの言語でも丁寧表現は存在することは容易に理解できる。Brown & Levinson（1987）によってはじめられたポライトネス理論の発展によって印欧語族においても丁寧表現が存在することが研究され、言語学者の間で知られるところとなっている。印欧語では単数形でなく複数形の方がより丁寧さを表すことが知られており、現代英語の人称代名詞 'you' は単数形 'thou' に対する複数形 'you' から派生したことは周知の事実である。千野（1974）によると、ロシア語、チェコ語、ブルガリア語、セルボクロアチア語等のスラブ語系統の言語では丁寧な表現として、聞き手が一人の場合も二人称複数形の人称代名詞を使って待遇する。聞き手に対して直接個人として対峙するのではなく、複数形で聞き手との距離を作って接するほうがより丁寧という原理が働いている。日本語においても丁寧に言う場合には、店員が客に対して「私にはわかりかねます」より「私どもにはわかりかねます」と一人称で複数形が使われるのと同じ原理である。複数一人称代名詞に聞き手を含む包括型代名詞（inclusive pronoun）と聞き手を含まない排除型代名詞（exclusive pronoun）を区別する言語が多く存在するのも同じ原理によるものであろう。例えば北京中国語では、「我们」は聞き手を含まない「私たち」（排除型）と、聞き手を含む「私たち」（包括型）の両方を指示することができるが、「咱们」は聞き手を含む「私たち」（包括型）を表すことしかできない。つまり、聞き手を含んでも含まなくても使える「我们」と比較して、「咱们」はより積極的に「わたしとあなた」の仲間意識を相手に伝えることができる待遇表現である。金田一（1959）によると、アイヌ語では複数一人称代名詞に包括型代名詞と排除型代名詞の区別があり、包括型を聞き手に対して用いると敬称になる。例えば、妻は夫を包括形の 'aokai' で呼ぶと、「相

手を、むき出しに指さず、隠約の間に暗示的、諷刺的に察しさせる手段で、これが、一般的敬語法の本則の一つのようである」(p.405) とあり、一人称単数に用いると謙称になる。内間 (2011) によると、日本語の中でも琉球方言では包括型と排除型の区別を持っている。沖縄本島北部の本部町の瀬底方言を例に挙げると、一人称複数形には、複数形 [a:] を用いる [watta:] と [ʔa:] や [ʔaga:mi] の二つに分類できる。[watta:] は二人称複数形 [itta:] と対になって用いられる人称代名詞である。[watta:] は、

> 話し手の意識が聞き手に向けられているとき、話し手側を中心とする領域をウチととらえて、話し手側の複数を指すことばである。それに対する [itta:] は話し手がウチととらえている領域の外側、すなわち聞き手を含むその他の領域をソトととらえ、聞き手側の複数を指すことばである。……聞き手を含む [ʔa:][ʔaga:mi] は、仮に一人称に位置づけておいたが、これは一人称・二人称の対立を超えて、話し手(一人称)と聞き手(二人称)が一体化した場面で用いられることばである (pp.36-37)

とある。琉球方言の一つ喜界島方言でも、岩倉 (1941) によると、排除型のナーと包括型のチャの区別がある。例えば、「ワン・ナーは我等。但し此の語は語っている対者を含めずにいう場合で、対者をも含めて我々というときはワーチャという」(p.197) あり、日本語でも区別のある方言がある。さらに、松本 (1987) によると、ワン・ナーは「ミウチ＝同類的」であるに対して、ワーチャは「非同類的」であるとしている。永田 (1996) でも、

> 琉球社会は個人より共同体に根ざす社会であり、表現法にもその影響が表れている。共通語では個人の視点で述べるときにも琉球では共同体の視点で述べることが多く、家族や職場のような共同体に属する個人は共同体の一員として振る舞うことが要求され、共通語では「私の」というところを沖縄本島では [watta:] (私たち) と複数で表現する。例えば、「私の家」は [watta: ja] であり、妻も [watta: tudʒi] である。また、共通語では「します」というところを新方言(ウチナーヤマトグチ)では「失礼しましょうね」のように「しましょうね」という使い方がなされる。この表現

は相手を誘って一緒に退出するのではなく、話し手は自分だけが退出したいが仲間である聞き手に許可を求めるという旧方言（在来方言）の表現法に基がある（pp.122-123）

のようにポライトネス理論で解釈すべき丁寧表現が使われている。包括型代名詞と排除型代名詞の区別は印欧語族にはなく、オーストロネシア語族やドラビダ語族に存在する。また、分類した地図が The World Atlas of Language Structures というオンラインの図書で、Michael Cysouw 氏によって公開されている（WALS‐Chapter 39: Inclusive/Exclusive Distinctions in Independent Pronouns, http://wals.info/feature/39A#2/16.6/148.7、口絵２頁目参照）。

　上下対称詞を持たない言語においてもポライトネスを表す表現が二人称代名詞に使われている。Archarya (1991) によると、ネパールはヒンズー教の国でカーストが存在し、ネパール語では話し手のカーストと聞き手のカーストや年齢差に応じて六つの二人称代名詞が使い分けられているが、公的な上位に対する二人称代名詞、'yahā' と 'hajūr' はそれぞれ日本語と同じように近称と遠称をあらわす場所の指示詞から派生している。松本（2007）によると、台湾高砂諸語では、「この人称代名詞（二人称 su）は元もと指示代名詞の基幹 s- からの転用という可能性も考えられるからである。……このような指示代名詞から二人称への転用は、日本語の「ソチ」「ソナタ」などで典型的に見られる」(p.396) とある。さらに、Siewierska (2004) では、オーストラリア・アボリジニ諸語やアメリカ先住民諸語では動詞に抱合される動作主と被動者の人称を表す形態素が、聞き手と直接対峙することを避けるために一人称と二人称に限り明示されないことを示している。代名詞が文法的に確立しているヨーロッパ言語においても、現在でも皇室を三人称で言及する。例えば、フランスでは王は 'Sire'（陛下）と呼ばれていたし、ドイツやオーストリアの皇室においてもそうである。そして、王は自身を一人称複数形で呼んでいる。ポーランド語では丁寧に言う場合には紳士、淑女を意味する 'pan' や 'pani' を二人称代名詞として使い、三人称に従って活用する。川本（1974）によると、フランス語でも第二次世界大戦以前は、女中は女主人に対して、'Madame, lequel mettrez-vous?'

(奥様、(あなたは) どれをお召しになりますか?) と二人称 'vous' で言うより、'Madame, Lequel Madame mettra-t-elle?'(奥様、(奥様は) どれをお召しになりますか?) のように目上の聞き手に対しては役割名 'Madame' を使って三人称 'elle' で待遇する表現があったが、現在は衰退していると示されている。多くの言語において、対称詞の使用が話し手と聞き手の間の社会的関係に左右されている。このように多くの種類の丁寧さを表現する言語手段が存在する。

4 日本語の上下対称詞は言語系統的なものか、それともポライトネスによるものなのか。

Helmbrecht (2003) では恣意的に選抜した世界の207言語の人称代名詞を、no politeness distinction 136言語、binary politeness distinction 49言語、multiple politeness distinction 15言語、pronoun avoidance 7言語に分類している。それぞれ、本書の単一対称詞、段階対称詞、上下対称詞に当たる。段階対称詞を binary (二つ) に分けるか multiple (三つ以上) によって細分類し、上下対称詞を pronoun avoidance (代名詞回避) と命名しているが、実際には目上に対して代名詞を回避し、親族名や役割名で代用しているという意味で上下対称詞に当たる。また、分類した地図が The World Atlas of Language Structures というオンラインの図書で、Johannes Helmbrecht 氏によって公開されている (WALS – Chapter 45: Politeness Distinctions in Pronouns, http://wals.info/feature/45A#2/23.2/148.7、口絵3頁目参照)。

単一対称詞は、北アメリカ、南アメリカ、ニューギニア、オーストラリア、アフリカに分布している。段階対称詞の中の binary politeness distinction はヨーロッパおよびその隣接地域、multiple politeness distinction はルーマニア語、ハンガリー語、リトアニア語のように東欧に、ヒンディー語、ネパール語、ウルドゥ語、マラティー語、カンナラ語、シンハラ語、タミール語等の南アジアおよびその隣接地域、そしてポナペ語、タガログ語等の太平洋地域に分布している。三つ以上に分ける言語では、二人称単数代名詞を友人や家族や目下に、二人称複数代名詞を次に丁寧に接すべき人に、三人称や再帰代名詞をそのまた

次に丁寧に接すべき人に使う傾向があるという。代名詞回避の7言語は、インドネシア語、カンボジア語、タイ語、ベトナム語、ビルマ語、韓国語、日本語の東南アジアの言語である。

　しかし、どうして、人称代名詞の転用や回避という現象がアジアのみで起こっているのであろうか。アジアでのみどこかで起こった転用や回避という現象が伝播したと考えるべきなのであろうか。そうすると、他の地域にもこの転用や回避という現象がなぜ起こっていないのであろうか。印欧語族が使われている地域は話し手と聞き手が接触する場合、個対個という関係で意思伝達を行う社会であるのに対して、アジアのように、個よりも集団の役割が大きく働く社会の中では、話し手は聞き手との相対的位置付けによって自己を表現する手段を主にとっている。そのような社会においては転用や回避が行われるということも考えられる。東南アジア諸語では、二人称代名詞は目下や同位の聞き手という限られた人間関係にしか用いることができない語で、広く呼称と代名詞の機能を含めた対称詞という体系で考えるべきであろうと思われる。現在人称代名詞として分類される語も本来は指示代名詞や敬称から派生して来た語で、使われることによって人称代名詞として機能するようになると待遇価を下げ、目上の聞き手には使えなくなるという過程を経ると考えるのが妥当ではなかろうか。敬語は言語の発展の途上で発生した副産物であるとするのなら、言語の系譜をどこまで遡るべきなのであろうか。本来、目上の者を尊敬待遇するというのは言語の基本的な機能と思われるのだが。

　また、穂積（1926）によると、日本周辺の多くの地域で実名敬避の習俗があり、文化人類学的にも、聞き手を直接言及することを避ける文化が存在していたことを類推させる。さらに、日本語の実名敬避の習俗を中国文化の影響に起因する可能性を考察に入れながら、その可能性を否定して、日本古来の習俗によるものと結論付けている。金田一（1959）によると、アイヌ語では、「アイヌ婦人の、夫の名を呼ぶことがタブーだったその気持が、一般の敬称の上にも及んで来て、えらい人は本名を口にすることが避けられた。呼ぶ必要のある時は、その里の名を出して「何村の住人」と、婉曲に呼ぶ」（p.410）とある。

また、安部（2008）の「モンスーン・アジア」領域という地域の分布をみると上下対称詞が使われている地域と一致するようにも見える。気候が民族の移動を促し、文化を形成し、その地域の生活様式、社会構造にも影響を与えることは十分考えうると思う。農業を行う地域では、村落内での共同作業が重視され、それが村落の社会構造に影響を与え、おっては対称詞のような待遇表現に影響を与えることは想像できる。しかし、明確な答えは未だ出せないのが現状のようにも思える。

　現代日本語でも方言では主に単一対称詞や段階対称詞が使われ、共通語では上下対称詞が使われている。そして、共通語化の波に追われて、日本語すべてが上下対称詞に変化しつつある。基層として、場面に応じて単一対称詞や段階対称詞や上下対称詞が使い分けられていた。上下対称詞を存在させる基層がそもそもあり、社会階層の分化の未発達なところでは単一対称詞、さらに発達したところでは段階対称詞、もっとも発達したところでは上下対称詞にまで対称詞の体系が発展していたのではないだろうか。また、筆者は私的場面では単一対称詞や段階対称詞が使われ、公的場面では上下対称詞が使われ、古くから使い分けられていたというのが正しいのではないかと考えている。江戸期を例にとると、支配者階級は公的場面では公式言語として上下対称詞を使い、私的な家庭内というような場面では段階対称詞を使い分けていたのではないかと考えている。

　日本語が系統的に属する言語が上下対称詞を基層に持つ言語であるから、日本語においては上下対称詞の体系が発達しているのであろうか。それとも、単一対称詞が主に使われているヨーロッパでは個人対個人によって社会構造を構成しているのに比べて、東南アジアの国々では生活基盤を支える社会構造がより共同体的であるため、聞き手に対して丁寧に話す必要性から上下対称詞の体系を持つようになったのであろうか。社会構造が原因で上下対称詞の体系を発展させてきた可能性を否定しがたいが、系統的な類似性を否定することはできないであろうと思われる。

結語

1　日本語の対称詞の歴史的変遷

　これまで調査してきた結論として次のように示した。
　対称詞が主に使われる場面は、話し手と聞き手が存在する場で話しことばの世界である。話しことばの資料として日本語の歴史で最初に見つかるのが中古の王朝文学であり、これを資料に本来の公家の対称詞の言語体系を見てみた。当代は上下対称詞の体系である。対称詞は分類した類に応じて待遇価が決まっている。すなわち、本来敬称の接尾辞から派生した「殿・おとど・君・ぬし」類は上位や同位の聞き手に対して、官位職名の類は身分を表に出すべき公式的な場で、場所を示す語から派生した「こそあ」は同位や下位の聞き手に対して、「汝・きんぢ・くそ」等の人称代名詞は下位の聞き手に対してしか用いられていない。実名を呼び捨てにする場合には明らかに役割や身分が低い聞き手に限定されている。現代の共通語の対称詞の体系と同様上下対称詞の体系である。しかし、これらの作品に現れた対称詞の体系はあくまで当時の支配階級である貴族社会の公的な規範を表したものである。
　次に、『平家物語』『保元物語』『平治物語』『承久記』の軍記物語で使われている対称詞を調査した。主に資料とした『平家物語』は覚一本を底本としており、南北朝時代の言語を反映したものと考えられている。当時の武家社会は身分という序列関係が重要で、上下対称詞の体系が使われていると結論付けた。つまり、上位の者には人称代名詞を使って待遇することができず、下位の者や同位の者に対してのみ人称代名詞を使うことができる体系である。下位の者に対しては、「なんぢ」や「おのれ」のような和語系統の人称代名詞が安定して使われている。上位の聞き手を待遇する場合には官位職名や受領地名に「殿」を付けて呼び、同位の者には姓で、下位の者には名で呼んでいる。名を呼び捨

てにする場合には明らかに役割や身分が低い聞き手に限定されており、実名忌避の習俗が存続していたとわかる。さらに、この時期では武家社会の言葉づかいの規範として公家の言葉を継承したと考えている。

次に、近世初期の公式言語の口語国語資料が存在せず、外国資料ではあるが『捷解新語』を近世初期の公式言語の資料として調査を行った。朝鮮における日本語通訳の教科書として編纂されたものであり、官吏である日本語通訳が公式場面で用いる日本語学習書として編纂されているので、公式言語が反映されていると考えたからである。『捷解新語』の対称詞の体系を見てみると、上下対称詞の体系は既にできあがっている。上位の聞き手に対しては役割名を用い、決して二人称代名詞で言及することはない。二人称代名詞が対称詞として使われる場合には、同位か下位の聞き手である場合のみである。また、下位の聞き手に対しても役割名を用いる場合があるが、主に公的な場で使われる。このようなことから、上下対称詞は江戸時代において公的な場で使われる対称詞の体系と考えられる。武家が権力を握ったとはいえ、本来の公的な社会的規範は公家の規範を受け継いだものであり、対称詞についても公家の体系を受け継いだものと思われる。しかし、あくまで上下対称詞は公式言語であり、庶民によって私的な場面で使用される対称詞の体系は段階対称詞であった。山崎（1963・1990）に総合的な研究がなされている通りである。

武家の時代が終わり、四民平等を表に掲げる明治時代が来たが、その初期の状況を河竹黙阿弥の散切物にデータを求め場面別に調査を行った。次のように結論づけた。明治前期の東京語では、私的な場面では現在の上下対称詞とは異なる対称詞の体系が使われている。「あなた・あなた様・おまへ・おまへさん」等の二人称代名詞が上位の聞き手に対しても体系的に対称詞として、共通語よりより広く機能している。また、上位の聞き手に対する対称詞として、親族名や役割名や職業名は現在の共通語ほどは発達していない。さらに、四民平等になったとはいえ、まだ、階層による対称詞の使い方の違いが残されており、性別についても対称詞の使い方の違いがある。

それ以降どのように対称詞が変化していったかを、樋口一葉の『にごりえ』

『たけくらべ』や明治後期・大正期に書かれた夏目漱石や志賀直哉の小説や戯曲で調べた。結論として、上下対称詞はまだ十分定着しておらず、親族関係や役割関係の上位者に対して、多くの場合親族名や役割名が使われるが、「あなた」も同様に使われている。さらに、明治後期になって「おまへ」の待遇価が低下し、下位の者に対してしか使われなくなった。

　明治28年（1895）から昭和3年（1928）にかけて博文館から刊行された総合雑誌『太陽』があり、継時的にどのように変化したかを考察するのに絶好の資料があり東京で使われている口語文の調査を行った。次の結論を出した。1．知識階級の者から新しい対称詞「あなた」が導入され、庶民階級に残されていた古い対称詞「おまへ（さん）」を駆逐し、結果として、身分による言語の差異の平均化が起こった。2．「きみ」は男言葉として知識階級を中心に自称詞「ぼく」と共起して使われるようになり、性別関係なく使われていた「おまへ」は女言葉として使うことができなくなったというように、性別による対称詞の使い分けが起こった。3．役割関係の、親族関係の上位者を役割名や親族名で待遇すべきという現在の共通語の体系は『太陽』においてもまだ十分に定着していない。

　さらに、公式言語として標準語の全国への普及が日本語にとって大きな影響力を及ぼしたことは否めない。それを後押ししたのが、国定教科書である。明治36年（1903）に第1期が発行され、さらに明治43年（1910）に第2期、大正7年（1918）に第3期、昭和8年（1933）に第4期、昭和16年（1941）に第5期、昭和22年（1947）に第6期と社会の変化に応じて改訂を加えていった。次の結論を出した。1．上下対称詞の体系が国定教科書で使われている。むしろ、国定教科書で使われている対称詞の体系が学校教育を通じて標準語として全国に広まって言ったと考えた方が順当である。2．規範としての対称詞の体系の基礎は既に第1期で出来上がっており、徐々に確立したものではない。

　昭和は1926年12月25日から始まり、1989年1月7日に終わる実質62年と14日間に亘る時期である。その中で、昭和6年（1931）に起こった満州事変の後、それを非難する国際連盟を脱退し日中戦争へ、最終的には昭和16年（1941）に

太平洋戦争に突入し、昭和20年（1945）に終戦を迎える。昭和前期、特に戦時中の対称詞を軍隊と一般社会に分けて分析した。軍隊内の様子を描いた小説とラジオドラマの台本を用いて調査を行った。軍隊内部で使われている言葉は当時の公式言語であり、公式的対称詞の体系を見るのに絶好の資料と思ったからである。軍隊では上位の者に対しては、役割名、つまり、官位職名で言及しなければならず、陸軍ではさらに「殿」をつけて言及しなければならない。下位に対しては、「貴様」や「お前」のような二人称代名詞で言及することができる。すなわち、上下対称詞であったことが分かった。さらに、一般社会での対称詞の体系を戦時中に放送されたラジオドラマの台本を用いて調査を行った。結論として次のことが分かった。1．上下対称詞の体系が確立している。2．「あなた」は、上下関係のない聞き手に対して、話し手や聞き手の性別に関係なく、親疎も関係なく幅広く使われる一般的な対称詞である。3．「君（きみ）」は男言葉であり、女性が「君」を使うことは当代ではなかった。4．「お前」は下位の聞き手に対して親しみを込めてもっと広い場面で使われている。昭和前期に当時使われ出した言葉づかいについて記述した高齢の言語学者の資料がある。その中で、現在家庭内では母親が自分の母親に対して「おばあちゃん」というような用法が最近一般化していて自分たちには違和感を覚えるという記述がある。自分の母親であろうと子供の立場からは祖母であるので鈴木（1973）では「親族名称の子供中心的な使いかた」と呼んでいる用法である。第5章の散切物を見たところ明治前期には使われていない方法で、親族関係の上位の者に対しても二人称代名詞で待遇するのが一般的であった。ところが、上下対称詞の体系が普及するのと並行して普及した待遇表現法であると推測できる。

　第2次世界大戦敗戦後、昭和21年（1946）に日本国憲法を公布し、GHQの主導の元、農地改革、財閥解体を行い、民主主義を突き進むことになった。昭和27年（1952）に主権を回復するまで連合国側の占領下におかれた。ここでは戦後を昭和後期と考えた。民主主義の時代に対応するように昭和27年（1952）に国語審議会が文部大臣に建議した『これからの敬語』では、相手をさすこと

ばとして「「あなた」を基準の形とする」と建議しており、その後20年ほど経って「あなた」の使いかたについて新聞紙上で論争がなされたことがある。その論争を基に当時の「あなた」の待遇価を考察した。次の結論を得た。1．上下対称詞の体系が確立している。2．公文書のように不特定多数を読み手とした対人待遇性の低い書き言葉では、「あなた」が使われることがあるが、人格を昇華したよそよそしい物言いに感じられる。3．私的な話し言葉として、異性間で「あなた」が使われる場合は、妻から夫のように女性から親しい男性に対してのみ使われていた。4．明らかに下位の者に対して、例えば、教師が生徒に対する対称詞としてはよそよそしい物言いに聞こえ、「あなた」は使えない。学校では「きみ」を使うようにしている。5．自由平等、民主主義を標榜する当時の日本で誰に対しても使える二人称代名詞が求められていたが、「あなた」はそのような待遇価を持っていないが、そのようになることを期待する人々がいた。

　文化庁の『国語に関する世論調査』や国立国語研究所の『学校の中の敬語』や『企業の中の敬語』という大量調査が行われており、現代平成の対称詞の使用状況をそれらの調査資料によって調査した。その結果次のことが分かった。1．上位の聞き手に対しては、学校では「先生」というような役割名や職場では「部長」というような職階名が使われている。2．下位の聞き手には姓や名前が使われる。学校では先生から男子生徒は「姓＋クン」、女子生徒は「姓＋サン」、職場でも男の部下には「姓・名＋クン」、女には「姓・名＋サン」が一般的である。3．「おまえ」や「じぶん」などの方言的な二人称代名詞は親しみを示すため対等もしくは下位の聞き手に対して使うことができるが、共通語として奨励されている「あなた」は、よそよそしい感覚を与えることになり、不特定多数をさすような無味乾燥な場面にしか使われていない。すなわち、同じ上下対称詞の体系も下位の聞き手に対して使う対称詞が二人称代名詞から、名前を知っているような下位の聞き手には「姓＋（クン・サン）」に変化しつつある。親しみを表すために方言的な「おまえ」や「じぶん」が使われるが、「あなた」は不特定多数の相手を対象にする場合には使われているが、そのよ

そよそしさから使用領域が限られている。下位の聞き手であろうと、私的な場面では二人称代名詞を使うことができるが、公式的な場では使えないというように場面的制約が強くなっていると考えられる。最近の状況を見ると日本社会が上下関係から親疎関係を重視するように変化してきている。その社会変化を反映するように敬語の使用条件が上下関係から親疎関係に変化している。本来上下対称詞も上下関係という社会的待遇条件によって作られた体系であるが、対称詞の体系も使用場面が私的か公的か、親か疎かという場面的制約に左右されるようになったと考えてよいと思われる。

2　方言の対称詞

　日本各地方言の対称詞の体系を概観すると、数は少ないが沖縄の宮古島や八重山諸島のような僻地に単一対称詞の体系があり、多くの地域では段階対称詞の体系があり、また都市部を中心に上下対称詞の体系を持つ方言もある。古い二人称代名詞が待遇価を落とし、より新しい二人称代名詞が導入されてより上位の二人称代名詞として使われるようになるのは、実際多くの方言でその過程を垣間見ることができる。しかし、それぞれの地域で古くから「この方言は単一対称詞、この方言は段階対称詞、この方言は上下対称詞」というように異なった体系を持つ方言が分布していたのであろうか。それとも、単一対称詞から段階対称詞、段階対称から上下対称詞というように社会変化に応じて、単純な体系から複雑な体系に変化してきたのであろうか。むしろ、対称詞というような社会言語的な事象は社会変化に応じて体系を変えていくというほうが妥当ではなかろうか。上下対称詞を存在させる基層がそもそもあり、社会階層の分化の未発達なところでは単一対称詞、さらに発達したところでは段階対称詞、もっとも発達したところでは上下対称詞にまで対称詞の体系が発展していたのではないだろうか。また、筆者は私的場面では単一対称詞や段階対称詞が、公的場面では上下対称詞が使われ、古くから使い分けられていたというのが正しいのではないかと考えている。現代の状況を概観すると都市部を中心に上下対称詞の体系が広まりつつあるのが分かる。共通語化による伝播と考えるべきな

のか、それとも社会組織へ変化による内的変化なのかは重要な問題である。

3 世界の言語の中で見た日本語の対称詞

　上下対称詞の体系が日本語だけでなく、日本の周辺国でも使われていることを述べた。例えば、東アジアの一部の言語、ジャワ語、カンボジア語、ヴェトナム語、ビルマ語、朝鮮語、古代中国語、古典チベット語でも上下対称詞の体系が使われている。例えば、クメール語やビルマ語では目上に対しては二人称代名詞を使うことができず、通常は、それぞれの年齢に相応しい親族名や身分に見合った称号や「先生」や「僧侶」という対称詞で目上を待遇する必要がある。タイ語や中国語や朝鮮語においてもそうである。松本（2007）では、日本語の起源として「ユーラシアを超えてアメリカ大陸まで拡がり、しかもこの大陸の場合も、その分布がほぼ太平洋沿岸部に集中して、ここに文字通り「環太平洋」とよばれる言語圏が形成されている」（p.213）という言語圏を想定している。そのなかで論証として世界言語の人称代名詞を比較言語学的に調査し日本語の人称代名詞を太平洋沿岸型の中の環日本海諸語に属すると分類している。多くの研究者が日本語の起源についての研究を行っている。穂積（1926）によると、日本周辺の多くの地域で実名敬避の習俗があり、文化人類学的にも、聞き手を直接言及することを避ける文化が存在していたことを類推させる。また、安部（2008）では「モンスーン・アジア」領域という地域を日本語の基層的背景と設定している。モンスーンが発生する地域という気候が言語圏を形成していると考えている。鈴木（1978）に示されているように地球規模で気候が文化圏を形成しているという考えを受け継ぎ、「気候の共通性ゆえに多くの自然現象が共通し、それらの共通自然現象があるゆえに多くの文化的共有現象が形成されてきた地域」（p.128）と解釈している。分布をみると上下対称詞が使われている地域と一致するようにも見える。このように、日本語の基層として上下対称詞を発展させる言語圏に属するのであろうか。

　また、ポライトネス、すなわち、聞き手に対して話し手が配慮を持って丁寧に話そうとすることは、人間言語が社会的な機能を持っている限り当然どの言

語でも丁寧表現は存在することは容易に理解できる。最近のポライトネス理論の発展によって印欧語族においても丁寧表現が存在することは研究され、言語学者の間で知られるところとなっている。印欧語では単数形でなく複数形の方がより丁寧さを表すことが知られており、ネパール語では話し手の階級と聞き手の階級や年齢に応じて六つの二人称代名詞が使われているが、公的な上位に対する二人称代名詞、'yahā' と 'hajūr' はそれぞれ日本語と同じように近称と遠称をあらわす場所の指示詞から派生している。さらに、オーストラリア・アボリジニ諸語やアメリカ先住民諸語では動詞に抱合される動作主と被動者の人称を表す形態素が、聞き手と直接対峙することを避けるために一人称と二人称に限り明示されないことを示している。多くの言語において、対称詞の使用が話し手と聞き手の間の社会的関係に左右されている。このように多くの丁寧さを表現する言語手段が存在する。聞き手に対して丁寧に話そうとする人間言語共通の意識が上下対称詞の体系を発展させたもので、日本語の系統とは無関係なのであろうか。日本語の対称詞の起源を考えるうえで避けて通ることのできない問題であろうと思われる。

　また、大きな問題として、上下対称詞の体系を持つアジアの諸言語においても複数の言語体系が併存していることも想像される。そして、公的場面と私的場面において使い分けが行われている可能性もある。日本語において、一般的な意見は「日本語は上下対称詞の体系を持つ言語である」と言われ、海外の日本語の概説書ではそのような記述がある。しかし、実際には上下対称詞は共通語における体系であって、多くの方言の体系は単一対称詞や段階対称詞の体系である。同様なことが上下対称詞の体系を持つアジアの諸言語においても存在している可能性がある。残念ながら、我々の手に入る情報は公的な共通語についての情報のみである。今後の研究課題として残された問題である。

4　日本語の対称詞体系の未来

　文献に現れる日本語の待遇表現の歴史的変遷を概説すると、全ての研究者が同意すると言ってよいほど、明らかな変化が二つ挙げられる。一つは、絶対敬

語から相対敬語への移行であり、二つには、対話敬語の発達である。絶対敬語とは話題の人物に対する待遇表現は、その人物の絶対的な身分や地位によって決定されている体系であり、それに対し、相対敬語とは話し手と聞き手との関係に応じて、話題の人物に対する待遇表現が相対的に変化する体系である。その話題の人物が話し手側に属する場合には謙譲待遇し、聞き手側に属する場合には尊敬待遇するというように、聞き手重視の体系である。絶対敬語から相対敬語への移行とは、待遇表現を決定する要因が話題の人物から聞き手に移行しているという歴史的変遷を意味するものである。また、対話敬語の発達とは、語としては丁寧語が産まれ、聞き手に対する話し手の敬意を表す手段として待遇表現が発達してきたことを示している。つまり、これらの二つの変化は同一の変化を示していることになる。かつての敬語はもっぱら素材敬語として尊敬語と謙譲語のみが存在していた事実がそれを裏付けている通り、話題の人物に対する尊敬を表すことに重点が置かれてきた。そして、相対敬語への移行とは話題の人物に対する待遇表現にも、話し手と聞き手との関係が重要な要因として関与するようになってきたことを示すものであり、対話敬語の発達とは、もっぱら聞き手に対する敬意を表す機能しか持たない丁寧語が後で発達してきたことによって理解される通り、聞き手指向に敬語の機能が変化してきたことに他ならない。丁寧語同様、対称詞というのは話し手が聞き手に対してどのような待遇を行おうとしているのかを反映して正しい対称詞が選択されている。

そして、日本語の敬語使用を左右する要因が上下関係から親疎関係に変化している、または、変化しつつあるというのは多くの研究者の意見の一致するところである。すなわち、過去の日本語の敬語では上下関係が重要で、上位の聞き手に対しては敬意を表し、下位の聞き手に対しては乱雑な待遇表現を行っている。その上下関係を左右しているのが、身分であったり、年齢の上下差であったり、役割関係の上下関係であったり、性別であったり時代によって、また、社会によって異なっていた。しかし、現代ではその基準が上下関係から親疎関係に変化しつつある。すなわち、親しい聞き手には上位であろうと敬意表現を行わないでよく、親しくない聞き手には下位であろうと敬意表現を行う必

要があり、また、聞き手との上下関係にかかわりなく、私的な場面では敬意表現を行わないでよく、公的な場面では敬意表現を行う必要があるというように現代の待遇表現が変化しつつある。対称詞についても同様な変化が起こりつつある。第12章で述べたように、平成の対称詞では、下位の聞き手に対して、私的な場面では二人称代名詞を使うことができるが、公式的な場では使えないというように場面的制約が強くなっていると考えられる。本来上下対称詞も上下関係という社会的待遇条件によって作られた体系であるが、対称詞の体系も使用場面が私的か公的か、親か疎かという場面的制約に左右されるようになったと考えてよいと思われる。すなわち、上位の聞き手に対しては学校では「先生」や「先輩」という役職名、職場では職階名が使われ、下位の聞き手には学校では先生から男子生徒は「姓＋クン」、女子生徒は「姓＋サン」、職場でも部下には同様である。下位の聞き手には二人称代名詞の代わりに、男には「姓・名＋クン」、女には「姓・名＋サン」が一般的である。公的な場面では上位の聞き手には役職名や職階名、下位の聞き手には「クン・サン」という型にはまった接辞が使われる。しかし、私的な場面では、中学校では男女とも親しい同級生間では「姓の呼捨て」や「ニックネーム」が使われ、職場においても同様である。たとえば、戦時中の軍隊では、下位の聞き手はいかなる場面でも二人称代名詞が使われ、明確な上下対称詞の体系が守られていたが、平成の職場では「クン・サン」が使われている。このように、現代では公的な場面と私的な場面では異なった対称詞の体系が使い分けられるようになっているというのが現状である。将来もこの傾向が継続するように思われる。

　また、多くの地域社会が老年層のみによって構成される限界集落化していく中で、過去の方言の対称詞の体系が都市社会の上下対称詞に併合されつつある様子は、全国的に起こっている。同一地域社会の調査においても、老年層に比べて若年層はより上下対称詞に移行し、また、経年的な調査でも時代を経るごとに上下対称詞に移行している。地域社会の対称詞については、地域社会の崩壊と軌を一にするように、共通語と同じ上下対称詞にさらに移行するものと想像される。

参考文献

Archarya, Jayaraj (1991) "A Descriptive Grammar of Nepali and an Analyzed Corpus" (Georgetown University Press: Washington D. C.)
Bradley, David (1995) Reflexisives in Burmese. (In: "Pacific Linguistics A-83" 139-172)
Brown, Penelope & Levinson, Stephen C (1987) "Politeness: Some Universals in Language Usage" (Cambridge University Press: Cambridge)
Brown, Roger & Gilman, Albert (1960) The pronouns of power and solidarity (In: Thomas. A. Sebeok (ed.) "Style in language", 253-276. New York: Wiley)
Brown, Samuel Robbins (1863) "Colloquial Japanese, or, Conversational sentences and dialogues in English and Japanese, together with an English-Japanese index to serve as a vocabulary and an introduction on the grammatical structure of the langue" (Presbyterian Mission Press) (加藤知己・倉島節尚編著ブラウン『会話日本語―複製と翻訳・研究』、三省堂 (1998) を引用)
Chamberlain, Basil Hall (1889) "A Handbook of Colloquial Japanese" (大久保恵子編著、チェンバレン『日本語口語入門』第2版、笠間書院 (1999) を引用)
Cook, Joseph, R (1968) "Pronominal reference in Thai, Burmese and Vietnamese" (University of California Press)
Flannery, Greg (2010) Open and Closed Systems of Self-Reference and Addressee-Reference in Indonesian and English: A Broad Typological Distinction. (In: Yvonne Treis & Rik De Busser (eds.) "Selected Papers from the 2009 Conference of the Australian Linguistic Society")
Hepburn, James Curtis (1886) "A Japanese-English and English-Japanese Dictionary" (松村明解説、ヘボン『和英語林集成』講談社学術文庫 (1980) を引用)
Helmbrecht, Johannes (2003) Politeness Distinctions in Second Person Pronouns. (In: Lenz, Friedrich (ed.) "Deictic Conceptualization of Space, Time and Person", 185-202. John Benjamins)
Hoffmann, Johanna Joseph (1867) "Japansche Spraakleer" (三澤光博訳、ホフマン『日本語文典』、明治書院 (1968) を引用)
Huffman, Franklin. E. (1970) "Modern spoken Cambodian" (Yale University Press)
Rodriguez, Ioão (1604-1608) "Arte da Lingoa de Iapam" (土井忠生訳註、ロドリゲス『日本大文典』、三省堂 (1955) を引用)
Satow, Ernest Mason (1873) "Kuaiwa Hen, Twenty-five exercises in the Yedo colloquial, for the use of students, with notes" (Lane, Crawford & Co.:

Yokohama)
Siewierska, Anna (2004) "Person" (Cambridge University Press)
Sugamoto, Nobuko (1989) Pronominality: a noun-pronoun continuum. (In: Roberta Corrigan, Fred Eckman & Michael Noonan (eds.) "Linguistic Categorization" Amsterdam: John Benjamins, 267-91)
Uhlenbeck, Eugenius, Marius (1978) "Studies in Javanese Morphology" (The Hague: Martinus Nijhoff)
van Staden, Miriam (2000) "Tidore: A Linguistic description of a language of the north Moluccas" (PhD dissertation, University of Leiden)
Williams-van Klinken, C & Hajek, John (2006) Patterns of Address in Dili Tetum, East Timor. (In: "Australian Review of Applied Linguistics, 29-2")
安部清哉 (2008)「アジアの中の日本語方言」(『シリーズ方言学1　方言の形成』、岩波書店)
李翊燮・李相億・蔡琬 (2004)『韓国語概説』(前田真彦訳、大修館書店)
李元植 (1984)「朝鮮通信使に随行した倭学訳官―捷解新語の成立時期に関する確証を中心に―」(『朝鮮学報』1001)
和泉模久 (1987)「カンボジアの言語」(大野徹編『東南アジア大陸の言語』、大学書林)
伊豆山敦子 (2011)『琉球のことばと人―エヴィデンシャリティーへの道』(真珠書院)
井出祥子・生田少子 (1984)『主婦の1週間の談話資料』(特定研究「言語の標準化」刊行物)
伊藤一重 (2007)「平家物語における人を示す表現について―覚一本・対称―」(小久保宗明編『日本語日本文学論集』、笠間書院)
井之口有一・堀江令以知 (1974)『御所ことば』(雄山閣出版)
稲垣史生 (1958)『三田村鳶魚江戸武家事典』(青蛙房)
岩倉市郎 (1941)『喜界島方言集』(『全国方言資料集成』(1977) 国書刊行会に再録)
今永希未・田中洋子・高木秀明 (2007)「教師の用いる対称詞が児童に与える影響：児童は教師に、何と呼ばれたいと思っているのか」(『横浜国立大学教育人間科学部紀要・I，教育科学9』85-96頁)
内間直仁 (2011)『琉球方言とウチ・ソト意識』(研究社)
楳垣実 (1946)『京言葉』(高桐書院)
江湖山恒明 (1943)『敬語法』(三省堂)
大友信一 (1957)「『捷解新語』の成立時期私見」(『文芸研究』26)
大橋勝男 (1999)「方言地理学と日本語史―対称代名詞から見た待遇表現史―」(『日本語学』18-5)
岡倉由三郎 (1935)「ことばはゆらぐ」(『文芸春秋』8月号)
岡村和江 (1982)「軍記物語の語彙―「金刀比羅本保元物語」の一・二人称をめぐって

—」(『講座日本語学5　現代語彙との史的対照』、明治書院)
沖裕子（2014）「方言に見る頼みかたの表現と発想」(『柳田方言学の現代的意義—あいさつ表現と方言形成論』、ひつじ書房)
奥村三雄（1962）「京都府方言」(『近畿方言の総合的研究』、三省堂)
奥村三雄（1966）「敬語辞系譜考」(『国語国文』35-3、『方言国語史研究』(1990) 東京堂出版に所収)
小倉進平（1964）『増訂朝鮮語学史』(刀江書院)
加藤正信（1964）「全国方言の敬語概観」(日本方言研究会編『日本の方言区画』、東京堂)
金田弘（1952）「東京語に於ける「れる型」敬語の性格」(『日本文学論究』10)
金田弘（1987）「『よしの冊子』と武士の言葉—オレ・貴様、ジャル・サッシャル、オ～ニナルなど—」(『近代語研究』第7集、武蔵野書院)
神谷かをる（1976）「源氏物語会話文に於ける待遇表現—研究ノート（2）—」(『光華女子短大研究紀要』14)
川島淳夫（1974）「ドイツ語の敬語」(『敬語講座8　世界の敬語』、明治書院)
河竹登志夫（1966）『明治文学全集9　河竹黙阿弥集』解題（筑摩書房)
川本茂雄（1974）「フランス語の敬語」(『敬語講座8　世界の敬語』、明治書院)
姜錫祐（2012）「韓国社会における圧尊法と呼称の運用」(三宅和子・野田尚史・生越直樹編『「配慮」はどのように示されるか』、ひつじ書房)
京都大学文学部国語学国文学研究室編（1972～1973）『三本対照捷解新語』本文編と釈文・索引・解題編
金田一京助（1942）「時めき給ふありけり」(『金田一京助全集3　国語学Ⅱ』(1992) 三省堂に所収)
金田一京助（1959）『日本の敬語』(角川書店)(『金田一京助全集3　国語学Ⅱ』(1992) 三省堂に所収)
現代日本語研究会編（1999）『女性のことば・職場編』(ひつじ書房)
現代日本語研究会編（2002）『男性のことば・職場編』(ひつじ書房)
国立国語研究所編（1979）『各地方言親族語彙の言語社会学的研究（1）』(秀英出版)
国立国語研究所編（1982）『企業の中の敬語』(三省堂)
国立国語研究所編（2002～2003）『学校の中の敬語』(三省堂)
国立国語研究所編（2005）『国立国語研究所資料集15　太陽コーパス　雑誌『太陽』日本語データベース』(博文館新社)
国立国語研究所編（2006）『方言文法全国地図　6』(国立印刷局)
輿水優（1977）「中国語における敬語」(『岩波講座日本語4　敬語』、岩波書店)
小島俊夫（1974）『後期江戸ことばの敬語体系』(笠間書院)
小島俊夫（1998a）「東京語の敬語体系」(『日本敬語史研究——後期中世以降』、笠間書

院)
小島俊夫(1998b)「江戸ことばにおける Ernest Satow の言語感覚」(『日本敬語史研究―後期中世以降』、笠間書院)
小林美恵子(1998)「学校の呼称―女性教師の呼称「～クン」を中心に―」(『日本語学』17-9)
小林美恵子(1999)「自称・対称は中性化するか？」(『女性のことば・職場編』、ひつじ書房)
小林美恵子(2002)「職場で使われる「呼称」」(『男性のことば・職場編』、ひつじ書房)
小林隆・澤村美幸(2014)『ものの言いかた西東』(岩波新書)
小林隆編(2014)『柳田方言学の現代的意義―あいさつ表現と方言形成論』(ひつじ書房)
小松寿雄(1985)『国語学叢書7　江戸時代の国語』(東京堂出版)
小松寿雄(1988)「東京語における男女差の形成―終助詞を中心として―」(『国語と国文学』65-11)
小松寿雄(1996)「江戸東京語のアナタとオマエサン」(『国語と国文学』73-10)
小松寿雄(1998)「キミとボク―江戸東京語における対使用を中心に―」(『東京大学国語研究室創設百周年記念　国語研究論集』、汲古書院)
斎藤文俊(2005)「近代邦訳聖書における二人称代名詞―ヘボン・ブラウン訳聖書における「あなた」―」(築島裕博士傘寿記念『国語学論集』、汲古書院)
崎山理(2001)「オーストロネシア語族と日本語の系統関係」(『国立民族学博物館研究報告』25-4)
桜井光昭(1966)『今昔物語の語法の研究』(明治書院)
佐々木重次(1980)「インドネシア語の人称代名詞の体系について」(『東京外国語大学論集』30)
佐藤亮一・真田信治・沢木幹栄(1978)「表現法の調査方法について」(国立国語研究所報告62『研究報告集1』)
真田信治(1973)「越中五ヶ山郷における待遇表現の実態―場面設定による全員調査から―」(『国語学』93)
真田信治(1983)「最近十年間の敬語行動の変容―五箇山・真木集落での全数調査から―」(『国語学』133)
真田信治(1990)『地域言語の社会言語学的研究』(和泉書院)
柴田武(1955)「町野町の言語生活―敬語の社会心理学―」(『能登―自然・文化・社会―』、平凡社)
柴田武(1973)「地域社会の敬語」(『敬語講座6　現代の敬語』、明治書院)
進藤咲子(1974)「紅葉・露伴・一葉の敬語」(『敬語講座5　明治大正時代の敬語』、明治書院)

杉崎夏夫（2003）『後期江戸語の待遇表現』（おうふう）
鈴木孝夫（1973）『ことばと文化』（岩波新書）
鈴木秀夫（1978）『森林の思考・砂漠の思考』（NHKブックス）
瀬戸口修（2014）「あいさつ表現法の実態　種子島方言の今昔：表現法の消長」（『柳田方言学の現代的意義―あいさつ表現と方言形成論』、ひつじ書房）
田島優（2014）「感謝のあいさつ表現」（『柳田方言学の現代的意義―あいさつ表現と方言形成論』、ひつじ書房）
田中章夫（1957）「近代東京語命令表現の通時的考察」（『国語と国文学』34－5）
田中章夫（1991）『標準語≪ことばの小径≫』（誠文堂新光社）
田中牧郎（2005）「言語資料としての雑誌『太陽』の考察と『太陽コーパス』の設計」（『国立国語研究所報告122　雑誌『太陽』による確立期現代語の研究』、博文館新社）
玉上琢彌（1955）「源氏物語の解釈文法（敬語）」（『時代別作品別解釈文法』至文堂）
千野栄一（1974）「スラブ語の敬語」（『敬語講座8　世界の敬語』、明治書院）
辻加代子（2006）「奄美大島瀬戸内町の待遇表現の実態」（『薩南諸島におけるネオ方言（中間方言）の実態調査』平成15〜17年科学研究費補助金研究成果報告書）
辻加代子・金美貞（2009）「調査報告：五箇山真木集落36年後：待遇表現体系の拡散」（『阪大日本語研究』21）
辻星児（1997）「朝鮮語史における『捷解新語』」（『岡山大学文学部研究叢書』16）
辻村敏樹（1968a）「「貴様」の変遷」（『敬語の史的研究』、東京堂出版）
辻村敏樹（1968b）「「お……になる」考」（『敬語の史的研究』、東京堂出版）
辻村敏樹（1971）「敬語史の方法と問題」（『講座国語史5　敬語史』、大修館書店）
永田高志（1985）「言語変化と言語意識―東京における」（第41回日本方言研究会発表要旨）
永田高志（1988）『若者の敬語に対する意見アンケート』（自家版）
永田高志（1996）『地域語の生態シリーズ琉球篇　琉球で生まれた共通語』（おうふう）
永田高志（2001）『第三者待遇表現史の研究』（和泉書院）
永田高志（2002）「『にごりえ・たけくらべ』に見る対人待遇表現」（『文学・芸術・文化』14－1）
永田高志（2005）「待遇表現の歴史」（『日本語学』9月臨時増刊号24－11）
永田高志（2006）「明治前期東京語の対称詞―散切物を通じて」（『国語国文』75－6）
永田高志（2008a）「国定国語教科書の対称詞」（『国語と国文学』85－3）
永田高志（2008b）「明治後期・大正期東京語の対称詞」（近畿大学日本文化研究所編『日本文化の鉱脈―茫洋と閃光と』、風媒社）
永田高志（2009a）「総合雑誌『太陽』に見る対称詞」（『国語と国文学』86－9）
永田高志（2009b）「捷解新語の対称詞」（『日本近代語研究5』、ひつじ書房）

永田高志（2010）「軍記物語の対称詞」（『文学・芸術・文化』21－2）
永田高志（2012）「王朝文学の対称詞」（『国語語彙史の研究』31、和泉書院）
永田高志（2013）「戦時中の対称詞」（『国語語彙史の研究』32、和泉書院）
中西太郎（2014）「柳田が導く日中の出合いのあいさつ表現研究の可能性」（『柳田方言学の現代的意義―あいさつ表現と方言形成論』、ひつじ書房）
中村栄考（1961）「『捷解新語』の成立・改修および『倭語類解』成立時期について」（『朝鮮学報』19）
中村桃子（2007）『「女ことば」はつくられる』（ひつじ書房）
中本正智（1983）『琉球語彙史の研究』（三一書房）
西田直敏（1978）『平家物語の文体論的研究』（明治書院）
西山猛（2013）『古代漢語における指示人称表現研究』（九州大学学位請求論文）
灰谷謙二（2014）「「田畑からの帰り道でのあいさつ」にみられる表現発想と都市化」（『柳田方言学の現代的意義―あいさつ表現と方言形成論』、ひつじ書房）
韓美卿（1995）『『捷解新語』における敬語研究Ⅰ』（박이정）
彦坂佳宣（2011）「対称代名詞の分布と歴史―『方言分布全国地図』「あなたの傘」の解釈―」（『国語学研究』50）
彦坂佳宣（2013）「「あなたの傘」昭和27年全国敬語調査（国立国語研究所）の解釈」（『国語語彙史の研究』32、和泉書院）
飛田良文（1992a）「『一読三歎当世書生気質』における書生の敬語」（『東京語成立史の研究』、東京堂出版）
飛田良文（1992b）「英米人の習得した江戸語」（『東京語成立史の研究』、東京堂出版）
平尾一貴（2008）「昭和前期における「あなた」「あんた」の用法」（『近畿大学日本語・日本文学』第10号）
平山輝男編（1992）『現代日本語方言大辞典』（明治書院）
福沢諭吉（1877）「旧藩情」（『明治十年　丁丑公論・瘠我慢の説』（1985）講談社学術文庫に所収）
文化庁文化部国語課（1995）平成7年度『国語に関する世論調査』（大蔵省印刷局）
文化庁文化部国語課（1997）平成9年度『国語に関する世論調査』（大蔵省印刷局）
文化庁文化部国語課（2006）平成18年度『国語に関する世論調査』（国立印刷局）
方言研究ゼミナール編（1997）『方言資料叢刊　第7巻　方言の待遇表現』
穂積陳重（1926）『実名敬避俗研究』（『忌み名の研究』（1992）講談社学術文庫に所収）
保科孝一（1935）「移りかはり」（『文芸春秋』8月号）
堀江・インカピロム・プリヤー（1998）「タイ語の呼称の多様性について」（『日本語学』17－8）
洪珉杓（2006）「日韓両国人の言語行動の違い③―職場における呼びかけの日韓比較―」（『日本語学』25－7）

牧村史陽編（1955）『大阪方言事典』（杉本書店）
松村明（1998a）「江戸語・東京語序説」（『増補江戸語東京語の研究』、東京堂出版）
松村明（1998b）「江戸語における連母音の音訛」（『増補江戸語東京語の研究』、東京堂出版）
松本泰丈（1987）「人称代名詞をめぐって―奄美喜界島方言」（『国文学　解釈と鑑賞』52-2）
三石泰子（1986）「待遇表現としての文の地理的分布―長野県飯山市・新潟県新井地方の場合―」（『論集日本語研究10方言』、有精堂）
松本克己（2007）『世界言語のなかの日本語―日本語系統論の新たな地平』（三省堂）
松本克己（2010）『世界言語の人称代名詞とその系譜』（三省堂）
森岡健二（1999）『欧文訓読の研究―欧文脈の形成―』（明治書院）
森田武（1973）「捷解新語解題」（京都大学文学部国語国文研究室編『三本対照捷解新語』）
森野宗明（1971）「古代の敬語Ⅱ」（『講座国語史5　敬語史』、大修館書店）
森野宗明（1975）『王朝貴族社会の女性と言語』（有精堂出版）
諸星美智直（2004）『近世武家言葉の研究』（清文堂出版）
安田章（1973）「重刊改修捷解新語解題」（京都大学文学部国語国文研究室編『三本対照捷解新語』）
山口幸洋（2000）『椿の局の記』（近代文芸社）
山崎久之（1963）『国語待遇表現体系の研究』（武蔵野書院）
山崎久之（1990）『続国語待遇表現体系の研究』（武蔵野書院）
山田巌（1974）「中世の敬語概観」（『敬語講座3　中世の敬語』、明治書院）
山田孝雄（1952）『平安朝文法史』（寶文館）
山田孝雄（1954）『奈良朝文法史』（寶文館）
山本志帆子（2010）「『桑名日記』にみる近世末期下級武士の人称代名詞」（近代語学会編『近代語研究15集』、武蔵野書院）
山本俊治（1962）「大阪府方言」（『近畿方言の総合的研究』、三省堂）
宮地裕（1973）「源氏物語・枕草子の敬語」（『敬語講座2　上代・中古の敬語』、明治書院）
渡辺友左（1998）「「呼称」という論点」（『日本語学』17-9）
渡辺実（1996）『日本語概説』（岩波書店）

索　引

人名・著者名索引

Archarya, Jayaraj	252	五十嵐力	178
Bradley, David	243	生田少子	132
Brown, Penelope	250	池田弥三郎	180, 181
Brown, Roger	4	和泉模久	246
Brown, Samuel	60～63, 70, 82, 91, 152	伊豆山敦子	225, 226
Chamberlain, Basil Hall	63～65	井出祥子	132
Cook, Joseph	244	稲賀敬二	19
Cysouw, Michael	252	稲垣史生	68, 71
Flannery, Greg	244	井之口有一	69
Gilman, Albert	4	岩倉市郎	251
Hajek, John	250	今永希未	205
Helmbrecht	253	岩淵悦太郎	181
Hepburn, James Curtis	63, 82, 84, 91, 111, 152	内間直仁	251
		内村直也	181
Hoffman, Johanna	59	楳垣実	221
Huffman, Franklin	246	江湖山恒明	68
Levinson, Stephen	250	遠藤織江	170
Loseries, Andrea	243	大槻文彦	100
Rodriguez, Ioão	38, 55, 59, 100	大友信一	49
Satow, Ernest	62, 63, 67, 82, 83, 91, 99, 152	大橋勝男	231
		岡倉由三郎	177
Siewierska, Anna	5, 245, 252	沖裕子	238
Sugamoto, Nobuko	2	奥村三雄	221, 231
Uhlenbech, Eugenius, Marius	244	小倉進平	49
van Staden, Miriam	245	小津安二郎	186
Williams-van Klinken, C	245	加藤正信	219
穐田定樹	180	金田弘	67, 105
安部清哉	242, 255, 263	神谷かをる	12
李翊燮	247	川島淳夫	5
李元植	49	河竹登志夫	73
李相億	247	川本茂雄	252

姜錫祐	247	辻村敏樹	48, 55, 86, 100, 106, 163
木村拓	170	登張信一郎	178
金美貞	233	永田高志	7, 18, 24, 46, 71, 107,
金田一京助	177, 183, 250, 254		161, 163, 177, 206, 209, 226, 251
小島俊夫	6, 67, 83, 98, 124, 144, 149	中西太郎	238
興水優	249	中村栄考	49
小林美恵子	161, 206, 211	中村桃子	148
小林隆	237, 238	中本正智	225, 226, 237
小松寿雄	76, 92, 105, 107, 137, 143	西田直敏	29
斉藤文俊	83	西山松之助	221
崎山理	242	西山猛	248
桜井光昭	29	野元菊雄	182
桜井隆	170	灰谷謙二	238
佐々木重次	244	早川治子	170
サトウ・ハチロー	185	韓美卿	49
佐藤亮一	212	彦坂佳宣	215, 222
佐藤織江	170	飛田良文	80, 100, 143, 152, 182
真田信治	212, 233	平尾一貴	185
沢木幹栄	212	平山輝男	217
澤村美幸	237	福沢諭吉	66
柴田武	235, 236	福田節	182
杉崎夏夫	87	保科孝一	177
杉戸清樹	181	穂積陳重	3, 5, 24, 47, 159, 254, 263
鈴木孝夫	2, 178, 212, 216, 220, 260, 263	堀内秀晃	23
鈴木智映子	170	堀井令以知	69
鈴木秀夫	242, 263	堀江・インカピロム・プリヤー	246
薛鳴	245	洪珉杓	248
瀬戸口修	238	牧村史陽	221
高木秀明	205	松村明	73, 86, 134
田島優	238	松本克己	5, 225, 241, 242, 252, 263
辰野隆	177, 178	松本泰丈	251
田中章夫	165	御木本幸吉	182
田中牧郎	133	三谷栄一	10, 16
田中洋子	205	三石泰子	230, 234, 237
玉上琢弥	45	宮地裕	9
千野栄一	250	森岡健二	62
蔡琬	247	森田武	49
辻星児	51	森野宗明	12, 16, 17, 26, 37, 46
辻加代子	229, 233	諸星美智直	68

安田章	55	山田孝雄	21,22,36,37,39
安田敏朗	170	山本志保子	68
山口幸洋	70	山本俊治	221
山崎久之	6,56,	渡辺友左	47,163,216
	57,67,69,87,90,99,101,222,258		

書名索引

会話日本語	60〜62,70,82,84,85	これからの敬語	160,164,179,186,
会話篇	62,67,		194,206,207,209,231,260,263
	83,85,87,88,99,102,103,111,112	師範学校・中学校作法教授要項	
各地方言親族語彙の社会言語学的研究			148,153,155,158
	216,217	女性のことば・職場編	189,211,212
下士官心得	168,169	女中言葉	70
学校の中の敬語	189,199〜205,261	男性のことば・職場編	189,211,212
企業の中の敬語	189,207〜208,261	中等学校作法教授要項	149,155,157〜159
旧藩情	66	中等学校礼法要項	153,155
公家言葉集存	69	日本国語大辞典	221
桑名日記	68	日本語口語入門	63〜65
軍隊内務書	166	日本語文典	59
現代日本語方言大辞典	217〜220,226	日本大文典	38,40,55,59,101
口語法別記	104	文芸春秋	177
国語に関する世論調査		編纂趣意書	151
	185,190〜200,208〜210,261	方言の待遇表現	220〜222
国立国語研究所	3,23,129,	方言文法全国地図	222〜224,226,231,238
	180,189,199,207,215〜217,254	よしの冊子	67
ことばに関する新聞記事データーベース		和英語林集成	84,85,87,94,111,112
	80		

言語索引

アイヌ語	250,254	スペイン語	4
アメリカ先住民諸語	5,252,264	スラブ語	250
インドネシア語	244,254	タイ語	245,254
オーストラリア・アボリジニ諸語		台湾高砂諸語	252
	5,252,264	チベット語	5,243
カンボジア語	5,246,254	中国語	248〜250

朝鮮語（韓国語）	5, 247, 248, 254
ティドレ語	5, 245
Dili Tetum 語	245
ドイツ語	4, 5, 252
ネパール語	5, 252, 253, 264
ビルマ語	5, 243, 254
ヒンディ語	4, 253
フランス語	4, 252
ベトナム語	5, 246, 247, 254
ベンガル語	4
ポーランド語	252
ポルトガル語	4, 245
ラテン語	4, 5
琉球方言	225〜229, 251

用語索引

T-V distinction	4
Pronoun	1, 61, 244, 250, 253
忌み名（諱）	3, 45
上下対称詞	4, 46, 47, 58, 63, 65, 69〜72, 128, 147, 149, 153, 170, 183, 186, 189, 207, 215, 217〜219, 223〜227, 231, 236〜239, 242〜250, 253〜255, 257, 259, 260〜266
官位職名	3, 12, 13〜15, 18, 21, 24〜27, 47, 158, 170, 257
呼称詞	1, 41, 98, 201〜203, 205, 207, 208, 212, 236
実名	12, 13, 15, 22〜26, 46
実名忌避	24, 46, 47, 163, 258, 263
職業名	3, 89, 91, 93, 163, 190〜194, 233, 245〜247, 258
親族関係	9, 10〜12, 20, 21, 29, 74, 115〜118, 123, 134〜138, 146, 172〜174, 259
親族名（称）	3, 10, 25, 31, 44, 58, 76, 89, 91, 92, 101, 103, 116, 117, 119, 121, 125, 126, 128, 137, 138, 146, 147, 149, 152, 155, 157, 158, 173, 177, 183〜185, 220, 222, 223, 229, 235, 244〜249, 258〜260, 263
姓	45, 48, 127, 161, 169, 257
単一対称詞	4, 215, 217, 219, 220, 223〜225, 242, 253, 262
段階対称詞	4, 215, 217, 219, 223〜225, 231, 242, 253, 262
名（前）	35, 46, 79, 90, 101, 117, 127, 128, 160, 257
年齢階梯語	15, 23〜25, 101, 167
排除型代名詞	250〜252
卑罵語	43, 76, 78, 84, 86, 94, 100, 145, 178
包含型代名詞	250〜252
身分関係	9, 13〜15, 29, 33〜35, 74, 115, 134, 175, 176
身分敬語	18, 24
役割関係	9, 12, 13, 22, 29, 32, 33, 74, 91, 115, 118, 119, 134, 148, 170, 174, 175, 259, 265
役割名	3, 16, 28, 32〜35, 44, 45, 48, 50〜52, 56, 58, 61, 62, 65, 66, 78, 80, 83, 88, 91, 92, 119〜122, 126〜128, 138, 140, 147, 149, 152, 155, 159, 170, 186, 212, 213, 222, 231, 233, 235, 248, 249, 258, 259, 263

語彙索引

あなた　2,57,
　61,62,64〜70,74〜76,78,80,82,
　83,85,90〜95,99,113,116〜124,
　128,135〜142,144,152〜155,159,
　164,167,171,173〜177,179〜187,
　189〜194,199〜201,207,211〜
　213,215〜224,229,234,258〜261
あなた様　65,67,
　83,90,93,138,141,190〜194,258
あんた　70,120,123,
　173,174,185,186,190〜194,200,
　201,207,215〜219,229,233,234
いまし　59
上（うへ）　11
うぬ　3,83
奥さん　127
お宅　2,95,149,174,
　190〜194,200,214,220〜223,234
御手前　54
おとど　11,13,14,16,24
おぬし　84,215,216,235
おのおの　33,35,39,54
おのれ　3,12,13,22,31〜33,
　35,43,47,76,78,83,84,241,257
御前（おまへ・ごぜん）　10,11,13,15,
　19,25,26,57,60,61,67〜70,74〜
　81,84〜86,91〜93,98,116〜124,
　128,134〜136,138〜141,144,148,
　152,156,168,169,172〜175,178,
　181,199〜202,204,207,212,213,
　215〜219,222,230,234,258〜261
御前方　99
御前様　60,70,78,85,91,92,138,143
御前さん　60,64,68,82,83,
　85,91,93,98,99,116〜119,124,
　129,131〜133,135〜141,143,144,

　147〜148,157,219,230,234,258
おめえ　78〜
　82,86,92〜94,98,112,119,144
御許　10,14,15,20,26
御上　10,12,20
御方　12,14,20,33
御身　2,10,14,20,30,38,80,86,93
閣下　61,64,158
上（かみ）　68
貴君　82,86,93,136,146
貴公　61,70,146,165,169
貴様　55,59,
　64,66〜68,86,94,100,116〜118,
　125,136,145,169,170,174,260
貴所　59
貴僧　59
貴殿　59,80,82,86,93
貴辺　59
貴方　59
君（きみ）　7,10〜13,16〜18,24,
　32,33〜37,45,59,61,64,80,82,
　86,87,93,99,113,116,117〜122,
　125,136,140〜144,148,149,152,
　155〜156,164,170,172,174〜178,
　181,183〜185,199〜201,257,259
貴老　55,57
きんぢ　12〜15,21,22,24,257
くそ　12,22,24,257
〜君（くん）　161,178,181,195〜206,208
御自分　58
御前（ごぜん）　10,13,61,62,68〜70,74,118
こそあ　10,11,13,14,20,21,24,32,40,257
御所様（ごつさん）　69
こなた　51,52,56〜59,77,82,87,94,100
こなた衆　53,54,56,57,87
御辺　29,32〜35,40,42,47,59

御房	40, 47	てめえ	77, 78, 82, 88, 94, 100, 113, 120, 136, 145
御両衆	52	殿	10, 12, 13, 15, 16, 20, 24, 32, 38, 257
〜さん	69, 195〜213, 227	〜殿	18, 31, 44, 45, 47, 158, 166, 167, 170, 257, 260
自分	199〜201, 207, 213, 261		
諸君	171	殿様	61, 71
先生	62, 88, 126, 127, 204, 205, 207, 211, 212, 243, 245, 247, 249, 261	殿原	32, 33, 39
		汝	12, 13, 15, 21, 24, 31〜33, 35, 43, 44, 46, 59, 60, 83, 248, 249, 257
先輩	201, 205, 207, 212		
そこもと	56, 57, 67, 82, 93	主	10, 13, 15, 17, 24, 257
そち	54, 69, 70, 75, 76, 78〜80, 82, 87, 94	人	10, 13〜15, 23
そちら	2, 162	陛下	62
そなた	51〜54, 57, 59, 69, 75, 78, 79, 87, 94	部	69
そなたさま	70	まし	12, 22
そなたさん	69	まろ	11, 26
そなた衆	54, 57, 87	和男	35, 43
そのこう	61	和君	35, 42, 48
その方	59, 64, 67, 79, 80, 82, 86, 93	和児	32, 43
その身	33	和御前	42, 48
そもじ	69, 70	和僧	33, 42
旦那	78, 80, 88, 100, 121, 122, 127, 174, 177	和殿	31〜33, 35, 41, 48
旦那様	66, 78, 88, 120, 127, 138, 159, 178, 231	和殿原	31, 42, 48
		和法師原	42
旦那さん	64		
手前	59, 61, 64, 76, 88, 235, 241	われ	3, 216, 218, 219, 230〜232, 235, 241

あとがき

　もう10年以上前になるがこの研究を始めた契機は次のような疑問点から発している。英語では誰に対しても、'How are you?' のように 'you' で呼びかけられるのに、どうして日本語では目上に対して、「あなたはご機嫌いかがですか」のように二人称代名詞では呼びかけられないのか。どうしてなのだろうか。そこで、その問いに対して答えを与えてくれたのは、鈴木孝夫氏の『ことばと文化』であった。しかし、当時方言を研究しており、方言に目をやると一概に日本語と言っても目上に対しても二人称代名詞で呼びかけることのできる方言が多いことに気が付いた。いったいなぜなのだろうかという疑問がおこった。歴史的にも日本語は元々どうだったのだろうかという疑問に波及した。そうなら、共通語の基になっている東京語はどうだろうかということで明治前期東京語を河竹黙阿弥の散切物を通して調査した。それを発表したのが第5章である。現代の東京語とは違うという結論に達した。そうなると、現代の共通語の対称詞の体系はどのように形成されてきたのかという疑問にたどり着いた。そこで大きな影響を及ぼしたのが標準語であるというのが分かった。それを発表したのが第9章である。共通語の対称詞の体系に至るまでの過程を東京語にしぼり明治、大正、昭和と調査してきた。それを発表したのが第6章、第7章、第8章である。そうなると、共通語の対称詞の体系は何を基に作られたのかという疑問に及んだ。それぞれの時代の支配者階級の公式言語を基に作られたという結論に到着した。それを発表したのが第3・4章、第2章、第1章と時代をさかのぼってきた。そして、本書をまとめるのにあたり、今回昭和後期の二人称代名詞「あなた」の待遇価、平成の対称詞の体系、方言の対称詞の体系、世界の言語の中で見た日本語の対称詞を付け加えた。

　次の各章は次に発表した論文を基にしている。
　第1章「王朝文学の対称詞」(『国語語彙史の研究』31、和泉書院)(2012)

第2章「軍記物語の対称詞」(『文学・芸術・文化』21－2)(2010)
第3・4章「捷解新語の対称詞」(『日本近代語研究』5、ひつじ書房)(2009)
第5章「明治前期東京語の対称詞——散切物を通じて」(『国語国文』75－6)(2006)
第6章「『にごりえ・たけくらべ』に見る対人待遇表現」(『文学・芸術・文化』14－1)(2002)
第7章「明治後期・大正期東京語の対称詞」(近畿大学日本文化研究所編『日本文化の鉱脈——茫洋と閃光と』、風媒社)(2008)
第8章「総合雑誌『太陽』に見る対称詞」(『国語と国文学』86－9)(2009)
第9章「国定国語教科書の対称詞」(『国語と国文学』85－3)(2008)
第10章「戦時中の対称詞」(『国語語彙史の研究』32、和泉書院)(2013)

　日本語の第三者待遇表現の歴史について書いた永田(2001)でも、対称詞同様の結論に達した。つまり、現代の共通語の第三者待遇表現は相対敬語であるが、方言や過去の時代の敬語は絶対敬語であった。どのようにして、現代の相対敬語に移行したかを調査したものである。支配者階級の体系は過去から相対敬語であり、一般の庶民階級の体系は絶対敬語であった。そして、明治期に標準語の第三者待遇表現の規範として、過去の支配者階級の相対敬語を継承して、標準語として学校教育を通じて広めたのが現代の体系であると結論づけた。同様のことが対称詞の体系にも言える。我々の生活にいかに標準語の影響力が大きいかを示すものである。
　第13章の言語地図を描くに当たっては、徳島大学大学院生の清水勇吉氏の親切な御教授によるところが大きく、ここに感謝するところである。また、彦坂佳宣氏には氏の作成された言語地図の掲載をご許可いただき、解釈について意見交換ができたことを感謝するものである。本書の出版にあたり、和泉書院の廣橋研三氏には色々とお世話になり感謝するものである。
　なお、本書は近畿大学学内研究助成金制度(刊行助成)による出版である。

■ 著者紹介

永田 高志（ながた たかし）

1949年　神戸市生まれ
1972年　甲南大学卒業
1973～1976年　インド国立タゴール国際大学留学
1981～1983年　アメリカジョージタウン大学言語学
　　　　　　　部博士課程留学
1987年　上智大学外国語学部言語学専攻後期課程満
　　　　期退学
1989～1990年　ブラジルロンドリーナ州立大学客員
　　　　　　　研究員
2003～2004年　オーストラリア国立大学（ANU）モ
ナシュ大学客員研究員
現在　近畿大学文芸学部教授
2005年　上智大学　博士（言語学）
主要な著書
『琉球に生まれた共通語』（おうふう、1996）
『第三者待遇表現史の研究』（和泉書院、2001）
"A Historical Study of Referent Honorifics in Japanese"（Hitsuzi Shobo Publishing, 2006）
E-mail：nagata@msi.biglobe.ne.jp

研究叢書 455

対称詞体系の歴史的研究

2015年3月5日　初版第1刷発行

著　者　永　田　高　志
発行者　廣　橋　研　三
〒534-0037　大阪市天王寺区上之宮町7-6
発行所　有限会社 和　泉　書　院
電話　06-6771-1467
振替　00970-8-15043
印刷・製本　亜細亜印刷

©Takashi Nagata 2015 Printed in Japan
本書の無断複製・転載・複写を禁じます

ISBN978-4-7576-0735-4 C3381